지속가능한 마을교육공동체 운동

지속가능한 마을교육공동체 운동

지방소멸 위기, 어떻게 헤쳐갈 것인가?

초판 1쇄 인쇄 2025년 2월 24일
초판 1쇄 발행 2025년 2월 28일

지은이 양병찬, 한혜정
펴낸이 김승희
펴낸곳 도서출판 살림터

기획 정광일
편집 송승호·조현주·이희연
디자인 유나의숲

인쇄·제본 (주)신화프린팅
종이 (주)명동지류

주소 서울시 양천구 목동동로 293, 2215-1호
전화 02-3141-6553
팩스 02-3141-6555

출판등록 2008년 3월 18일 제313-1990-12호
이메일 gwang80@hanmail.net
블로그 http://blog.naver.com/dkffk1020
한국교육연구네트워크 https://www.kednetwork.or.kr

ISBN 979-11-5930-314-2 (93370)

* 책값은 뒤표지에 있습니다.
* 잘못된 책은 바꾸어 드립니다.

지속가능한 마을교육공동체 운동

지방소멸 위기, 어떻게 헤쳐갈 것인가?

양병찬·한혜정 지음

살림터

머리말

최근 인류는 전쟁과 기후재앙, 사회·경제적 불평등, 민주주의의 후퇴 등 구조적 위협과 함께 서로 간의 배제와 차별로 이어지는 관계의 위기에 노출되어 있다. 또한 디지털과 AI 등 과학기술의 폭발적인 발전으로 인해 문명 대전환의 시대에 직면해 있다. 이처럼 불확실한 미래, 불안한 사회에서 인류는 어디로 가야 할 것인가?

코로나19가 세상의 문을 닫아버린 2021년, 유네스코는 「함께 그려보는 우리의 미래: 교육을 위한 새로운 사회계약」을 발표했다. 여기서는 과거의 약속과 불확실한 미래 사이에서 "우리가 계속해야 할 것은 무엇인가? 우리가 중단해야 할 것은 무엇인가? 창조적으로 새롭게 만들어내야 할 것은 무엇인가?"를 묻고 있다. 이에 대한 답으로 평생 양질의 교육을 받을 권리 보장과 공동재(共同財, common goods)로서 교육의 강화라는 두 원칙을 따라 교육은 새로운 사회계약을 맺어야 한다고 제안한다. 우리가 서로와, 지구와, 그리고 기술과의 관계를 재구축할 것을 요청하는 것이다. 교육 공동재 논의는 "교육에 대한 공공재정 투입을 보장하는 것만으로 그쳐서는 안 되며, 교육에 관한 공적 토론에 모두가 함께할 수 있도록 사회전체적 참여를 보장해야 한다."고 공동의 노력을 강조한다.

한편, 국내에서는 '지방소멸'이 언급될 정도로 인구가 급격하게 감소하여 지역 유지와 지역주민의 삶의 지속가능성이 의문시되는 지역이 늘고 있다. 특히 교육과 관련해서 학교 통폐합이나 교육격차가 확대되는 상황에 내몰리고 있다. 압축 근대화 과정에서 발생한 급격한 도시화 현상은 촌락을 형성해 유기적으로 유지하던 장소 중심의 전통적 공동체 생활의 붕괴로 이어졌다. 이농향도(離農向都) 현상은 도시와 농촌 모두에게 부담을 주었다. 도시로의 엄청난 인구 유입은 갑작스러운 사회적 관계의 확대와 복잡성을 증가시켰고, 이는 인간관계의 개인화와 형식화를 야기했다. 또한 농촌 지역은 주민의 유출 심화로 공동체 유지에 어려움을 겪고 있다. 이러한 도시화 속도는 세계적 수준으로, 이로 인한 공동체 해체 정도는 심각하다.

OECD가 발표한 〈더 나은 삶의 지수〉의 '공동체 생활' 지표 부문에서 한국은 전체 조사대상 41개국 중 38위로 최하위 수준이다(OECD, 2023). 여기서 더욱 주목해야 할 점은 "도움이 필요할 때 도와줄 지인이 있다."라는 항목의 긍정 응답 비율이 80%로, OECD 평균인 91%에 크게 미치지 못했다는 점이다. 사회적 관계의 붕괴 현상이 뚜렷한 것이다. 이런 현상은 사회 전반의 신뢰 수준이 매우 낮다는 것을 나타낸다. 가족 및 지역사회에서 건강한 관계를 맺지 못하는 현실은 낮은 삶의 만족도와 높은 자살률의 원인으로 작용한다.

우리 사회를 위협하는 '격차'와 '관계의 단절', '불안' 등 복합적 위험에 우리는 어떻게 대응할 수 있는가? 지난 세기에 간디(1962: 53)가 갈파한 것처럼, 오늘날 전 세계에 걸쳐 "도시는 마을들을 착취"하고 있다. 그는 도시를 동맥경화 상태라고 진단하면서 그곳 거주자들이 '마을의 마음'을 갖는다면 치유가 가능할 거라고 강조했다. 지역공동체의 빠른 붕괴와 이에 따른 교육의 문제들은 심각하다. 인구 감소와 학교 통폐합을 막기 위한 지자체의 행·재정적 노력이 이어지고 있지만, 실제 교육정책과 유기적인 관계를 맺지 못해서 그 효과는 제한적이다. 이 책은 지역의 과소화에 대응하기 위해, 최근 확산하고 있는 혁신교육지구 정책과 마을교육공동체 활동을 그 대안으로 상정하고 지역 재생과 교육의 관계를 검토하고자 한다.

필자들은 지역과 교육의 관계가 상호 연결된 상생 관계임을 전제한다. 즉, 지역이 살려면 교육이 살아야 하고, 교육이 살려면 지역이 살아야 한다는 것이다. 먼저 교육은 인간 탄생과 함께 시작된다. 인간의 정상적인 발달 및 성장을 위해, 사회 속에서 인간답게 잘 살아가기 위해 필수적인 것이 교육이다. 인간은 기본적으로 사회적 존재로, 인간의 성장과 발달은 상호성과 관계성에 기초한다. 그러나 입시 중심의 현 학교체제는 근대 공교육의 산물로, 전인적인 인간 발달 및 성장, 앎과 삶의 일치 등 교육의 본질에 가까워질 수 없었다. 많은 이들이 인지적 발달과 지식 습득에만 몰두하는 기존 관행 교육에서 벗어나야 함을 인식하고 있음에도 이에 대응하는 실천은 미진했다. 이런 상황에서 전국적으로 확산하고 있는 마을교육공동체 현상은 무엇을 의미하는가?

앞으로도 학교를 중심으로 한 지역생태계의 재생산이 가능할까? 이 책에서 저자들은 '지역에 존재하는 학교'라는 지극히 당연한 사실에 대한 급작스러운 시대적 도전에 '지역과 함께하는 학교'라는 근본적인 질문을 하고 싶었다.

각 장의 글은 크게 둘로 나뉜다. 우선 혁신교육지구 정책과 마을교육공동체 현상의 기저에 있는 주된 담론을 양병찬이 정리했다. 이와 함께 현장에서 드러나는 공동체의 연결 관계나 실천사례 등에 대한 실증적 내용은 한혜정이 집필했다. 집필자들이 10여 년 이상 써온 글을 하나로 정리한 것이지만 저자들 스스로의 고민과 연구 질문들을 충분히 해명하지는 못했다. 현장의 실천가들과 연구자들의 많은 충고와 비판을 기대한다. 어려운 지역을 활성화하기 위해 교육 문제에 대해 함께 고민하면서 해법을 찾아온 많은 주민과 교육 활동가, 교사들 덕분에 이 책이 나왔다. 저자들도 작지만 힘 있는 지역과 교육을 만들어가는 데 힘을 모아가고 싶다.

2025. 2.

양병찬, 한혜정

차례

제1장

지방소멸 위기와 교육적 대응

1.

'지방소멸론'의 대두와 교육적 위기

가. 지방소멸 위기

우리나라 합계출산율은 1984년 2.0에서 2024년 0.68로 급격하게 떨어졌다. '세계에서 가장 빨리 없어질 나라'라는 평가가 있을 정도다. 이렇게 급격한 저출생·고령화로 인해 인구가 급감하는 지역들이 생겨나고 있다. 인구의 전반적인 구조 변동으로 지방소멸에 대한 우려가 커지고 있다. 소위 '지방소멸론'은 일본 지방창성회의(地方創成會議) 의장이었던 마스다 히로시야의 『지방소멸』(2014)이라는 책에서 향후 30년 이내에 대도시만 생존하는 일극(一極, 도쿄와 같은 대도시 집중) 사회를 예측한 데서 비롯되었다. 그는 "한계에 달한 지역에 노력과 비용을 투입하는 것은 효율적이지 않다."고 주장했다. 이러한 논리에 기초해 현재 진행 중인 일본의 지역개발 정책이 지역창생(地域創生) 사업이다.

[그림 1] 『지방소멸』 한국어판 표지. 마스다 히로시야(2014, 김정환(역). 와이즈베리.

우리나라에서도 많은 국가정책연구기관이 이 같은 접근방식과 지표들을 그대로 차용하여 지역의 쇠퇴 상황을 분석했다. 한국고용정보원(이상호, 2017)은 마스다가 사용한 접근방식과 지표들을 차용하여 '소멸위험에 처한 지역들은 어디일까?'를 분석했으며,[1] 저출생·고령화의 심화로 소수의 대도시와 그 주변부만 기능을 유지할 것으로 예측했다. 특히 젊은 여성이 살기 좋은 매력적 사회를 만드는 것으로 사회-지역-고용정책의 패러다임 전환이 필요하고 이를 위해 젊은 여성들을 위한 매력적인 일자리를 제공할 필요가 있다고 주장한다.

이러한 연구에 기반하여 '출산지도'가 만들어지고, 지자체는 '인구팀' 조직의 신설이나 출산장려금 지원 등으로 해법을 찾아가고 있다. 또한 중앙 부서에서는 지방의 정주 여건 개선과 지역 활력 도모를 위해 국토 균형 발전에 기여할 목적으로 「인구감소지역지원특별법(2022. 6. 10)」을 제정했다. 이에 대해 인구 감소 현상에 대한 사회적(국가 차원과 해당 지자체) 환기를 불러일으켰다는 긍정적인 평가도 있다. 반면 "'인구 수만으로 지방소멸을 논의하는 것은 적절치 않다'는 지적과 '지방소멸 위기의식에 과도하게 사로잡히는 것을 경계해야 한다'는 지적"도 이어지고 있다(정성호, 2019). 농촌 문제의 해법으로 내발적 농촌 개발을 제안해온 박진도(2024)는 이런 현상을 '강요된 소멸'로 규정한다. 지방의 인구감소와 고령화가 급속히 진행되면서 지역이 심각한 위기에 처한 것은 사실이지만, 지방은 소멸하는 것이 아니라 국가와 자본에 의해 소멸당할 거라고 주장한다. '지방소멸'이라 전제하고 그 대응책들이 쏟아지고 있지만 도움은커녕 오히려 이를 가속화시킬 거라고 비판한다.

많은 지자체가 추진하는 출산장려금 등 재원을 직접 지불하는 방식으로 문제가 풀릴 수 있을까? 이처럼 즉자적이고 단순한 수법으로는 그 방향을 돌릴 수 없다. 지방소멸은 이미 산업화·도시화가 피크였던 1970년대부터 시작되었다. 지방 과소화의 악순환 구조(도시로 전출 → 주민과

1 우선 2016년 65세 이상 고령인구와 20~39세 여성인구 비율이 역전되었고, 소멸을 걱정해야 하는 지역들은 이미 79개에 이른다. 또한 20~39세 여성인구 비중의 지역 간 격차는 늘고 있으며, 젊은 여성이 집중된 서울권의 출산율이 가장 낮다. 결과적으로 젊은 여성인구 비중이 늘수록 고용률도 높은 것으로 나타났다(이상호, 2017).

학생 감소 → 학교 통폐합 → 지역의 교육여건 악화 → 다시 주민의 지역 이탈 가속화)가 만들어진 것이다. 이처럼 지역 재생에 큰 걸림돌인 교육 여건을 중심으로 지역소멸 논의를 재검토해야 할 것이다. 특히 지역의 교육 여건이 출생과 출향(出鄕)의 관계를 매개하고 있다면, 현재의 직접적 인구 정책의 한계를 넘어서 구조적이고 종합적인 시야에서 지역 교육 분야를 정책적으로 지원함으로써 지역 재생 기반을 마련해야 할 것이다.

"말은 제주로, 사람은 서울로"라는 우리의 뿌리 깊은 사고방식이 있다. 그동안 우리는 이러한 생각에 '지역을 떠나는 교육'을 당연한 것으로 여겨온 것은 아닐까? 학교가 그러한 이농향도를 촉진하는 장치였던 것이다. 학교는 아이들을 공부시켜서 지역을 떠나게 만들었다. 이를 극복하기 위해서는 '지역을 살리는 교육'을 해야 한다. 지역으로 돌아오는 교육을 통해 지역의 아동·청소년들을 포함한 주민들의 역량을 키우는 장기적인 기반 조성으로 방향을 돌릴 필요가 있다.

나. 교육적 위기

학교 통폐합

저출생·고령화라는 새로운 도전으로서 인구 구조의 급격한 변화로 발생되는 학교의 통폐합(농촌부와 구 도심권) 사태는 지역 간 교육격차를 더욱 벌리고 있다. 이러한 과제를 위해 교육계는 어떤 태도로 임해야 할까? 우선 지역 학교 소멸(통폐합)이 지방소멸에 선행해 왔다는 점을 지적하고 싶다. 1982년부터 시작된 소규모학교 통폐합 정책은 농촌 인구 유출을 가속화했다. 정책이 학생 감소 현상을 저지하지 못하고 오히려 이를 조장하는 '정책 실패'의 전형인 것이다. 이 정책은 지금도 멈추지 않고 계속되는데, 이로 인해 지역의 교육 여건이 더욱 나빠지고 지역 재생에 큰 걸림돌이 되고 있다. 따라서 현재 아동·청소년들의 교육 여건을 중심으로 지방 소멸 문제에 대한 관점을 새롭게 제시하는 것이 보다 시급한 과제라 하겠다.

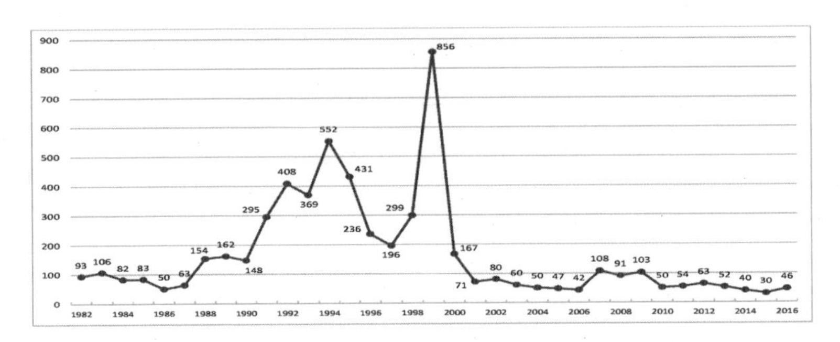

[그림 2] 연도별 소규모학교 통폐합(폐교) 현황(전국)

출처: 교육부 내부자료(2017)를 토대로 저자가 재구성

그동안 농촌 지역에서는 경제 기반의 악화-이농-학생 수 감소로 이어지면서 정부로부터 학교 통폐합을 '강제'당했다. 교육부는 1982년부터 소규모학교 통폐합 정책을 도입하고 인접 학교 간 통폐합을 추진하여 경제 효율성을 도모했다.

이는 교육에서 '규모의 경제' 논리를 적용하고 학생이 적어 운영이 어려운 소규모학교를 통폐합함으로써 경쟁력을 높이려는 측면에서 추진한 정책이다. 이렇게 추진된 소규모학교 통폐합 정책의 결과로 20여 년 동안 5,500여 개교가 통폐합되었고, 2017년에는 신입생이 없는 학교도 139곳이 되었으며, 8개 교가 학생이 없어 폐교된 것으로 나타났다(YTN, 2017.5.14.). 정부의 소규모학교 통폐합 정책은 농촌의 열악한 교육 환경을 더욱 악화시키는 원인이 되었다(양병찬, 2008).

그동안 교육부는 〈소규모학교의 적정규모화를 위한 종합적인 육성 방안〉 정책의 추진 배경으로 "소규모학교를 적정규모화하여 교육과정 운영을 정상화함으로써 학생의 학습권 보장 및 학교의 교육력을 제고"라는 교육적 논리와 "소규모학교 통폐합에 따른 학교 운영비(인건비, 운영비) 절감으로 농산어촌 학교에 대한 교육투자의 효율성 제고"라는 경제적 논리를 함께 제시해 왔다. 동시에 교육복지 차원에서 농어촌 학교 활성화 정책으로 10여 년 동안 '돌봄학교'와 '전원학교' 정책을 추진했다. 그러나 이러한 정책들은 농어촌 학교에 대한 두 가지 모순된 정책 방향으로, 상호 정책적 효과를 크게 떨어트리고 있었다(양병찬 외, 2012).

한편, 농촌 주민 생활의 전반적인 조건 정비 및 향상에 관한 법률인 「농어촌 주민 삶의 질 향상에 관한 법률」의 경우도 실효적 장치가 없다는 한계가 있다. 이러한 법적 장치의 한계를 극복하기 위한 법 제정 노력이 요청되어 국회와 교원단체 등에서 「농어촌교육지원법」 제안을 지속적으로 하고 있지만, 법령 제정이나 관련 제도 개선은 답보 상태다. 현재는 귀촌이나 귀농 희망자들에게 지역에 학교가 없다는 것이 고민거리다. 농촌 학교의 통폐합 정책은 지금도 계속되는데, 이로 인하여 지역의 교육 여건이 더욱 나빠지고 지역 재생에 큰 걸림돌이 되고 있다. 출생아 수를 늘리기 위해 지원금을 주는 즉자적인 접근이 아니라 교육여건 중심으로 '지방소생'을 위한 대책을 강구해야 한다.

심화되는 지역 간 교육격차

"개천에서 용 난다"는 속담이 우리 사회에서 폭넓게 받아들여져 왔다. 이는 교육을 통한 신분 상승을 함축하는 말로, 근대 학교의 가능성(오욱환, 2014)을 잘 표현한 은유일 것이다. 그러나 이제 빈곤의 대물림은 고착화해 가고, 교육을 통한 성공 신화는 깨어지고 있다. 오히려 교육은 사회 불평등을 심화시키는 재생산적 기능을 하고 있다. OECD 빈부격차 통계에 따르면, 한국의 빈부격차 비율은 0.368로 OECD 국가 중 7번째로 높다(OECD, 2018). 이는 IMF 외환위기 이후 실업률 증가 등으로 중산층의 약화와 함께 가처분 소득의 격차가 급격하게 확대된 것이다. 이러한 경제적 소득 격차가 교육격차로 이어지는 현상은 부모의 사회·경제적 지위(SES)

에 의한 학업성취도 차이를 비롯하여 사교육비 지출의 차이, 거주 지역 규모(도시와 읍면)에 따른 기초학력 미달 비율 등, 도처에서 찾아볼 수 있다 (이광현, 2018).

이렇게 사회격차로 심화되는 교육격차 문제를 해결하기 위해 정부는 교육복지투자우선지역사업을 도입했다. 이 사업을 기획하고 추진 과정에 여러 형태로 관여했던 김인희(2008)는 교육복지 사업의 한계를 극복하려면 학교와 지역의 협력이 중요하다고 강조하면서 "지역의 교육적 취약집단 규모가 클수록 학교와 지역사회의 협력 요구는 증가한다. 이들이 지니는 문제의 원인은 학교의 경계를 넘어 가정과 지역사회에 내재되어 있기 때문에 학교나 지역사회 어느 일방의 힘으로 문제를 해결하는 데 한계가 있고 실효성을 거두기도 어렵다(김인희, 2008: 76)"고 주장했다.

이 사업 초기부터 2008년까지는 '지역 중심' 접근으로 지역의 종합적 지원을 강조했으나, MB정부로 바뀌면서 점차 '학교' 단위로 빈곤 학생을 선별 지원하는 정책으로 성격을 바꾸었다. 양극화로 불리는 사회·경제적 문제가 학교 안으로 들어와 전혀 다른 양상의 문제로 진행되었다. 교육기회 균등이라는 보편의무교육의 공교육 이념은 교사들에게 교실로 들어오는 학생들의 사회·경제적 지위(SES)에 상관없이 동일한 교육을 해야 한다는 신념을 형성하게 되었다. 학교 안의 이러한 오랜 교육적 전통 속에 학생 교육에서 적극적 차별이라는 교육적 조치가 낯설고 학교의 대응력은 높지 않았다. 교육복지 정책이 추진되면서 학교 안에서 교육복지라는 인식의 확대나 지역사회의 교육적 개입, 교육복지 분야의 전문 영역 구축 등 소기의 성과를 이루었다고 볼 수 있지만, 그동안 교육격차는 더욱 다면화·구조화되어 그 문제는 심화되고 있다.

2.

지방자치단체의 교육 개입

가. 지자체의 교육 재정 투자

저출생·고령화로 발생하는 지역 과소화는 고용·교육·복지 영역 등에서 다양한 사회적 문제들을 일으키며 지역 공동체를 와해시키는 원인으로 작용하고 있다. 이에 많은 지방정부들이 지역 인구 급감 원인이 지역 학교의 경쟁력 약화라고 진단하면서 '교육여건 개선 정책'을 추진하기 시작했다. 이 프로젝트는 학력 신장을 통해 지역 학교의 위신을 회복하고 이를 통해 학생의 도시 이탈을 방지하려는 목적으로 추진 중이다. 지방자치단체 주도로 진행되는 이 사업은 우선 교육 재정의 추가 지원을 위해 조례를 제정하는 것에서 출발했다. 「지방교육자치법」에 의거하여 지방의 교육 및 학예에 관한 사항은 교육청(교육위원회) 소관 업무이기 때문에, 전통적으로 한국의 지방자치단체(시·군·구청)는 교육에 관여해 오지 않았다. 그러나 지역 인구가 급속히 줄고 인구 유출 원인을 교육으로 인식한 많은 지자체가 「교육경비지원조례」 제정과 교육재단 설립 등 지역의 학교를 지원하는 정책을 추진 중이다.

1993년 전북 순창군의 기숙형 공립학원 사례는 공교육 보완을 위해 지자체가 재정 지원을 했던 대표적인 사례다. 옥천(玉川, 순창의 과거 지명) 인재숙(人才塾)이라는 기숙형 공립학원을 만들어 중·고생 중에 성적 우수 학생들을 선발하여 방과후 전원 기숙사 생활을 하며 인근 대도시의 유명 학원 강사로부터 강의를 받는 등의 집중 지도를 하여 명문대 합격생을 많이 배출하기 시작했다. 또한 곡성군은 지역의 작은 학교들을 통폐합하여 중심 학교를 만들어서 집중 지원을 하기 시작했다. 지난 정부의 농어촌 우수고 사업이나 지방 기숙형 공립고의 모델이 된 것이다. 한편, 나주시는 1993년 교육진흥재단을 설립하여 기금을 모아 교육여건개선 사업을 추진하고 있다. 이 프로젝트는 공모 방식으로 지역 학교에 교육경비를 지원하고, 고교 우수신입생에게 장학금을 지급하며, 지자체 차원의 영어보조교사를 채용하여 지원하는 등의 공교육 지원 방식을 취하고 있다.

특히 인구가 감소하거나 재정이 열악한 군 지역일수록 상대적으로 먼저 이러한 규정을 제정했고, 재정 규모에 비해 더 많이 지원하는 것을 볼 수 있다. 교육을 통한 지역 재생을 기대하는 것이다. 그러나 개별학교로 예산을 직접 지원하거나 시설 설비에 투자하는 등의 재원 배분 방식, 사용 방식 등에서 지자체와 교육지원청의 종합적인 계획 없이 추진되었고, 이 과정에서 재원 배분과 사용 방식에 갈등이 있었다. 근본적으로는 지역 내 학생들을 차별하는 문제가 발생하고 있었다. 그럼에도 이러한 지자체의 교육 경비 지원 경향이 전국적으로 확산하고 있다.

〈표 1〉 2023 회계연도 광역자치단체 교육투자 현황

(단위 : 백만원, %)

시도명	지방자치단체 일반회계 최종예산액 (A)	교육비 특별회계 세입결산액 (B)	계 (C)=D+E	비법정 전입금 (D)	교육경비보조금 등			세입결산액 대비 비법정전입금 비율 (D/B)×100	최종예산 대비 교육투자 비율 (C/A)×100
					계 (E)=a+b	교육경비 보조금 (a)	기타법령 (b)		
전 국	405,001,908	98,977,317	3,145,926	1,794,622	1,351,304	672,261	679,043	1.81	0.78
시지역	146,238,547	37,797,236	1,175,363	929,418	245,945	176,728	69,216	2.46	0.80
서울	61,062,158	13,314,516	579,867	398,014	181,853	135,531	46,322	2.99	0.95
부산	22,531,779	5,614,380	123,001	113,250	9,752	8,996	756	2.02	0.55
대구	14,851,275	4,258,834	99,423	85,137	14,285	9,591	4,695	2.00	0.67
인천	18,608,903	5,366,087	152,279	133,592	18,688	18,318	370	2.49	0.82

광주	10,016,561	2,962,365	83,132	82,454	678	678	0	2.78	0.83
대전	9,486,754	2,925,258	89,483	80,068	9,415	593	8,822	2.74	0.94
울산	7,877,409	2,232,956	43,364	32,209	11,154	3,022	8,132	1.44	0.55
세종	1,803,708	1,122,841	4,814	4,694	120	0	120	0.42	0.27
도지역	258,763,361	61,180,080	1,970,563	865,204	1,105,359	495,533	609,826	1.41	0.76
경기	77,340,316	23,529,969	1,156,243	235,067	921,176	360,573	560,603	1.00	1.50
강원	20,852,149	3,932,150	119,912	113,104	6,808	6,250	558	2.88	0.58
충북	16,822,913	3,517,473	82,073	75,646	6,427	4,722	1,706	2.15	0.49
충남	24,183,113	5,226,711	50,547	30,437	20,111	18,549	1,562	0.58	0.21
전북	22,061,336	4,652,032	101,315	91,501	9,814	7,229	2,584	1.97	0.46
전남	27,877,971	5,042,077	149,347	103,097	46,250	39,423	6,828	2.04	0.54
경북	32,859,273	6,384,742	90,082	36,639	53,444	25,552	27,892	0.57	0.27
경남	30,776,801	7,225,174	184,321	143,685	40,636	32,715	7,922	1.99	0.60
제주	5,989,489	1,669,754	36,722	36,029	693	521	172	2.16	0.61

출처: 교육부, 한국교육개발원(2024). 2024 지방교육재정분석 종합보고서
부록(2023회계연도). p.143.

이런 흐름은 지방자치단체의 교육투자 증가 현황을 통해 확인할 수 있다. 교육부·한국교육개발원에서 발간한 「2024 지방교육재정분석 종합보고서」에 따르면, 2023년 광역자치단체의 교육투자액은 교육경비보조금과 비법정 전입금을 포함해서 3조 1,459억원으로 집계되었다. 교육투자액 비율은 전국 평균 0.78%, 시 지역은 평균 0.80%, 도 지역은 평균 0.76%로, 시 지역이 조금 높은 편이다. 세입결산액 대비 비법정전입금 비율은 전국 1.81%, 시 지역 2.46%, 도 지역 1.41%로, 시 지역의 비율이 높게 집계되었다(교육부·한국교육개발원, 2024: 143). 기초자치단체의 교육투자도 계속 늘고 있다. 전국 대부분의 기초자치단체는 교육투자에 관한 법적 근거라 할 수 있는 「교육경비지원조례」를 제정하여 직접적인 교육투자를 확대하고 있다. 이러한 경향에 대해 행정안전부는 2016년 해당 지자체 직원들의 월급을 세입으로 충당하지 못하는 지자체에게 교육

경비지원을 금하는 조치를 취했다. 그러나 열악한 지자체가 교육을 통해 지역을 활성화하려는 의지를 꺾을 수는 없는 것이다. 최근 그 지자체들은 공공 재단을 만들고 여기서 지역 교육을 지원하는 사업을 전개하고 있다. 직접 교육경비 보조금을 지출하는 대신 교육재단을 설립하여 현물을 지원하거나 직접 집행하는 사례가 점점 늘어나는 추세이므로, 자치단체의 교육투자에 대한 실제 규모는 분석된 내용보다 더 클 것으로 본다.

나. 교육부의 지자체에 대한 교육 협력 요구

2000년대 이후 교육부가 기획하는 많은 사업형 정책이 기초자치단체와의 행·재정적 협력을 조건으로 했다. 대표적인 것이 방과후교육 활동 지원사업인데, 교육부(방과후학교, 방과후바우처), 복지부(지역아동센터, 드림스타트사업), 여가부(청소년아카데미, 청소년공부방 등) 등 중앙부처 간 유사 사업들이 분절적으로 추진되는 상황이었다. 이 사업들은 시·군·구 차원에서 일반행정과 교육행정의 협업을 요구하는 구조로 기획되어 통합적 운영을 요청했다. 그러나 지자체와 교육지원청의 협력은 쉽지 않았다. 또한 교육복지투자우선지역사업은 지역교육복지협의체를 구축하여 협력적으로 추진할 것을 기획 단계에서부터 조건화했다. 그러나 이 역시 통합적인 사업 운영이 되지 못하고 있다. 기초자치단체는 대응투자 형식의 예산 지원 정도의 협력을 했고, 기획과 운영 구조, 실무에서의 협업 등은 원활하지 못했다.

그 후 기초학력증진, 진로체험 및 자유학기제 사업, 학부모교육지원사업 등이 기획되어 지역과 학교에 확산하면서 다양한 조직이 만들어지고, 각각의 사업이 분절적으로 추진되고 있다. 더욱이 교육부에서 기획한 새로운 사업들이 분절적으로 하달되어 추진되면서 기존 교육협력 사업은 새로운 사업들과의 중복 지원이 아니냐는 문제 상황에 직면해 있다. 전문 인력 간의 분절적 업무 추진으로 사업 간 시너지도 일지 않고 있다. 그리고 학교나 지역 교육지원청에서의 업무들이 단순화·집중화되지 못하여 효율성을 떨어뜨리는 실정이다.

이런 현실에 대해 많은 연구들이 다양한 사업들의 분화에 따른 지원 중복에 대한 문제를 제기하고 있다(류방란, 김경애, 2011; 박성현 외, 2017). 그러나 이러한 문제 제기에도 불구하고 실제 해법으로 논의되었던 조직·사업의 통합·연계, 전문인력의 파트너십, 업무 보편화로 인한 교직원의 행정 지원 업무의 간명화 등 교육복지 업무 간 통합의 혁신은 일어나지 않고 있다. 이러한 경향은 계속되어 오다가 최근 혁신교육지구 사업이 자리 잡으면서 지역사회 인적 자원의 종합적 지원을 희망하는 일부 지자체와 교육지원청의 협조가 실제화되기 시작했다.

3.

교육청과 기초자치단체의 협력: 혁신교육지구 사업

가. 혁신학교 정책의 확산을 목적으로

많은 시·도교육청이 기초자치단체와 협력하여 '○○교육지구'라는 사업을 추진하고 있다. 초기 '혁신교육지구'(경기, 울산, 서울)라는 용어를 사용하다가 행복교육지구(충남, 충북), 더나은교육지구(강원), 희망교육지구(부산), 미래교육지구(경남, 경북) 등과 같이 다양해지고 있다(〈표 2〉 참조). '혁신교육지구'[2] 사업은 학교와 지역사회가 적극적으로 소통하고 협력하는 지역교육공동체 구축을 위해 광역 교육청과 기초지방자치단체가 협약으로 공동 사업을 추진하는 지역(도시)을 지칭한다. 이는 일반행정과 교육행정의 협력을 통해 도시 전체의 교육적 지원 시스템을 재구축하는 것을 기본으로 한다.

2 교육지구의 명칭은 교육청마다 다양하게 사용되며, 개별 교육청이 교육감 교체나 여러 가지 시대 조류 등으로 시기마다 용어를 바꾸어 사용하기도 한다. 여기서는 최초에 사용했던 용어인 '혁신교육지구'를 대표적으로 사용한다.

〈표 2〉 전국 혁신교육지구 지정 현황

지역	사업 명칭	도입 연도	지정 현황		조례 제정
			전체	지정지구	
서울	서울미래교육지구	2013	25	25	2016. 7.(지구)
부산	부산희망교육지구	2018	16	13	2017. 8.(마을)
대구	대구미래교육지구	2020	8	8	2022.11.(마을)
인천	교육혁신지구	2015	10	7	2019. 8.(마을)
광주	마을교육공동체	2016	5	5	2015. 5.(마을)
세종	행복교육지구	2015	1	1	2016.12.(마을)
대전	대전행복이음혁신교육지구	2018	5	5	2019. 7.(마을)
울산	서로나눔교육지구	2020	5	5	2019.12.(마을)
경기	경기미래교육협력지구	2011	31	31	2015.11.(지구/마을)
강원	더나은교육지구	2016	18	18	2018.12.(마을)
충북	충북행복교육지구	2017	11	10	2019. 3.(마을) (온마을배움터 조례)
충남	충남행복교육지구	2017	15	14*	2018.12.(마을)
전북	전북교육협력지구	2015	14	14	2018.10.(마을) (마을교육생태계활성화 조례)
전남	전남혁신교육지구	2013	22	22	2019.11.(지구/마을)
경북	경북미래교육지구	2020	23	12	2020. 6.(마을)
경남	경남미래교육지구	2017	18	18	2021.7.(24. 10.폐지)#
제주	별도사업 없이 조례기반 사업 추진	-	-	-	2019. 4.(마을)

참고: 지구(=○○교육지구 조례)/마을(=마을교육공동체 활성화지원 조례)

* 아산시 업무협약(2021.9.), 협약파기(2023.2.)

경남도의회 '경남마을교육공동체 활성화 지원 조례안' 폐지(2024.10.15)

이 사업은 2011년 경기도 혁신교육지구 6개 도시(광명, 구리, 시흥, 안양, 오산, 의정부)에서 시작되어 2013년 전라남도에서 무지개교육지구를 추진했고, 2015년에는 서울, 인천, 강원, 전북, 충남 등으로, 그리고 현재는 전국적으로 확산되어 2024년 12월 현재 모든 광역시·도 교육청과 208개 기초자치단체가 교육지구로 지정되어 있다. 전국 226개 시·군·자치구 중 90% 이상이 이 사업에 동참하고 있는 것이다. 서울, 경기, 강원, 광주, 전남 등은 전 시·군·구가 교육지구로 지정되어 있다.

앞의 〈표 2〉에서 볼 수 있는 바와 같이, 혁신교육지구는 지역별 조례에 근거하여 안정성을 도모하고 있다. 실제로 조례는 총 17개의 광역시·도 중에서 16개 광역시·도 교육청에서 '혁신교육지구조례'나 '마을교육공동체지원활성화조례' 등을 제정하여 사업을 추진하고 있다. 지자체와 업무협약 방식으로 추진되는 혁신교육지구 사업은 정치적 상황에 의해 흔들리는 경우도 있었다. 본질적인 내용보다는 누가 그 활동의 강사냐, 이전 시장의 주력 사업이냐 등의 교육 외적인 문제로 좌초하는 경우도 있었다.[3] 조례 제정 형태는 크게 단독 혁신교육지구 조례를 제정한 경우와 혁신교육지구를 마을교육공동체 활성화 조례로 통합하여 제정한 경우로 나누어 볼 수 있다. 세종시와 구) 경남교육청의 마을교육공동체활성화 지원 조례의 경우는 "「평생교육법」 제5조와 「청소년 기본법」 제48조에 따라 학교, 마을, 지역사회가 연대하고 협력하는 교육생태계 조성을 위해"라는 목적을 명기하여 상위법령 상의 근거에 기반하여 조례가 제정되었음을 명문화했다. 이에 비해 혁신교육지구 조례에서 대부분의 광역시·도들은 조례 제정 목적에서 상위법을 밝히지 않고 사업 단위 개념으로 조례의 내용을 채우고 있다. 조례는 주로 목적 및 정의, 위원회, 혁신교육지구의 지정 및 운영, 조직 및 인력 등을 주 내용으로 한다.

3 2021년 7월 제정된 경남교육청의 조례가 정치적 갈등으로 2024년 도의회에 의해 폐지되었다(경남매일, "경남 마을교육공동체 조례 폐지됐다." 2024.10.1.http://www.gnmaeil.com/news/articleView.html? idxno=549984), 2021년 9월 충남교육청의 1기 행복교육지구 협약에 참여했던 아산시는 시장이 교체되면서 업무협약을 파기(23년 2월)하여 논란이 되었다(대전일보, 아산시 행복교육지구 협약 파기 '후폭풍' 2023.02.16.https://www.daejonilbo.com/news/articleView.html?idxno=2048665).

나. 공교육 혁신을 넘어 지역교육공동체 구축 지향

초기 혁신교육지구 사업은 혁신학교의 일반화에 집중했다. 개별 학교의 혁신을 넘어 지역에 있는 더 많은 학교로 확장되기를 기대한 것이다. 하지만 이보다 더 유의미한 결과는 혁신교육지구 사업을 통해 교육자치와 일반자치가 유기적인 협력을 도모할 수 있었다는 점이다. 실제 초기의 많은 교육청의 혁신교육지구 사업 계획서를 살펴보면 다음과 같은 목적으로 정리할 수 있었다. ① 지방자치단체와의 협력교육 시스템 구축, ② 지역사회와 협력하고 소통하여 마을교육공동체 기반 조성, ③ 지역사회와 연계한 교육과정 다양화·특성화로 미래역량 인재 육성, ④ 공교육 혁신을 통한 지역주민의 공교육에 대한 신뢰감 제고 등이다(양병찬 외, 2019). 초기에 기초지자체의 교육경비 활용을 주목적으로 했던 이 사업의 방향은 점차 성숙되면서 일반자치단체와 교육청 간 교육적 이해를 공유하고, 지역의 교육 인프라를 개발하며, 학교와 지역사회의 연계를 모색하는 교육협력 사업으로 진화했다.

혁신교육지구의 비전은 지역 특색을 반영하는 일부 사업을 제외하고는 동형화 현상을 보이는데, 공통적인 부분은 지역 전체의 교육력 제고를 위해 학교와 마을의 연계를 통한 교육공동체 구현에 초점을 둔다는 점이다. 또한 정책 방향을 대상적 측면, 범위 및 내용적 측면으로 구분해 보면, 우선 대상적 측면에서는 아동·청소년 및 학생 중심에서 학부모, 지역주민 참여로 정책이 확대됨을 지향하며, 정책의 범위 및 내용면에서는 학교 테두리를 넘어 지역 전체로의 확장과 연계를 시도하며, 단순한 공교육 혁신을 넘어 지역교육공동체 구축을 지향한다는 특징이 공통적이다.

위의 사업 목적 중에서 특히 주목할 것은 ② 지역사회와 협력하고 소통하는 지역사회 기반의 '마을교육공동체' 조성으로 주민의 교육 참여를 촉진하는 시도다. 혁신교육지구가 전국에 확산하여 사업이 활발하게 진행되었음에도 일반자치단체와 교육행정 간 협력의 어려움은 관행적으로 계속되었다. 여전히 법적 경계로 인한 행·재정의 이원화나 일하는 방식 차이 등은 두 행정기관의 협력을 가로막는 장애물이었다. 이러한 관-관 협력의 한계를 넘기 위한 주민자치 차원의 교육 거버넌스를 고민하는 움직임이 시작되었다. 주민들이 삶의 중요한 과제인 지역 교육을 주체적으로 관여하고 결정하는 주체적 결정권을 갖게 되는 것이다. 이로 인해 최근 순천시나 시흥시 등 선진적 지자체들을 중심으로 새로운 교육협력모델을 구축하여 지역과 협력하는 학교를 일반화하는 동시에 지역 단위 풀뿌리 교육자치 기반을 구축하려는 노력을 기울이고 있다.

다. 지역사회 교육협력 정책: 미래교육지구의 시도

혁신교육지구는 10년 이상 양적으로 확대되면서 각 지역 특성에 맞는 학교와 지역사회 교육협력 모델의 대표적 정책으로 자리매김하고 있다. 이에 교육부도 2020년부터 혁신교육지구 사업을 확산하기 위해 3년 단위의 미래형교육자치협력지구(이하, 미래교육지구) 사업을 공모해서 추가 지원했다. 이는 중앙정부인 교육부 차원에서 혁신교육 확산 정책의 한 축으로 탄생한 사업이다. 이 사업은 2020년 사업 공모를 통해 처음 11개 지구를 선정했고, 이후 추가 지정하여 총 33개 지구를 운영했다(교육부, 2022). 미래교육지구가 혁신교육지구의 성과 토대에서 한계를 극복하고 질적 성장을 지원하고자 제안된 모델이라는 점에서 사실상 미래교육지구와 혁신교육지구는 같은 맥락의 개념으로 볼 수 있다. 교육부는 미래교육지구를 '기존 교육청과 기초지방자치단체가 협약을 맺어 학교와 지역사회가 협력하는 혁신교육지구의 심화 모델'이라 설명한다(교육부, 2019). 혁신교육지구가 시도교육청이 주도하여 추진되는 사업이라면, 미래교육지구는 중앙부처인 교육부가 중심이 되어 민·관·학이 함께 지속가능한 지역교육협력생태계를 조성하기 위한 목적으로 추진했다.

그간 우리 행정체계는 중앙부처로부터 광역, 기초자치단체를 거쳐 학교와 지역사회에 이어지는 수직적 전달체계로 발달되어 있다. 지방 행정은 일반행정과 교육행정으로 나뉘고, 일반행정은 각 중앙정부 부처마다 사업을 통해 지역으로 전달되는 체계가 다르게 형성되어 있어 상호 연관된 유관 사업을 하더라도 사업 내용이나 예산, 인력 등은 연계되지 않고 있었다. 다른 부처(서) 간 수평적 협력체제가 부족함을 알 수 있다. 그러나 이제 사회 국면의 변화로 모든 자원의 네트워크가 중요해짐에 따라 중앙 부처 간 연계, 일반행정과 교육행정의 연계, 학교와 마을의 연계가 필요해졌다. 이러한 사회적 요구에 부응하여 교육부는 민·관·학이 지속가능한 협력체제를 구축하고 각 지역 특성에 맞는 교육협력 사례를 통해 지역교육생태계를 구축하고자 했다. 이를 미래교육지구 사업을 통해 시도했다.

미래교육지구의 주요 과제는 크게 '협력체제, 학교연계, 특색사업'으로 구분된다(교육부, 2022). 첫째, 협력체제와 관련해서 지자체-교육지원청 공동의 교육협력센터 설치와 주민 참여의 교육 의사결정구조 마련이다([그림 3] 참조). 이원화되어 있는 거버넌스를 지속가능한 지역 협력체제로 연결하기 위해서다. 특히 주민의 참여를 활성화하고, 교육청과 지자체의 협력을 실질적으로 이끌어내면서, 학교와 마을을 연계하는 플랫폼 역할을 교육협력센터에서 수행하게 했다. 둘째, 학교연계와 관련해서 마을과 학교가 적극적으로 협력하여 공동 기획·운영하는 마을교육과정, 학교 연계 마을결합형 학교 혁신 등이다. 셋째, 특색사업은 지역 특성에 맞는 지역특화 교육사업 추진을 위해 지역 내 기관·부서 간 사업 연계, 교육부 내 또는 타 부처 사업 연계 등 적극적인 사업 연계를 제시한다([그림 4] 참조). 다부처 사업 연계를 위해 2020년 5개 중앙부처(교육부, 행정안전부, 농림축산식품부, 보건복지부, 국토교통부)가 지역사회 중심 정책 연계를 위한 업무 협약(2020.3.25.)을 체결했다(교육부, 2020b). 이를 통해 부처 간 사업 연계, 협력사업 추진 및 협업과제 발굴, 주민 주도의 지역사회 추진 기반 마련, 주요 성과와 우수사례 홍보·확산 등에 긴밀히 협력해가기로 하면서 지역에 분절적으로 추진되던 사업을 연계해 정책 효과를 높이고 함께 추진하고자 함이다.

[그림 3] 지역교육협력체제 구축

출처: 교육부(2021b). 2021 미래교육지구 사업계획 안내자료. 12쪽.

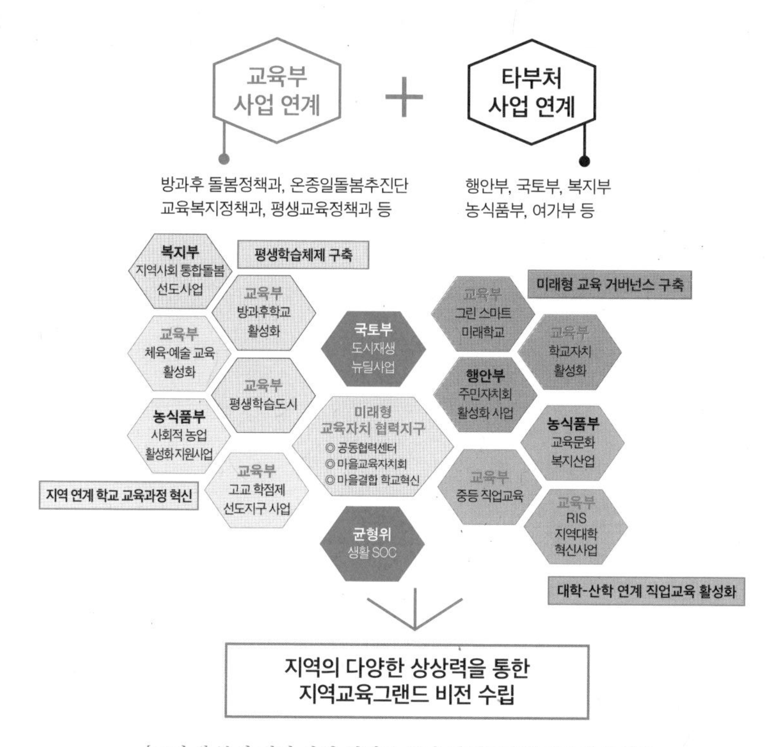

[그림 4] 부처 내외 사업 연계를 통한 지역교육혁신생태계 구축

출처: 교육부(2021b). 2021 미래교육지구 사업계획 안내자료. 10쪽.

따라서 미래교육지구를 통해 지구의 민·관·학 교육 거버넌스를 점검하고 재편함으로써 관-관 협력 강화, 민의 권한과 참여 확대, 학교와 마을 연계 강화 등이 가능해지기를 의도했다. 이 사업은 교육협력센터와 마을교육자치회, 교육부 내부 사업들 간에 연계하고 타 중앙부처의 관련 사업들을 교육사업들과 연계하여 진행한 것이 특징이다. 그 가운데 교육협력센터는 기초자치단체와 교육지원청의 협력 사무소로서 역할을 하는 센터로 사업 전반의 연계 구조를 만들어가며, 마을교육자치회는 읍·면·동 단위에서 주민과 학부모, 학교 구성원들의 협력적 의사결정 회의의 역할을 하고 있다. 학교운영위원회처럼 법정 단체는 아니지만 학교와 지역의 협력을 위한 논의의 장을 만들어감으로써 실제적인 협력 구조를 만들어가도록 제안되었다.

미래교육지구 사업은 4년 동안 추진되었지만, 정부가 바뀌면서 '교육발전특구지구 사업'으로 전환되었다. 이 사업은 2023년부터 "지자체, 교육청, 대학, 지역 기업, 지역 공공기관 등이 협력하여 지역 발전의 큰 틀에서 지역교육 혁신과 지역인재 양성 및 정주를 종합적으로 지원하는 체제"(교육부, 2023)로 규정하여 시범사업을 시작했다. 사업은 지정단위에 따라 세 유형으로 나뉘는데, 기초지자체장과 교육감이 공동으로 신청하는 1유형과 광역지자체장과 교육감이 공동 신청하는 2, 3유형으로 운영한다. 3유형은 광역지자체가 기초지자체의 신청을 받아 지정 단위로 결정하고 있다.

이 정책에 대해 교육부는 교육의 기획 권한을 지방으로 이양하고, 인구감소 및 고령화로 인한 지방소멸과 수도권 집중으로 발생하는 심각한 부작용(경제적 불평등, 저출산 심화, 교통 혼잡 등)을 해소하고자 하는 정책 목표가 있다고 강조했다. 또한 이 사업은 공교육에 대한 창의적·혁신적 개혁을 필수적인 원동력으로 삼으며, 보육, 유치원, 예·체능교육, 대안교육, 대학입학, 나아가 대학-지역산업-지방자치단체 간 연계까지 내용으로 삼고 있어 그 내용이 포괄적임을 강조한다. 교육발전특구 추진 현황은 교육부가 2023년 11월 '교육발전특구 추진계획' 시안을 발표했고, 공모를 통해 2024년 2월 1차 시범지역으로 31건(광역 6곳, 기초 43곳), 7월에는 2차 시범지역 25건(광역 1곳, 기초 40곳)을 선정했다. 1, 2차에 걸쳐 7개 광역지자체와 83개 기초지자체가 최종 시범지역으로 선정되었다.[4]

이 새로운 사업은 지역 주도 협력 방식 등 기존 미래교육지구 사업

4 시범지역 신청은 기초지자체-1유형, 광역지자체-2유형, 광역지자체가 지정하는 기초지자체-3유형으로 나눠 진행됐다. 시범지역은 크게 선도지역과 관리지역으로 구분한다. 선도지역은 3년간 시범 운영한 후 종합평가를 거쳐 교육발전특구로 정식 지정된다. 관리지역은 매년 연차 평가를 통해 보다 강화된 성과관리와 지원을 받게 된다. 시범지역으로 지정된 지역에 한 곳당 최소 30억에서 최대 100억까지 여러 상황을 종합적으로 고려해 특별교부금 등을 지원할 예정이다.

과 추진 방식이 유사하지만, 선택과 집중이라는 신자유주의 전략을 기반으로 지자체 간 경쟁을 부추기고 선발된 지자체에게는 집중적인 재정 지원을 함으로써 지역 행정 간 협력 경험 축적이나 주민들의 자발적인 참여를 촉진하는 데는 시간과 경험이 필요하다는 것을 간과하는 듯하다. 자생적인 교육협력을 위해서는 긴 호흡으로, 최소한의 예산으로 최적의 협력 구조, 즉 지속가능 자생 구조를 갖추어야 함을 명심해야 할 것이다.

마을교육공동체 현상의 확산과 진화

1.

마을교육공동체 현상의 확산

혁신교육지구 사업은 지자체와 교육청의 협력과 함께 주민과의 협력을 강조하게 되기 때문에 자연히 '마을교육공동체'라는 개념이 정책 개념으로 차용되었다(양병찬, 2019). '마을교육공동체' 개념을 교육청 사업으로 도입한 것은 2014년 경기도 교육감의 공약이다. 이후 전국으로 빠르게 확산했다. 앞 장에 기술한 혁신교육지구 사업을 전개하는 과정에서 이 개념을 도입한 지역이 많아지고 있다. 초기에 학교를 중심으로 추진되었던 혁신교육지구 사업은, 학교와 마을의 연계를 통한 지역교육공동체 구축을 지향하는 것으로 정책적 변화가 이루어지고 있음을 알 수 있다. 이는 정책 추진 과정에서 '마을=공동체' 담론이라는 새로운 아이디어가 유입되어 정책 방향이 진화를 거듭하는 것이다.

마을교육공동체는 지역의 다양한 교육 운동에서 시작되어 현재는 정책과 사업, 주민들의 교육 참여 조직화 등의 방식으로 전개되고 있다. 이러한 전개 상황은 '마을교육공동체 바람'[5]이라고 불릴 만큼 속도나 규모, 형태 등에서 다양하게 확산하고 있다. 그러나 이 현상의 실체를 정확하게 확인하는 것은 쉽지 않다. 그 현상의 확산 속도나 규모를 대략 살펴보기 위해 빅데이터 분석을 해보았다. 일차적으로는 언론매체에 비친 마을교육공동체의 빈도를 통해 그 현상의 전국적 규모나 지역적 상황을 확인해보았다. 한국언론진흥재단 뉴스 빅데이터 시스템 '빅카인

---

5 우리 사회에서 교육의 대안에 관한 논의를 예민하게 포착하는 교육잡지 《민들레》의 편집장은 마을교육공동체 특집호(민들레 제122호)를 내면서 "이 '마을교육공동체'의 바람이 어디로 흘러갈지 기대와 걱정이 교차되는 시점"(장희숙, 2019: 4)에 있다고 진단한다.

즈' 활용 검색이라는 분석 방법을 통해 '마을교육공동체'라는 검색어로(기간: 1990.1.1.~2019.11.23.) 빅데이터시스템에 등록된 54개 언론매체(중앙지 11, 경제지 8, 지역지 28, 방송사 5, 전문지 2)를 대상으로 했다. 기사 건수는 총 4,100건으로, 연도별 보도 건수를 보면 2014년부터 빈도가 늘기 시작하여 2018년부터는 1,024건으로 급증하고 있다. 이러한 현상을 통해 전국적으로 마을교육공동체 사업이 확산하는 과정을 확인할 수 있다.

〈표 3〉 연도별 보도 건수(단위: 건)

구분	2010	2012	2013	2014	2015	2016	2017	2018	2019	계
기사 건수	2	7	34	91	489	538	667	1,025	1,247	4,100

지역별로는 지방지만을 대상으로 분석한 결과, 기사 건수는 3,179건으로, 2010년 출현하기 시작하여 2015년 299건으로 증가하고, 2018년 827건으로 급증하기 시작했다. 경기도교육청이 마을교육공동체 사업을 선도했다는 통념과 달리 2013년부터 경상 지역 매체에서 어느 정도 규모(27건)로 보도된 것은 경남교육청의 혁신교육지구 사업의 영향인 것으로 보인다. 그 후 경기도와 충청 지역의 빈도가 높아지고 누계로는 충청 지역의 확산 속도가 빠른 것(1,686건으로 절반 정도를 차지)을 확인할 수 있는데, 이는 충북 전체 지자체와 충남 10개 지자체가 혁신교육지구 사업에 참여하면서 지역 언론 노출 빈도가 높아진 것으로 추측할 수 있다. 그 후는 전국적으로 광범위하게 확산하고 있다.

〈표 4〉 지역/연도별 보도 건수(단위: 건)

구분	2010	2012	2013	2014	2015	2016	2017	2018	2019	계
경기	1			33	160	64	103	141	166	668
강원					8	53	43	28	22	154
충청		2		16	88	126	293	518	643	1,686
경상		2	27	19	11	18	34	47	113	271
전라			2	1	29	99	63	86	104	384
제주					3	0	0	7	6	16
계	1	4	29	69	299	360	536	827	1,054	3,179

이와 함께 마을교육공동체 관련 조직 창립이나 심포지움 등을 통한 공론화 과정도 다양하게 확산하고 있다. 우선 관련 조직은 2018년 12월 15일 마을교육공동체 포럼 창립에 이어 전국 각지에서 지역 포럼(광주, 대전, 인천, 충남, 광명 등)의 창립을 통해 지역 조직화가 진행되고 있다. 또한 지역 교육청이나 교육지원청 단위에서 심포지움이나 강연회 등을 개최하여 추진 방향 정립을 시도하고 있다. 대부분의 지역에서 마을교육공동체 활성화 방안을 주제로 심포지움을 개최하지만 마을교육공동체와 관련된 세부적인 주제들로 마을교육과정을 비롯하여 공간혁신, 국제적 동향, 학교와 지역사회 연계, 마을교육활동가의 사회적 노동, 교육협동조합, 지방교육자치 등 다양한 주제들과 관련해 심층적 논의들을 진행하기도 한다.

2.

‘마을교육공동체’ 개념의 성립

가. ‘마을·공동체’ 담론

위험사회

1997년 IMF 금융위기 이후, 우리 사회 전반에 신자유주의적 구조 조정이 확산하면서 국민의 생활도 크게 어려움을 겪기 시작했다. 고용 불안을 비롯하여 농업·농촌의 피폐화, 승자독식의 경쟁사회화, 교육격차의 구조화, 가정 해체와 사회적 커뮤니티 붕괴 등의 현상들이 이어졌다. 또한 세월호 사건이나 이태원 참사 같은 재해형 위험들이 연쇄화하면서 사회 전반에 걸쳐 위험 증후 확산과 정권의 언론 장악, 가짜뉴스 확산 등으로 사회·정치적 갈등도 폭발적으로 증폭되고 있다. 격차와 위험, 갈등 등이 복합적으로 뒤엉킨 전형적인 위험사회(U. Beck, 1997)로 진입하는 것이다. 지역적·계층적 격차가 더욱 확대되고 지역주민들은 사회적 위험에 개별적으로 대응할 수밖에 없게 된 것이다.

글로벌 자본주의화와 위험사회라는 전 지구적 문제의 대안을 어디서 찾을 것인가? 한국에서는 ‘Think globally, act locally!’라는 지속가능 의제의 슬로건처럼 이를 극복할 해법으로 그동안 지역 운동 및 실천에 주력했던 마을공동체 운동에 주목한다(조한혜정, 2007; 구자인 외, 2010; 박진도, 2011; 양병찬, 2014). 이들은 마을의 공동체성을 강조하면서 근대적 위험사회를 극복하는 대안으로 마을공동체를 제안한다. 그동안의 토건적·물리적 지역개발과 대비되는 주민 주도의 생활 중심·관계 중심의 마을만들기로 전환을 도모하고 있다. 최근 서울을 비롯한 많은 지자체가 마을(공동체)만들기 사업을 공적으로 추진하고 있다. 이런 현상은 대단히 보편적이면서도 독특한 맥락을 지닌다. 한국의 경우, 이 운동은 다양한 주체들에 의해 전개되어 왔던 시민사회 운동의 지향점과 연결되는 것으로, 관 주도의 기존 지역개발의 변형을 도모하고 있다. 다시 말해 이는 근대적 방식인 개발 중심의 지역개발과는 차별화된 주민 주도적 성격의 공공사업을 추진하겠다는 것이다.

마을 = 공동체

여기서 주목하는 마을의 의미는 무엇인가? 마을이란 한국에서 전통적으로 집 근처 사람들이 공동 생활을 이루는 지역을 지칭하는데, 사전적으로 두 가지 의미가 있다. 첫째는 '사람들이 모여 사는 곳'으로, 지리적으로 작은 생활공간을 의미하며, 다른 하나는 '이웃에 놀러 다니는 일'이라는 연계나 관계를 강조하는 의미를 함의한다. 한국적 문화전통에서 마을이란 촌락공동체를 의미하는 것으로, 전통적인 '생활 공동체'의 의미가 있기 때문에 마을=공동체라는 밀착된 어감을 지닌다.

마을의 기본적인 성격으로 규정된 공동체성이란 무엇일까? 이는 동서양을 막론하고 존재하는 개념인데, 영어권의 '커뮤니티(community)'를 비롯하여 유럽대륙의 '코뮨(commune)', 일본의 '집락(集落)', 중화권의 '사구(社區)', 아랍과 중앙아시아권의 '마할라(Mahala)' 등이 그것이다. 이 중 영미권의 'community' 개념에 대해 여러 정의를 재분석한 힐러리 Hillery(1955)는, 이를 지역성과 사회적 상호작용, 공동의 결속감이라는 공동체의 기본 요소를 갖춘 집단을 의미한다고 분석했다. 마을은 전통사회의 공동체로서 현대 한국인에게도 남아 있는 '마음의 고향'과 같은 지역사회를 표현하는 개념으로, 정서적이며 사회적 개념이다. '각자도생사회'라고 표현될 정도로 급격히 사회적 연대가 파괴되고 있는 한국사회에서는 아이러니하게도 이를 극복하기 위한 '마을·공동체'가 정책용어로 사용되고 있다.

저출산·고령화에 따른 인구 감소와 지역의 과소화는 현대 국가들의 공통 과제지만, 한국에서는 급격한 글로벌화에 도전하는 '마을(≒공동체)'이라는 것이 지속가능한 사회를 지향하는 대항 담론으로 작동한다. 조한혜정(2012 : 6-9)은 마을만들기 운동에서의 마을을 전근대적 의미의 마을이 아닌 공조와 신뢰, 호혜의 관계를 맺는 느슨한 소통 공동체로 보며 새로운 마을의 이미지를 제시한다. 오랫동안 도시빈민운동에 관여해온 한국도시연구소의 이호(2012: 267)는 마을을 "일정한 공간에 거주하는 이웃들이 만들어 가는 공동체"로 보는 것이 적절하다고 규정하면서 물리적·공간적 범주와 함께 그 안에서 살아가는 사람들의 '긴밀한 공동체적 관계망'도 강조한다. 이렇게 마을의 의미에는 공동체성과 함께 소통 관계성도 존재한다. 이처럼 현재 '마을만들기' 현상에는 마을을 후기 근대의 호혜적 협력관계의 공동체라고 인식하는 경향이 강하다. 이는 〈마을=공동체〉라는 등식을 상정해놓고 마을만들기에 접근하는 것이다.

나. 교육공동체성: 지역개발과 지역교육의 연결점

전 지구적 위험이 확산하고 지역적·계층적 격차가 더욱 확대되면서 지역주민들은 사회적 위험에 개별적으로 대응할 수밖에 없는 상황이 되었다. 이러한 한계를 극복하기 위해 주민 상호 간 집단학습을 통해 주체적·공동체적으로 대항할 수 있는 전략을 찾는 것이 해법이다. 한편, 학력주의에 의한 경쟁교육과 부모의 사회·경제적 배경에 의한 불평등한 교육 재생산 등은 학교를 중심으로 여러 교육 모순들을 만들어내고 있다. 이러한 문제를 어떻게 해결할 것인가? 마을이라는 생활세계에서 다양한 주체들의 협동적 관계 형성을 통해 각성적이고 협동적이며 주체적인 공동체의 형성을 기대하는 것이다.

지역개발 관련 주민운동은 다양한 시대적 이슈들과 만나면서 진화해

가는데, 1990년대 후반부터 현재까지 지방의제21을 비롯하여 주민자치센터 설치, 내발적 발전론, 대안 사회론 등 다양한 중심 이슈들을 만나면서 공동체 기반의 지역 개발로 그 방향이 형성되고 있다(양병찬, 2015). 지역사회의 변화와 함께 관련 제도나 이념들이 연이어 생성되면서 새로운 지역개발체계로서 마을만들기사업으로 진화되고 있다. 한편, 사회교육 실천과 대안교육 운동 등에 기초한 다양한 교육실천 운동들은 다양한 맥락에서 학교 체계와 만나왔다. 방과후학교나 교육복지 등과 같은 공공사업이나 작은 학교 운동 같은 교사들의 내발적인 움직임, 야학이나 공부방 등 민간의 활동 등 다양한 모습으로 존재해왔다. 이와 함께 오래전부터 다양한 지역에서 자발적으로 만들어진 사회교육 실천도 평생교육체계화로 변화하고 있다. 이처럼 학교 안팎의 다양한 교육적 움직임은 학교 체계의 변화를 요청하고 있다.

아래 [그림 5]에서 양병찬(2014a)은 마을만들기와 교육 실천의 교차점에 '교육공동체성'이 있음을 주장했다. 야학을 비롯하여 공부방, 학습동아리, 마을학교, 마을도서관, 마을아카데미, 학습마을 등 다양한 맥락에서 발생하는 배움의 활동은 '공동체를 위한 학습'과 '학습하는 공동체' 등의 성격을 띤다. 지역사회의 공동체성과 교육의 활동성·성장성을 연결시키는 교육공동체성은 마을 단위에서 주민자치 가능성과 함께 사회적 학습과 사회적 실천, 사회적 경제 등을 유기적으로 연동시킬 수 있다. 그동안 대부분의 마을공동체가 활성화된 지역에서는 주체적 학습과정의 존재를 확인할 수 있다. 이에 근거하여 마을교육공동체라는 실천 활동이 시민사회성과 교육공동체성의 공진의 매개로 작용할 수 있다고 제안한다. 한국의 시민사회성을 기반으로 한 주민운동 및 교육운동과 체계나 사업의 관계 맥락에서 새롭게 생성·변화하는 다양한 교육공동체적 사업 및 협력관계 등을 [그림 5]로 정리해보았다(양병찬, 2014ㄱ).

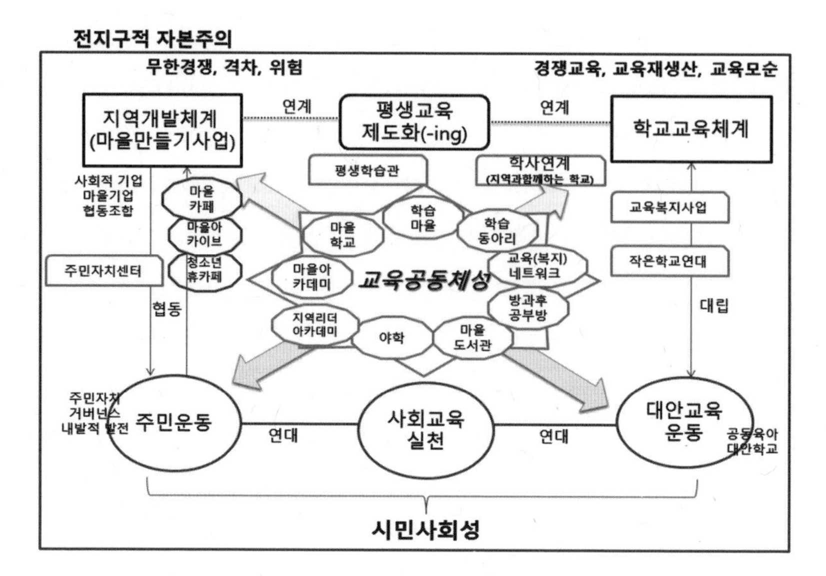

[그림 5] 한국 지역개발과 교육의 운동/체계의 연계를 위한 교육공동체성

출처: 양병찬(2014ㄱ). 한국에서의 마을만들기와 평생교육의 새로운 협동 가능성-'지역교육공동체'의 진화와 확장을 중심으로-. 한국평생교육학회·일본사회교육학회 공동세미나 자료집. p.26.

다. 마을교육공동체 개념의 중층성

우리가 마을교육공동체라고 하지만 이는 실체적으로 다양한 개념들이 서로 얽혀서 추진되고 있다. 그리고 이 개념들은 '만들어진 것'이 아니라 '만들어 가는 것'으로, 서로의 의미들을 상호 강화하면서 그 영향력을 확대하고 있다. 이 개념들을 구체적으로 설명하면 다음과 같다(양병찬, 2018).

첫째는 '가치'로서의 마을교육공동체다. 이는 '이념형'으로서 마을교육공동체라고도 할 수 있는데, 급격한 사회변화는 교육 패러다임의 전환을 요청한다. 이 개념은 교육의 새로운 패러다임으로서 생활 교육, 지역 기반 교육, 진로 교육, 체험학습 등의 학교혁신에 대한 요구를 담고 있다. 또한 교육 이념으로서의 마을교육공동체는 우리가 사는 지역에 대해, 또 그곳의 교육에 대해 스스로 판단하고 결정함은 물론, 실천하는 시민(주민)을 키우는 것이 교육의 궁극적 목표라고 할 수 있다. 결국 마을교육공동체는 학교혁신과 주민교육이란 두 기둥을 단단하게 지탱해 주는 이념적/실천적 원리를 통해 견고해질 수 있다. 즉 학생교육과 주민교육을 하나로 묶는 갓돌(Capstone)로서 통합적 마을교육공동체의 형성이 가능할 것이다.

둘째는 '정책(사업)'으로서의 마을교육공동체로, 이는 학교와 지역사회의 연계를 기반으로 하는 정책·사업을 의미한다. 학교혁신은 내부에서 이루어지는 것이 아니라 학교의 담장을 벗어나 지역과 함께하는 것이 필요하다. 따라서 마을과 학교, 지역주민과 교직원, 지자체와 교육청 간 상호 지원시스템을 구축해야 한다. 특히 학교는 방과후학교나 자유학기제/진로체험 등 교육현장의 변화에 능동적으로 전략을 구상할 필요가 있으며, 이에 대한 대안으로서 학교 밖 주체들과 연계를 통한 자원 확보에 노력을 기울이고 있다. 다만, 지역사회 안에서 학교혁신과 주민교육이 각각 개별과제로 실천되면 연계를 구상하더라도 쉽게 분화되어 버리는 경향이 있다. 결국 학교혁신과 주민교육을 강하게 연결해줄 수 있는 사업(프로그램)이 그 역할을 하는 것이다. 실제 방과후학교를 비롯하여 진로체험, 문화예술교육 등 다양한 영역에서 주민들과 아이들을 연결시켜 실천할 수 있는 다양한 루트를 사업화하여 그 사업의 지속가능성을 확보하는 문제를 끊임없이 구상하고 실천해야 한다.

마지막은 '주체(실천 단위)'로서의 마을교육공동체다. 지역주민의 교육역량이 향상됨에 따라 지역주민의 자발적 교육 역량을 발굴하고 이를 학생교육, 학부모 교육, 지역주민 교육에 연계할 당위성이 높아진다. 마을교육공동체 사업을 통해 나타나는 변화와 성과는 아이들의 건강한 성장과 새로운 학교의 모습을 고민하고 참여하는 역량 있는 지역 주체들이 점점 늘어난다는 데 있다. 이러한 변화와 성과는 재능기부, 학습동아리, 자원봉사, 사회적 기업, 협동조합 등과 같은 다양한 실천 및 활동을 통해 나타나고, 이들 간의 연계는 활동의 시너지를 극대화할 것이다.

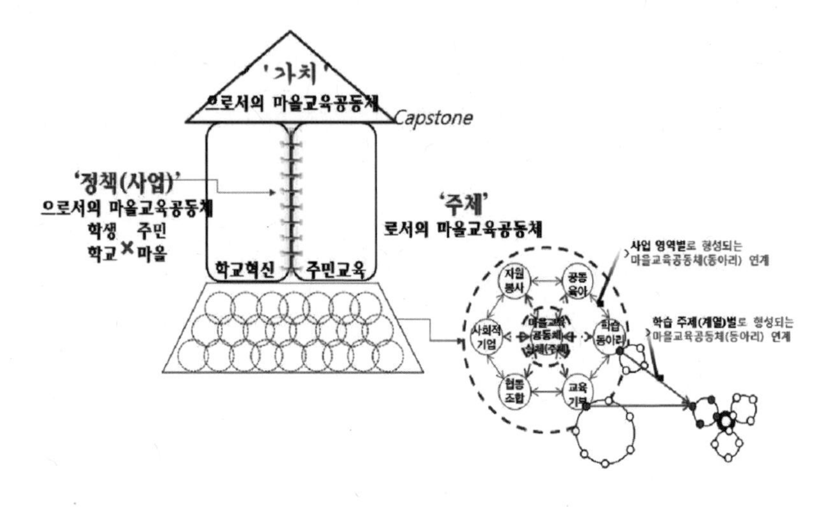

[그림 6] 마을교육공동체 개념의 '중층성'

출처: 양병찬, 이다현, 한혜정(2016). 세종마을교육공동체 지원체제 구축방안 연구. 세종특별자치시교육청. p.181.

3.

'마을교육공동체'의 원리

가. 기원으로서 '지역사회교육'의 특성

'마을교육공동체'는 정책으로 도입되기 전부터 다양한 영역에서 그 아이디어가 있었다. 마을교육공동체는 오래전부터 다양한 지역에서 자발적으로 만들어졌던 지역의 교육운동에 그 뿌리를 둔 것이다(양병찬, 2018). 원래 지역사회를 기반으로 한 자연발생적인 모임으로 아동과 청소년들의 교육적 성장을 지원하면서 자신들 스스로의 성장을 도모하는 활동을 의미하기 때문이다. 따라서 학문적으로도 학교와 지역의 협력은 '지역사회교육'의 개념 속에 논의되어 왔다. 지역사회교육은 "주민 생활의 필요에서 제기되는 교육적인 문제들을 해결하기 위해 지역사회 전체의 견지에서 이를 통합하여 충족시키려는 교육적인 과정"을 의미한다(Minzey and LeTarte, 1979).

이는 생활공간인 지역사회에서 주민들이 직면하는 시대적·지역적 과제를 해결하기 위해 때로는 지역개발의 수단으로 활용되기도 하고, 때로는 권력에 적극적으로 대항하는 풀뿌리 운동 차원으로 진행되기도 했다. 이런 과정에서 주민들은 그 지역의 과제와 생활과제를 발견하고 이를 해결하기 위해 토론, 계획, 실천, 평가 등과 같은 일련의 역동적 집단 과정으로 지역사회교육을 필요로 했다. 그 개념과 관련하여 지역사회교육의 접근 방법에서 중요한 특징을 살펴보면 다음과 같다.

첫째, 생활 중심의 종합적 접근을 강조한 것이다. 황종건은 『사회교육』(1962)에서 당시 지역사회교육을 '사회교육의 새로운 방향'으로 파악하고 "생활의 보다 전체적이고 역동적인 의미로서의 성인교육 활동"을 의미한다고 정의했다(1962: 33). 이 개념 규정에서 강조된 성격은 생활세계의 중요성과 전체적 접근의 필요성, 역동적 실천 활동 등이라 할 수 있다.

둘째, 지역사회교육은 그 학습의 장(공간)의 맥락에서 학교-가정-지역사회의 파트너십(school, family, community partnerships)을 강조하게 된다는 점이다(Epstein, 2002: 7). 학교는 부모와 지역사회를 학생들의 교육에 공동의 관심과 책임을 갖는 파트너로 인식하고 그들과 함께 더 나은 교육 프로그램과 기회를 만들어 간다. 즉, 교육에 대한 지역사회의 참여는 지역 학교의 교육 프로그램 등을 더욱 풍성하게 하고 다른 가정 및 지역 주민과의 상호과정 속에서 교육적 사회안전망을 형성하여 지역 아동의 발달에 긍정적인 영향을 준다.

셋째, 지역 과제에 주민의 주체적 참여를 의미하는 것으로, 지역의 교육 문제(학교 관련 문제도 포함)를 스스로 규정하고 이의 해결방안에 대한 논의와 기획, 실천에 이르는 적극적인 참여가 필수적이다. 1970년대 북아일랜드의 교육투자우선지역사업을 추진한 Lovett(1983: 29-43)는 지역 주민의 주체적인 인식과 사회적 실천을 지역사회교육의 과정으로 파악했다. 그는 주민의 주체적 참여 학습을 통한 사회적 실천의 중요성을 강조했다.

넷째, 주민들이 지역사회 실천을 통해 임파워먼트 되어가는 과정에 주목해야 한다. 임파워먼트는 개인이 자신의 삶에 대한 통제력을 얻는 과정이다(Zimmerman, 2000). 이에 대해 Rappaport(1987: 121)는 개인의 삶에 대한 '자기결정권'과 자신이 속한 지역사회에 대한 민주적 참여를 제시했다. 전자의 경우, 개인의 선택과 책임에 초점을 맞췄다면, 후자의 경우에는 지역사회에서 개인의 참여와 행위에 중점을 둔다.

나. 마을교육공동체의 존재

마을교육공동체의 시간성

한 지역이 마을이라는 이름의 생활공동체가 되면 시간의 흐름을 통해 이어져 오는 그 지역의 역사와 전통, 규범 등을 공유하게 된다. 마을의 지형, 자연지리적 특성, 유물과 유적, 역사를 알아보고 스토리텔링 작업을 하거나 마을 사람들을 포함한 유·무형의 마을의 자원을 조사하는 일 등이 이에 속한다. 따라서 마을교육공동체는 새로운 것을 개발하기보다는 있는 것을 발굴하는 것이 먼저다. 우리의 삶의 모습과 맥락에 의미를 부여하고 이들을 서로 연결해주는 것이 바로 마을교육공동체의 시작이다. 마을이 하나의 마을이 되려면 그 지역의 시간적 흐름 속에 나타난 역사와 문화, 전통과 규범들과 같은 공유된 삶의 방식이 있어야 한다. 마을교육공동체는 교육으로 연합하는 근본적인 생활에 대한 이야기이고, 마을교육 경험을 나누고 공동체를 키우는 흐름인 것이다.

마을교육공동체에 대한 관심과 실천은 현실교육에 대한 변화 의지와 미래교육에 대한 갈증이 접목된 결과라 할 수 있다. 다시 말해서 학교의 울타리를 넘나들고 지역의 경계를 허무는 활동이고 지역, 환경, 삶의 맥락에서 이루어지는 배움의 방식은 마을교육공동체가 지향하는 방식이다. 이러한 관점에서 마을교육공동체는 미래지향적인 교육 방법과 환경적 요소를 제시함으로써 우리 사회의 교육이 나아가야 할 방향에 대한 답을 제시한다.

마을교육공동체의 공간성

교육은 늘 학교 문제로 수렴되어 버리고 만다. 학교가 존재하는 지역은 아이들이 생활하는 공간으로, 모든 주민이 학교와 직·간접적으로 연결되어 있지만 학교 안에서 일어나는 일에는 속수무책이다. 학교가 교육 전문 기관이니 모든 교육 문제는 학교의 권한과 책임하에 있다는 식이다. 그러나 진정 새로운 교육은 교사의 책임을 넘어 지역주민의 공적 참여로의 전환이 요구되며, 학교의 변화를 넘어서 지역으로 확대되어야 함을 의미한다. "학교는 학교, 지역은 지역"이라는 말처럼, 그동안 학교와 지역은 분리되어 왔다. 그러나 지역사회 성원의 성장을 위해 지역 내 모든 공간의 개방과 함께 모든 구성원의 협력이 필요하다. '학교 울타리 안'에서의 교육을 넘어 일상생활 속에서의 전체 학습 경험을 의식해야 그 의미가 더 잘 파악되기 때문이다. 모든 개인은 지역사회라는 공간에서 성장하고 발달하기 때문에 학령기 아동·청소년뿐만 아니라 지역의 모든 구성원에 대한 교육적 책임이 지역사회에 있음을 의미한다고 할 수 있다.

Dewey는 공공권의 성립 기반을 커뮤니티에서 구했는데, 이는 시민사회(society)가 아니라 협동사회(association)를 기반으로 하는 '공동성'에 뿌리내린 정치 공간이며 '타자와 함께 사는 존재'인 인간의 협동성을 기반으로 하는 생활정치의 공간(佐藤一子, 2003)이라는 공간의 공공성을 강조한다. 모든 개인은 신체적으로 한정된 시·공간에 닫혀 있는 존재이기 때문에 타자와의 공생적 관계성을 만들어 가는 시·공간에서 만남을 영위해야 한다. 이 상호 관계 과정에서 상상력을 키우고 타자와의 공감과 연대감을 체험하는 것이 배움의 공동성의 원점이라 할 수 있다. 지역의 교육 주체들이 학습과 실천을 위해 자발적으로 서로 연대하고 참여할 수 있는 사회적·지역적 여건이 갖추어질 필요가 있다. 이러한 역할을 담당해 줄 활동의 장이자 주민참여 플랫폼으로서 마을 거점 공간 조성이 필요하다. 마을 공간은 '○○센터' 같은 현실적 공간을 의미할 수 있지만, 간헐적으로 모여서 지역사회의 문제를 논의하는 공론장이나 인터넷과 같은 가상의 공간 등도 지역 주체들의 소통의 장이기도 하다.

마을교육공동체의 주체성

근대 인간은 중세와 달리 자신을 타자와 구별된 자아, 나뉠 수 없는 개체, 즉 주체로 이해한다. 심성보(2021: 238)는 "자유주의자들은 주체화를 사회화와 대치되는 개념으로 '개별화(individualization)'로 전환시킨다. 개별화가 개인주의화/이기주의화의 위험이 있기에 억압을 타파하고 새로운 세계의 행위 주체자가 되는 '주체화/주체임(subjectness)' 개념을 선호한다. 주체화는 '자유'와 관련이 있고, 그 자유와 연관된 '책임'과 관련이 있다. 물론 주체화는 사회화 과정을 거쳐야 한다."라며 개별화와 구별되는 주체화를 강조한다. 복잡하고 지속적으로 변화하는 시대를 살아가는 아이들은 각자의 개성과 재능, 관심과 가치를 충분히 탐색하고 계발하여, 직업세계와 지역사회에 기여할 수 있도록 실질적으로 성장하는 것이 중요하다.

이를 위해 새로운 가치, 윤리, 삶의 태도와 이를 현실화할 수 있는 역량(소양)을 습득해 가는 것이다. 좀 더 구체적으로는 새롭게 주어지는 문명의 혜택을 누리고 창의할 수 있는 능력, 열린 마음으로 타자와 공감하고 소통하는 능력, 삶의 주체로 우뚝 서서 당당하게 자기 삶을 살아갈 수 있는 능력, 협력을 통해 문제를 해결하는 능력 등이 요구되는 것이다. 마을교육공동체의 목표는 학생들에게 지역에 대한 다양한 내용을 실천적으로 학습시키고 그 결과가 다시 지역사회로 환원되는 선순환적 구조의 지역공동체를 구성하는 것이다. 지역사회에서 교육받은 아이들이 지역 발전을 위한 주인의식을 발휘하는 그 지역의 민주적인 시민으로 성장시키는 것이다.

마을교육공동체의 관계성

인간의 성장은 다른 사람과의 관계/만남 속에서 일어난다. 마을이라는 공동체는 주민들이 의사소통에 참여할 수 있어야 하고, 이를 통해 과거의 전통과 규범을 공유하게 되며, 더 나아가 대화와 상호작용을 통해 새로운 가치와 규범을 조정할 수 있는 생활공동체가 되어야 한다. 다시 말해 주민들과의 사회적 관계 속에서 아이들의 돌봄과 교육이 전개되어야 하는 것이다. 비고츠키 교육학을 '관계의 교육학'으로 규정한 진보교육연구소 비고츠키교육학실천연구모임(2015: 36)은 "인간 발달의 가장 중요한 출발점과 토대는 바로 사회적 관계와 상호작용이라는 것이며, 교육에서 올바르고 협력적인 '교육·관계'를 어떻게 구성하고, 긍정적이며 활발한 상호작용을 어떻게 형성해갈 것인가의 문제가 바로 핵심"이라고 강조한다.

진정한 교육을 위해서는 지역과 학교, 주민(학부모 포함)과 교사, 행정 등 주체들의 체계적인 협동 관계의 모색이 필요하다. 지역 차원에서는 지역사회 전체가 교육을 함께 고민하고 공부하면서 학교와 지역 교육 전체를 지원하는 여건을 조성하는 것이다. 이를 통해 주민과 당사자들이 삶의 중요한 과제로서 지역의 교육을 공동으로 논의하게 된다. 교육을 매개로 이웃 공동체와 아이들의 느슨한 관계를 형성해야 하는 것이다. Putnum(2016)은 오늘날의 경제적 불평등 현상을 분석하면서 그 기회의 불평등과 이웃 공동체의 몰락이 어떻게 미래 세대를 파괴하는지를 보여주었다. 그는 『우리 아이들』에서 "(가난한) 아이들이 정말 필요로 하는 것은 그들의 삶에 '얼굴을 내밀어주는' 의지할 만한 어른의 존재다."(Putnum, 2016: 371)라고 강조했다. 지역을 어른과 아이들이 함께 배우면서 성장하는 배움의 공동체로 만들 수 있도록 교육지원체제를 재구축할 필요가 있다. 마을교육공동체 운동은 관계망이 학교 안에 머물지 않고 마을과 연계하여 확장되며, 인터넷 공간도 포함하여 광범위하게 존재하는데, 교육에서 학생들이 동료 학생, 교사, 마을주민과 협력하여 배우는 경험을 갖게 하면 이 안에서 아동·청소년들은 스스로 자신의 배움과 진로를 설계할 수 있게 될 것이다.

다. 마을교육공동체 사업의 관점 진화

지역 자원 동원

오늘날 지역이 학교보다 다양한 교육 '경험' 자원들을 제공할 수 있는 상황에서 지역에 학교 지원을 요청하는 것은 당연한 현상이다. 방과후 교육을 비롯하여 돌봄교실, 진로체험, 문화예술교육, 교육복지 등 다양한 명칭으로 진행되는 사업들을 추진하는 학교로서는 지역 자원을 동원해야 할 필요가 생기게 마련이다. 그러나 여기서 분명히 해야 할 것이 있다. 학교 중심의 지역 교육 자원의 동원은 학교를 더욱 힘들게 할 것이다. 자원 동원이란 학교에 새로운 짐을 얹는 것이다. '학교를 위해' 하는 일인데 다시 학교의 부담이 생기는 모순이 생긴다. 학교 안의 행정 행위가 늘어나는 이 모순적 행위는 학교 밖의 물적·인적 자원을 근대 학교의 방식으로 선별 동원한다는 데 있다. 이런 방식으로는 언제나 학교가 먼저 발신하고 지역은 수동적으로 대응하게 된다. 학교는 계획을 짜고 주민은 참여해 달라고 하는 식이다. 지역은 맞춤형으로 모든 것을 준비하는 것이 쉽지 않고, 학교는 이러한 자원 동원 방식에 따른 행정 처리 등으로 몸살을 앓게 된다.

이제 학교는 교과 교육에 더욱 충실할 수 있도록 지역사회와의 관계에서 새로운 방식으로 전환할 필요가 있다. 모든 것을 학교에서 한다는 식으로는 죽도 밥도 안 되는 일이 벌어질지 모른다. '학교는 더 수렴적으로 지역은 더 확장적으로' 아동의 교육 경험을 깊이 그리고 넓게 만들어 가야 하지 않을까. 또한 이 방식으로는 지역에 존재하는 다양한 자원과 주체들의 주체성, 자율성, 협력성, 생태성이라는 새로운 가능성이 발현되기 쉽지 않다.

교육네트워크

교육지원청이나 학교가 각 단위에서 지역사회와 연계해야 하는 다양한 사업들을 개별적으로 추진하면서 많은 행정적 비효율이 나타나고 있다. 방과후학교 사업을 비롯하여 진로체험, 자유학년제 사업, 기초학력향상 사업, 학부모지원 사업, 평생교육 사업 등 대부분의 사업이 서로 연결된 사업이다. 교과 교육과 지역과 연계하는 사업으로 나누어서 이상의 다양한 사업들을 동일한 체제하에 프로그램으로 구성하는 것이 필요하다. 그래야 전문가들도 상담, 복지, 평생교육 등 다양한 전문가들의 융복합적 협동이 가능해진다. 아동·청소년을 위한 교육 프로그램에 드는 재화를 현명하게 나누는 원칙도 고민해야 할 때다. 이런 상황에서 교육부에서 하달되는 다양한 사업들의 분리 추진과 교육 내부의 혁신적 변화 속에 마을교육공동체 사업은 새로운 전략을 재검토해야 할 것이다. 학교와 지역 연계 사업의 정체성에 따른 목표체계의 재설정와 함께 사업 간 연계와 통합, 업무 지원의 보편화를 통한 행정 간명화, 전문 인력의 다양한 전문성에 대한 융합 등의 교육지원 영역을 재구축할 필요가 있다.

이를 위해 생활과 교육 지원의 통합적 관점에서 부처별 유사 사업에 대한 전수조사 및 사업 범주화를 실시한다. 다음 단계는 교육부를 중심으로 유관 사업 지원체제(조직, 예산, 인력, 전달체계 등)를 재구조화하여 사업의 통합성과 단순성을 확보한다. 대표적 부처 간 경계사업인 방과후학교 정책을 우선적으로 접근할 필요가 있다. 이는 참여정부 시절에도 시도한 것으로, 유사사업 통합·지원 및 전달체계를 일원화함으로써 행정의 단순화와 사업의 통합화가 일어날 것이다. 이와 관련해서 최근 관심이 높은 청소년 진로 지원의 체계화도 필요하다. 단편적인 직업체험 중심의 자유학기제를 개편하면서, 여성가족부 중심의 청소년 활동지원사업을 체계화하여 청소년 진로 탐색 단계의 새로운 구상이 필요하다. 학교-지역사회가 함께하는 진로지도를 통해 진로 탐색 및 체험의 일상성, 다양성을 확보할 수 있다. 이는 다양한 사회 참여활동 지원을 통해 진로에 대한 스펙트럼을 확대하는 것이다. 직업체험만이 진로 결정에 도움을 주는 것이 아니라는 관점에서, 다양한 지역사회 참여 활동(지역 내 청소년 참여기구 마련, 봉사, 국제 활동 등) 등과 연계한 진로교육 지원을 구상해야 한다.

지역 교육의 주체 형성

마을교육공동체란 "마을이 아이들을 함께 키운다는 것, 마을이 아이들의 배움터가 되는 것, 그리고 아이들을 마을의 주인(시민)으로 키우는 것"(김용련, 2015)을 의미한다고 규정하고 있다. 이에 동의하면서 '아이' 중심에서 상호 배움과 공동 실천을 강조하고 싶다.

첫째, 서로 배우는(상호 배움) 주민의 존재에 대해 의식할 필요가 있다. 배움은 개인적 측면에서의 내적 성장뿐만 아니라 공동 학습을 통한 변화 속에서 성장 가능성을 논할 수 있다. 주민 스스로가 주도하는 학습을 통해 구축하는 마을공동체는 지역 성장과 재생의 기반이 되며, 공동체 안에서 주민은 인생의 의미를 찾을 수 있다.

둘째, 마을의 주인공인 주민이 함께 마을을 만드는 공동 실천을 의식할 필요가 있다. 마을의 주인은 해당 지역에서 살아가는 주민이기 때문에 마을의 성장과 미래는 그 안에서 일생을 영위하는 주민들에 의해 결정된다. 따라서 마을의 미래와 재생은 주민에서부터 구상이 시작되어야 한다. 주민 스스로 의사결정 구조를 갖추고 행정 지원체계를 재편할 수 있다는 주민 통제의 원리에 입각하기 때문이다. 그중 가장 중요한 것이 그들의 미래인 아이들의 교육이 아닐 수 없다. 공동체로서 마을은 주민의 요구와 지역사회의 필요를 찾아내어 지역사회 스스로 이를 극복할 방안을 강구하는 자생적 구조를 만들어야 한다. 개별 마을 하나하나가 배움을 기반으로 한 공동체를 형성하게 되면, 결국 이들이 연계·융합하여 시 전체의 학습공동체를 형성하는 초석이 될 것이다.

교육 분야의 지역사회 조직화

Hargreaves&Shirley(2015)는 「학교교육 제4의 길」에서 오바마의 지역사회 조직화 운동을 지적하면서 교육 분야의 지역사회 조직화를 제안한다. 이는 그동안의 학부모 운동과는 차별화되는 것으로, "개별 학부모가 학교에 찾아가서 담당 교사와 일대일로 소통하는 전통적인 방식 그 이상의 것이다. 지역사회 조직화 운동은 의미 있는 개혁을 이끌어내는 데 지역사회와 공공 네트워크 전체가 합심하여 동원되는 것이다. 지역사회 조직화가 완전히 실현되면 정치에서 소외되었던 대중에게 새로운 시민적 역량을 높여주기에 도시 전체의 권력 역학이 변모되기도 한다."라고 주장한다.

이는 주민의 시민적 역량을 키워 각성된 주민을 '조직화'하는 것을 의미한다. 지역에서 주민들이 자발적으로 학습을 구성·운영하는 학습동아리는 지역 재생의 근간이 되는 지역 밀착 학습모임이다. 자생적 학습동아리는 학습을 특정 공간으로 국한하지 않고 일터, 삶터를 넘나들며 주민의 요구에 기초한다는 점에서 지역의 풀뿌리 학습활동을 연계해내는 것이다. 마을공동체 등이 학습 자생성을 지닌 조직을 강화함으로써 주민들의 사회적 참여와 지역 변화를 매개하는 실천 활동을 산출해내고 있다. 이는 학습의 결과로 학습자의 역량이 성장하고 다시 지역으로 순환되는 '시민 리더십'의 육성을 의미하며, 이를 통해 지역의 생활정치로까지 확장될 수 있을 것이다.

제3장

학교와 지역의 협동

1.

학교와 지역의 관계: 한국적 맥락

가. 학교와 지역의 단절

지역의 자산에서 고립된 섬으로

우리 사회는 학문을 숭상하고 배움을 중요하게 여기는 유교적 전통을 공유했다. 이와 같은 문화는 근대 학교 도입에도 영향을 미쳐, 사회 전반에 걸친 '교육입국'이라는 계몽 운동과 함께 국가는 아동·청소년을 산업화 인력으로 육성하는 과정에서 학교 교육에 집중적인 관심과 투자를 했다. 이처럼 학교에 투자하여 그들이 산업화의 주도적 역할을 한 것은 동아시아적 전략(A. Sen)이었다고 평가한다. 물론 국가 전략에만 그친 것이 아니다. 주민들도 자신들의 힘으로 학교를 만들어 자기 집안 아이들을 포함한 지역 아이들의 입신양명에 헌신한 경험이 있다. 근대화의 인적 개발에서 민관 협동의 전통이라는 독특한 특성이 있었던 것이다. 주민들은 자신들의 노동 봉사와 부지 희사로 만든 학교를 지역 자산으로 여겨왔다. 이런 맥락에서 원래 학교와 지역은 일체였고, 기성회 운영을 비롯하여 '우리 학교'와 '우리 선생님', '우리 운동회'라는 전통이 생겨난 것이다.

그러나 해방 이후 한국 공교육 형성과정을 살펴보면, 학교에 대한 국가 관리가 점차 강해지면서 학교는 지역과 담을 쌓기 시작했다. 이런 현상을 황종건(1980: 32)은 "날이 갈수록 학교의 전문화와 양적 팽창이 급격해지는 오늘날, 학교가 교육의 전부를 담당하는 것같이 착각되면서 국민의 교육에 대한 관심과 투자도 학교가 독점하게 되었다. 그러면서 학교는 날이 갈수록 하나의 고립된 섬처럼 지역사회와는 거리가 먼 진부한 지식과 쓸모없는 기술을 훈련하는 일에 몰두하게 되었다."고 지적했다. 1980년대에 이미 학교는 더욱 관료화되었고 지역과 단절된 '고독한 섬'(Olsen, 1958)이 되어감을 통렬히 비판하고 있다.

산업화 이후 대부분의 지역이 급격하게 과소화 혹은 과밀화되면서 지역 공동체성이 붕괴했고, 이로 인해 지역의 교육력도 약화되었으며, 학교를 중시하던 전통에 어울리지 않는 현상이 보편적으로 확산해 갔다. 주민들이 교육의 책임과 결정권을 정부에 양도하고 스스로 '교육수요자'가 되어버리면서 주민 통제의 전통은 사라지고 있다. 현재는 지역과 가정이 학교교육에 협력하지 못하며, 학교(교사)도 지역사회(주민)에 방어적인 태도를 견지하면서 상호 의사소통이 단절된 상태가 심화하고 있다.

학교의 지역 자원 활용

최근 학교만으로는 온전한 교육이 어렵다는 인식에서 시작하여 학교와 지역의 연계에 대한 관심이 높아지고 있다. 이는 마을학교나 마을교육공동체, 마을교사, 마을교육과정 등 지역 기반 교육생태계를 구축해야 한다는 주장이다(김용련, 2019). 그 요구의 발신처가 (학교)교육계라는 데 주목할 필요가 있다. 이는 학교와 지역사회의 새로운 관계 구축을 의미하는 것으로, 다양한 정책과 실천들이 확산하고 있다. 교육부는 특별교부금을 비롯한 다양한 재정 지원 사업들을 통해 지역 교육청과 일선 학교에 특정 정책의 참여를 요구했다. 지역교육 사업이라 할 수 있는 방과후학교나 자유학기제, 교육복지, 학부모사업 등과 같은 사업들은 학교 입장에서 지역과의 연계에 관심을 두고 있다. 지역의 교육자원을 학교에서 활용한다는 측면이 강조되어, 사업 추진을 위해 학교와 지역사회가 연계될 수 있는 계기가 마련되었다.

방과후학교 사업과 자유학기제 사업은 학생들의 다양한 경험을 위한 지역 자원 활용이라는 전략이 기저에 있다. 이는 학교 개방(school service, 학교 자원의 활용)보다는 지역 개방(community service, 지역 자원의 활용)의 방향을 지닌다. 이러한 이해 방식은 학교와 지역사회의 관계에 대한 학교 중심적인 사고가 깔려 있는 것이며, 지역을 아동과 청소년을 위한 교육 자원으로만 인식하는 사고방식에 기인한다. 물론 지역주민들은 지역의 아이들을 성장시키기 위해 방과후학교 강사로, 자유학기제나 진로체험을 위한 진로 멘토로, 마을교육공동체의 마을 강사로 역할을 할 수 있다. 그렇지만 이 성인들의 생각과 역량의 변화를 위해 그 이전의 변화에 관심을 가질 필요가 있다.

마을교육공동체는 한국에서 진행되는 독특한 맥락의 지역사회학교 개념이다. 학교로부터 지역으로 협력을 요청하면서 평생교육과의 연계를 강조하는(이성, 2020) 새로운 흐름이다. 이런 방향은 학교 밖에서 '학교 개방'을 요구하던 기존 학교평생교육과는 목표와 전략 등 방향에서 큰 차이가 있다. 그동안 학교와 지역사회의 관계를 주로 '학교 개방'이라는 관점에서 접근했던 평생교육(학)계는 이에 대해 꾸준히 관심을 두고 있었다. 일반적으로 '학교 개방'은 '지역사회학교', '학교 사회교육', '학교 평생교육' 등으로 사업화되었다. 이 영역은 학생뿐만 아니라 지역주민 전체를 대상으로 하는 평생학습의 장(場)으로 거듭나야 한다는 '당위적' 학교 개방의 요구를 강조해 왔다.

나. 학교와 지역의 연결

지역사회학교

학교 평생교육의 개념을 명확하기 위해 우선 역사적 맥락에서 살펴볼 필요가 있다. 앞에서도 언급한 학교평생교육이라는 개념의 생성에서 나타나는 개념 이중성 문제를 정확하게 확인하려면 그 출발과 진화과정을 파악해야 한다. 1930년대 미국의 지역사회학교(community school) 개념에서 출발한 학교와 지역사회 관계 운동은 전 세계로 확산했고, 우리나라에도 영향을 주었다. 1953년 유네스코 한국 파견교육계획사절단(UNESCO-UNKRA)은 '지역사회학교'를 권고했다. 이 사절단의 보고서는 "학교가 지역사회의 제반 과제를 해결하고 그 지역사회의 필요에 응할 수 있는 교육활동을 전개함으로써 문화향상과 경제부흥을 중심으로 생활개선에 이바지하자"는 목적을 제시했다(동아일보, 1959.10.6). 이는 학교의 자원(인적·물적)이 지역에 개방되어야 한다는 '학교 개방'을 강조했다(황종건·오계희, 1963: 13).

경기도교육청이 이 운동을 정책적으로 처음 도입했는데, 1956년 '지역사회학교를 건설하자'라는 주제로 장학방침을 제시한 것이다. 이어서 이 방침은 4·19혁명 직후 민주당 정부하에서 '향토학교'라는 이름으로 전국적으로 퍼져갔다(김종서, 1966: 25). 이렇게 학교와 지역사회가 불가분의 관계라는 것이 계속 강조되고, 특히 지역주민을 위한 학교 개방이 '향토학교', '새마을학교' 등의 명칭으로 시책화하여 1970년대까지 관 주도적 사업으로 진행되었다. 그 후 '한국지역사회학교후원회'(현재의 '한국지역사회교육협의회')라는 단체가 만들어져 개별 학교 단위로 민간 주도 지역사회교육운동의 형태로 추진되었다. 2000년대 이후로는 교육부 시책으로 '학교 사회교육'과 '학교 평생교육 시범학교' 사업 등으로 전개되었다.

'다양화'되는 학교 개방

학교평생교육 시범사업의 예산은 2007년 시작된 〈지역과 함께하는 학교〉로 재구성되어 학교와 지역의 쌍방향적 관계를 전제로 진행되었다(양병찬 외, 2008). 이 사업은 지역주민(학부모 포함)이 배워서 학교에 기여한다는 순환적 교육 구조로 구상되었다. 학교평생교육을 통한 어른들의 배움은 해당 학교 학생들의 교육과 생활을 지원하는 토대가 된다는 것이 이 사업의 핵심원리다. 3년 계획으로 추진된 이 사업은 정권이 바뀌면서 관련 학교평생교육 사업 예산이 학부모교육 사업으로 넘어가 그 사업에 흡수 통합되어 버렸다. 2010년 '학부모교육지원' 사업은 교육부에 관련 조직 개편, 교육청 학부모교육지원코디네이터 배치 등 지원 구조 강화로 이어져 전국적으로 확산했다. 지역의 교육 주체를 형성하기 위해 구상된 사업이 학부모교육 사업으로 변형된 것이다. 이것이 중앙정부 차원에서 학교 개방과 관련된 정책의 경과다. 이에 비해 현재 지방정부나 교육청별로 지역교육협력과 마을학교 사업 등 소위 '마을교육공동체 사업'으로 다양화하고 있다(〈표 5〉 참조).

〈표 5〉 한국 학교 개방(지역사회학교) 사업의 역사

시기구분	1950년대	1960~1970년대	1980년대	1990년대
지역사회 교육운동	교육계, 학계 중심의 자발적 교육운동	관주도적, 행정지시적 향토학교운동	민간주도적 성격의 운동	학교 중심 평생교육

시기구분	2000년대초	2007~2009년	2010년 ~	지자체별 교육지원사업
사업명 · 핵심 전략	'학교 평생교육 시범학교' 사업 지역사회에 개방된 학교	'지역과 함께하는 학교' 사업 지역사회와 학교의 동반 관계 형성, 학부모와 지역주민의 조직화	'학부모교육 지원' 사업 지역과 협동하는 학교, 참여하는 학부모	'마을교육공동체' '마을학교' 사업 지역사회협력, 마을이 학교다

출처: 양병찬(2018). 한국 마을교육공동체 운동과 정책의 상호작용. 평생교육학연구 24(3). p.131.

2010년대 이후로는 교육 행정 정책에 중앙 정부 차원의 학부모교육 지원 사업과 함께 지역 교육청 차원의 마을교육공동체 사업 등이 혼재한다. 전자는 학부모 역량 강화를 위한 사업으로, 교육부·교육청 차원의 조직과 예산으로 전국적으로 운영된다. 학부모를 가르쳐 이들의 역량을 키우려는 교육 사업이다. 학부모를 교육 대상으로 보는 계몽적 사고가 바탕을 이루는데, 학부모가 진정한 교육의 주체로 세워질 수 있을까? 불가능한 일이다. 자녀가 다니는 학교와 지역의 교육 문제에 관심을 갖고 좋은 교육을 만들기 위해 나서는 학부모들은 어떻게 만들어지는가? 아동·청소년들의 역량 개발을 위한 교육자는 어떻게 양성될 것인가? 지역의 교육 주체 형성은 주민의 사회적 실천과 평생학습을 통해 이루어지는 것이고, 이를 통해 학교 교육을 지원하는 새로운 교육 구조가 만들어져야 하는 것이다.

2.

학교-지역 협력 사업 추진

가. 학교와 지역 협력의 필요성

"한 아이를 키우는 데는 온 마을이 필요하다"라는 말은 지역사회 성원의 성장을 위해 지역 내 모든 구성원의 상호작용과 협력이 필요함을 강조한다. 이는 '학교 울타리 안'에서의 교육을 넘어 일상생활 속에서 전체 학습 경험을 의식해야 그 의미가 잘 파악된다. 모든 개인은 지역사회라는 공간에서 성장하고 발달하기 때문에 학령기 아동·청소년뿐만 아니라 지역의 모든 구성원에 대한 교육적 책임이 지역사회에 있음을 의미한다고 할 수 있다. 현재 학교가 직면한 교육 불신과 교육 주체 간 갈등을 해소하려면 지역과의 연계를 더욱 강화해 가야 한다. 지역과 연계된 학교로 거듭나기 위해서는 교육 주체인 주민과 학교, 아동, 행정 등의 활발한 교류가 필수적이다.

학교와 지역사회의 관계를 중시하면서 그 연계를 위한 다리를 놓아야 한다고 주장한 Olsen(1953)에 따르면, 학교와 지역사회의 관계에 다음 다섯 가지 특징이 있다. 우선 지역사회를 학교에 끌어들이는 것으로는 ① 성인에 대한 학교 개방, ② 지역의 교육자원 이용, ③ 지역사회의 구조와 문제 등을 중핵으로 하는 커리큘럼 편성, 그리고 학교를 지역사회로 끌어들이는 것으로 ④ 학생·교사가 지역 활동에 참가함으로써 지역사회 발전에 공헌, ⑤ 학교에 의해 지역사회의 교육기관·교육활동 조정과 지도가 있다. 한편, 샌더스(Sanders, 2009)는 학교와 가정, 지역의 협력 요소로 양육, 의사소통, 자원봉사, 가정에서의 학습, 의사결정, 지역사회공동체의 협력을 제시했다. 그중에서도 지역사회공동체와의 협력은 학교와 학생, 가족을 지원하기 위해 지역사회의 자원을 활용하는 것과 함께 지역을 위해 학교의 다양한 활동을 조직하는 것을 의미한다. 여기서 '지역사회가 무엇인가' 혹은 '지역사회공동체는 누구인가'는 학교에 비해 명시적이지 않고 막연한 주체로, 지역마다 편차가 심하다. 그래서 대체로 지역의 기관·단체 등의 명시성을 빌려서 지역 자원으로 설명하기도 한다.

그러나 이것만으로 충분히 설명할 수 없는, 뭔가 지역만의 고유한 움직임이 있다. 이것을 지역의 교육력이라고 할 수 있는데, 학습은 공유된 대화, 행동, 행동에 대한 성찰의 결과다. 김신일은 이런 지역 교육력을 지역사회에서 일어나는 두 가지 방향의 교육운동으로 해석한다. 하나는 아동의 교육에 대한 학교 중심의 교육운동으로, 현재 혁신학교가 하는 방향이 여기에 해당할 것이고, 다른 하나는 주민 자신들을 위한 평생학습 차원에서의 교육운동이다(김신일, 1998: 13). 이는 내용적으로 혹은 주체적 측면에서 둘로 나누어 설명할 수 있지만, 실제로는 학교와 지역이 하나로 융합되는 것을 전제로 하며, 학생과 주민이 서로 만나는 구조를 의미한다.

혁신학교 사업을 추진하는 대부분의 지역교육청이 사업 운영의 핵심 가치나 기본원칙에 지역성을 두는 것도 이러한 입장을 천명한다. 경기도교육청의 경우를 보면, 지역성 원칙에서 "학교현장 및 지역의 교육적·문화적 자산을 활용하고 이를 교육과 연계시킬 수 있도록 설계되어야 하며, 지역 발전의 요구와 결부된 다양한 창의지성교육의 디자인이 모색되어야"(경기도교육청, 2012: 16) 한다고 적시한다. 또한 많은 새로운 교육운동 주체의 주장에서 '지역에 뿌리내리는' 교육운동의 필요성이 강조되는 것을 볼 수 있다. 교육공동체 벗의 "조합원들의 활동이 삶의 터전인 지역에서 이뤄져야 교육에 대한 고민을 삶과 일치시켜 갈 수 있다. 지역이 빠진 고민은 구체적인 삶이 빠진 것으로 공허할 뿐이다. 이

제까지 교육이 악순환되고 있는 이유"(김기언, 2013: 58)라는 주장을 예로 들 수 있다. 스쿨디자인21의 운동은 '지역을 통째로 바꾸는' 전략(허승대, 2013: 64-66)으로서 "일상적인 생활을 해나가는 지역과 학교에서 함께 살면서 변화시키는 운동, 즉 학교를 중심으로 지역사회에 뿌리내리는 거점학교운동이어야" 한다고 주장하기도 했는데, 이는 지역을 교육운동의 근거로 삼고 대중운동으로의 확산 가능성을 확보해야 함을 의미하는 것이다.

이상과 같이 원론적 입장에서 학교와 지역의 연계가 필요하다는 데는 동의하기가 어렵지 않다. 그러나 그 연계의 구체적인 모습이나 연계의 주체에 대한 논의는 충분치 않다. 지역과 학교의 협력에 대한 구체적인 방안에 대해 살펴보면 다음과 같이 몇 가지 맥락이 있다. 즉, 중앙 정부(교육부)의 시책 사업으로서의 학교-지역연계 사업을 비롯하여 지방정부의 참여 교육여건개선 프로젝트 사업, 지역의 교육공동체운동 등이다. 우선 정부 시책 사업과 지방정부 관련 프로젝트의 내용과 한계를 살펴보고, 이 글에서 그 대안으로 주장하는 지역교육공동체운동의 과제와 전망에 대해 살펴보고자 한다.

나. 지역과 학교의 파트너십 정책

학교와 지역의 연계 사업은 교육부의 학교 개방이나 지역사회 연계 협력 정책으로 추진되기 시작했다. 학교와 지역사회 연계 및 협력을 활성화하기 위한 정책을 추진하는 미국, 영국, 일본의 사례를 살펴보자.

미국의 경우, 1994년 클린턴 행정부에서 시작한 21세기 지역사회학습센터(21C Community Learning Center) 사업을 중심으로 지역연계 활동이 진행되고 있다. 「No Child Left Behind」법의 핵심 사업 중 하나로, 연방정부가 직접 사업 학교나 지역에 예산을 주는 유일한 사업이다. 학교와 지역사회대학(Community College)을 활용하여 방과 후 학교시설을 지역주민과 학생들에게 개방·운영하는데, 연령 제한 없이 지역주민에게 교육, 여가, 건강, 각종 사회서비스를 제공한다. 연방정부는 3년간 사업 운영에 필요한 예산을 지원하고 지역 내 공공단체 및 민간단체, 교육기관과의 협력체계 구축을 요구한다(https://21stcclcntac.org/).

영국의 경우, 교육백서에서 'Extended School Services' 개념을 제안했고, 이를 통해 기존 학교 기능을 확대하고자 했다. 여기서 확장 학교(Extended School)는 "어린이, 가족 및 더 넓은 지역사회의 요구를 충족시키기 위해 학교 수업 시간 외에도 다양한 서비스와 활동을 제공하는 학교"로 정의되었다(위의 책: 7). 이 사업은 학교의 기존 기능 외에 양질의 보육과 부모 역할 지원, 지역사회와의 연계-성인학습·가족학습, 건강 및 돌봄, 학습지원을 포함한 다양한 활동 등의 기능을 추가한다. 이러한 역할을 모두 학교에서 담당하는 것은 불가능하므로 학교와 지역의 협력은 필수적이다. 이 사업은 웨일즈와 스코틀랜드, 북아일랜드 등 자치지역으로 확산하여 나름의 방식으로 전개되고 있다.

일본의 경우도 학교와 지역 연계 관련 정책이 1971년 학교교육과 사회교육의 연계(學社連繫)에서 출발하여 1996년 학사융합(學社融合), 학사협동(學社協同)이라는 개념으로 발전했고, 2008년부터는 학교지원지역본부 사업이 진행되고 있다. 특히 2006년「교육기본법」개정에서 '학교, 가정 및 지역주민들의 상호연계협력' 규정을 넣어, 삼자가 일체가 되어 지역사회 전체가 아이를 키우는 체계를 정비한다고 했다. 지금까지 해 온 활동들을 더욱 조직화하여 학교의 요구와 지역의 힘을 연계하고 더욱 효과적으로 학교를 지원하는 정책을 진행하고 있다. 2008년 문부과학성 학교지원지역활성화 추진위원회는 '지역의 교육력'에 대해 '지역주민이 아이들의 건강한 육성을 위해 예를 들어 사람을 생각해 주는 것, 자연이나 물건을 소중하게 하는 것, 사회의 룰을 지키는 것에 대해 아이들에게 발전단계에 따라 적절한 지원을 하는 것'이라고 했다(文部科学省·学

校支援地域活性化推進委員会, 2008).

한편 2000년 '교육개혁국민회의 보고'에서 학교 개혁을 위해 지역 전체로 학교를 키우고 지역을 키우는 학교만들기를 지향하는 새로운 형식의 학교로 '커뮤니티스쿨' 설치를 추진했다. 이 커뮤니티스쿨은 기본적으로 학교운영협의회를 설치하여 지역주민과 학부모가 학교의 운영에 제도적으로 참여할 수 있게 하는 학교를 말한다. 앞서 언급한 '학교지원지역본부'의 설치와 함께 「사회교육법」 개정에 근거하여 학구에 설치된 '지역학교협동본부'라는 조직이 만들어졌는데, 문부과학성은 지역학교협동활동을 "지역주민, 학생, 보호자, NPO, 민간기업, 단체/기관 등 폭넓은 지역주민 등의 참여 기획을 통해 지역 전체가 아동의 학습과 성장을 지원함과 함께 학교를 중심으로 한 지역만들기를 목표로, 학교와 지역이 상호 연계·협동하여 행하는 다양한 활동"이라고 정의했다. 2018년 제3차 교육진흥기본계획으로는 모든 초·중학교 학구에 지역학교협동활동 추진을 목표로 설정했는데, 2023년 기준으로 58.2%(16,131개)의 학교에 커뮤니티스쿨이 설치되었고, 71.7%(19,812개)의 학교에 지역학교협동본부가 설치되었으며, 전국적으로 증가 추세다(文部科学省, 2023). 중앙정부 차원의 커뮤니티스쿨 정책은 일상적인 봉사활동 등으로 학교에 들어가 다른 집 아이가 아니라 '우리 지역 아이'라는 의식 형성을 도모하고 있다. 일본은 패전 이후 지역마다 설치된 공민관(公民館, 한국의 평생학습관에 해당하는 지역사회교육기관)의 체계적인 발달로 성장한 사회교육의 힘을 학교의 자원으로 활용하려는 사례도 많다. 지역마다 편차는 있지만 지역 고유의 성과를 내는 협동 사례들이 나오고 있다.

우리나라의 경우는 사업과 운동이 혼재해 있었는데, 개략적으로 살펴보면 다음과 같다. 초기 향토학교나 신교육운동의 일환으로 지역사회학교 사업이 전개되었으나 일부 학교만 참여했다. 그 후 학교 개방 측면에서 최근까지 지역사회학교 운동을 비롯하여 학교평생교육 시범학교 운영이나 지역과함께하는학교 사업 등이 추진되었다. 학교 개방을 통해 주민의 사회교육 활동을 확대하자는 취지와 이를 통한 지역의 학교 지원 사업으로 연결하고자 했다.

그러나 이 사업들은 '학교와 지역의 교류와 협력을 높이자'던 취지에 대한 학교 구성원들의 이해 부족과 재원의 한계 등으로 지속화와 체계화에 어려움이 많았다. 또한 당시는 주로 지역이 학교의 자원을 이용하는 스쿨서비스의 입장이 강조되어 상호 호혜적 관점이 형성되지 않았다. 그러나 지금의 경우는 학교 밖 지역사회의 많은 교육적 자원을 학교가 어떻게 활용할지가 이슈이기 때문에 필요성은 더욱 높아지고 있다. 따라서 특정 목적 사업인 교육복지우선지역사업을 비롯한 방과후학교사업, 전원학교사업 등 많은 교육지원사업에서 학교와 지역사회 연계를 사업의 핵심 과제로 제시하고 있다.

다. 가족, 학교, 지역사회의 관계 모델

Epstein(2001)은 가족, 학교, 지역사회의 파트너십 구축에서 어떤 요인이 세 주체의 중복에 영향력을 미치는지 연구했다. 이 프로젝트에 따르면 가족, 학교, 지역사회의 겹침과 연계는 세 가지 영향력에 의해 결정되는데, 시간과 가족에서의 경험, 학교에서의 경험이다.

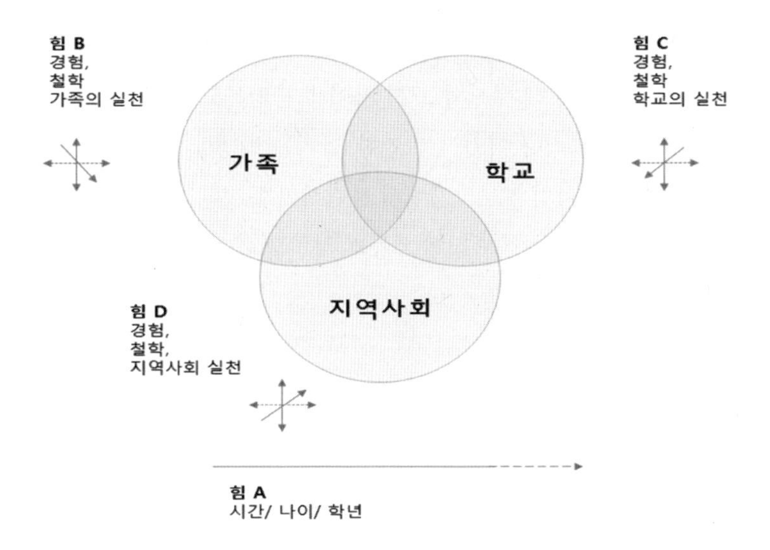

[그림 7] 아동의 학습에서 가족, 학교, 지역사회의 영향에 대한 합치 구역 1

(외부 구조적 이론 모형)

출처: Epstein, L(2011). Theory and Overview in School, Family and Community Partnerships : Preparing Educators and Improving Schools(2nd. ed.). NY: Taylor & Francis. p.32.

우선 힘 A는 학생, 가족, 학교를 위한 발달 시간과 역사를 의미한다. 이때의 시간은 개인과 역사적 시간을 의미하는 것으로, 아동의 나이와 학년 단계, 학교에서 학생이 재학한 동안의 사회적 조건이다. 아동은 최초에 가정에서 가족의 교육적 환경을 제공받으며, 부모와 교사는 아동의 학습에 직접적으로 상호작용하지 않는다. 그러나 유아라 할지라도 이때 겹침이 발생할 수 있는데, 예를 들어 유아가 정신적 혹은 육체적·감정적으로 장애가 있을 때, 부모와 특수교사는 아동을 위해 조직적인 협동 프로그램을 시작한다. 모든 아동에게 부모는 아동 양육과 학교 준비에서 책, 그들의 학교 경험, 소아과 의사, 교육자, 그리고 타인으로부터 얻은 지식을 적용한다.

아동이 가정, 학교 그리고 지역사회에 참여하면 겹치는 영역이 발생한다. 가족과 학교가 겹침을 최대화하려면 학교와 가족이 진정한 '파트너'로서 빈번하게 협력하고 부모들이 많은 유형의 통합적 프로그램에 참여해야 하며, 이를 통해 부모와 교사 사이에 분명하고 긴밀한 의사소통이 있어야 한다. 그러나 여기서 '완전한' 합치는 발생할 수 없는데, 이는 가족이 학교나 교사의 프로그램에서 독립적인 특정한 기능과 실천을 하며, 학교 또한 가족과는 독립적인 기능과 실천을 유지하기 때문이다.

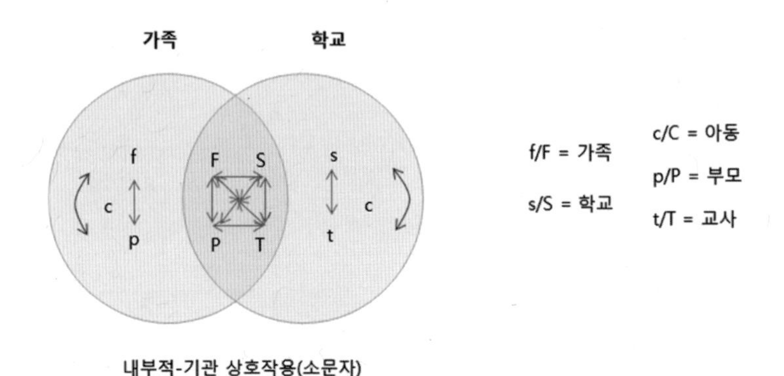

[그림 8] 아동의 학습에서 가족, 학교, 지역사회의 영향에 대한 합치 구역 2

(내부 구조적 이론 모형)

출처: Epstein, L(2011). Theory and Overview in School, Family and Community Partnerships : Preparing Educators and Improving Schools(2nd. ed.). NY: Taylor & Francis. p.32.

[그림 8]은 대인관계와 주요한 패턴에 대한 힘을 보여준다. 여기에는 두 가지 상호작용과 힘, 즉 기관 내(소문자) 그리고 기관 간(대문자) 상호작용의 두 단계도 나타난다. 가족(f)과 학교(s), 부모(p)와 교사(t)의 상호작용은 부모와, 자녀 혹은 다른 친인척들과는 분리되어 발생한다. 가족(F)과 학교(S), 학부모(P)와 교사(T)의 상호작용은 두 기관의 상호작용에서 발생하며, 독특하게 개별적 의사소통이 일어나기도 한다(P와 T). 가족(F)과 학교(S)의 연결은 가족 구성원과 학교 직원의 상호작용을 의미하며, 이는 가족과 학교가 연결되는 모든 학교 프로그램을 의미한다. 예를 들어 이것은 학교 정책에 대한 부모들과의 의사소통으로 자녀 양육 혹은

아동 발달에 대한 워크숍이나 자원봉사자로서 부모가 학교 프로그램에 참여하게 하는 것, 혹은 학부모-교사 조직, 학부모회나 지역사회 시민 활동그룹에 참여하는 실천을 의미한다.

부모(P)와 교사(T)의 연결은 개별 아동에 대한 부모와 교사의 상호작용을 의미하는데, 예를 들어, 아동의 진도에 대한 학부모-교사 회의나 아동의 학습, 사회 혹은 개인적 문제나 욕구에 대한 학부모로부터의 연락 혹은 가정에서 학습 활동에 대해 자녀를 돕는 방법에 대한 교사의 특정한 제안 등을 말한다. 아동(C)은 이 모델의 상호작용과 영향의 중심에 위치한다. 아동의 복지와 흥미는 학부모와 교사 간 상호작용의 이유이기 때문이다.

이 모델에서 다각적인 화살표는 학교의 활동에서 비롯된 가족과 부모의 행동의 변화에 대한 아동의 상호작용과 이로 인한 영향 받음을 의미한다. 이 힘에 대한 설명은 가족-학교에 다음과 같은 이점을 주는데, 교사는 학부모에 대한 정보의 흐름을 통제하며, 의사소통을 줄이거나 협동적 활동을 제한함에 따라 교사는 두 가지 교수활동에 대한 장애물을 강화한다. 이에 비해 의사소통을 확대하면, 교사는 교사와 학부모 모두 공통적으로 고려하는 기관 사이의 연계를 구축할 수 있다.

학부모는 학교와 가족 사이의 심각한 분쟁이나 불화를 보고하지 않는 게 일반적인데, 그보다 부모들은 학교와 가족의 관여에 대한 교사의 실천에 주목한다. 교사에 의한 학부모의 일상적 참여는 학부모로 하여금 그들이 가정에서 아동을 어떻게 지도할지에 대해 교사로부터 많은 정보를 받았다고 보고하며 그들이 기관의 프로그램에 대해 잘 알게 되었다고 언급하게 한다. 아동 교육에 가족을 포함시키는 교사는 학부모들로부터 그들의 노력을 인정받는다. 이러한 교사는 학부모와 학교장 모두에게서 교수활동에 대해 더 높은 평가를 받는다. 가족과 학교가 학생의 기초 능력에 대해 함께 작업했을 때 학생의 성취가 더 높으며, 교사가 학부모의 참여를 촉진했응 경우, 그렇지 않은 경우에 비해 더 높은 성취를 이룬다고 보고되고 있다.

3.

학교와 지역사회의 새로운 관계

가. 학교 개방 요구

오늘날 학교와 지역에 대한 논의는 근대적 학교 패러다임에 입각하여 진행되어 왔다. 학교와 지역을 공간으로 이분화하는 이 사고방식은 교육적 작용이라는 관점에서 '학교 우위의 모형'에 해당한다(김신일·박용헌·진원중, 1983을 김성열, 2017: 7에서 재인용). 이를 전제로 '학교'를 개방하라는 요구를 계속하고 있다. 학교는 '공' 교육체계이고 공적 투자가 집중되는 공적 공간이기 때문에 늘 지역주민들이 '부탁하는' 학교 개방에 집중되어 있었다. 이때 학교가 지역사회의 주민과 학부모들을 계몽하는 주체로서의 역할을 해왔고 학교 개방 문제는 늘 교직원들에게 부가 업무로 인식되어 학교 관리 문제로 귀결되어 버린 것에 주목해야 한다(양병찬 외, 2003: 164).

김성열(2017)은 이처럼 과거의 '학교 우위 모형'은 더 이상 유효하지 않다며 새로운 관계 모형으로 '지역사회 중심의 학교 지원 모형'을 주장했다.

> 학교는 지역사회보다 더 이상 여러 면에서 나은 기관이 아니다. 우리 사회의 여건 변화에 따라 학교와 지역사회의 관계도 변화되어야 한다. 앞으로 학교와 지역사회의 관계는 학교가 가진 교육 기능을 제대로 수행하기 위해 지역사회로부터 다양한 자원을 지원받는 관계여야 한다. 지원을 받지만 학교는 지역사회로부터 자율적이어야 한다. 이러한 관계를 무엇이

라고 이름 붙일 수 있을지 모르겠다. (김성열, 2017:17)

그렇다면 새로운 관계란 무엇일까? 새로운 관계 설정을 위한 몇 가지 전제로 우선, 공간을 이분법적으로 나누는 개념에서 벗어나야 한다. 학교 밖에 또 다른 학교를 만드는 것 또한 경계해야 한다. 학교 중심의 지역교육 자원의 '동원'은 학교를 더욱 힘들게 하는 것이다. 더 많은 사업과 일들이 학교로 들어오는 것이다. 어떻게 하면 지역이 학교의 짐을 함께 나눌지, 학교와 지역이 동등한 관계에서 아동·청소년을 포함한 지역주민들의 성장을 도모할지에 대한 방향이 설정되어야 할 것이다.

물론 지역사회 공간에 새로운 교육적 기능을 넣으려는 대안 모색 과정에서 평생교육의 역할이 부각되는 경우도 있지만, 학교 개혁의 시각과 평생교육의 시각은 아직 상호 시너지를 이루고 있다고 할 수 없다. 더욱이 확장된 평생학습이라는 정책 개념으로 충분히 대응하고 있지 못하다. 특히 한국의 경우, 정책 수준에서는 학교 교육의 보완적 자원으로서 '지역'을 자원화하는 수준에 머물기 때문에 양자 간 미스매칭이 계속되고 있다. 평생학습이라는 21세기의 새로운 시스템 구축에 대한 논의나 체계화는 아직 풍부하게 논의되지 못한 것이 현재의 상황이라 할 수 있다.

나. 학교와 지역사회의 관계의 한계

법·제도적 한계

우선 학교와 지역사회의 관계에 대한 법규들을 보면, 우선 「교육기본법」 제9조(학교교육) 제②항에는 "학교교육은 공공성을 가지며, 학생의 교육 외에 학술과 문화적 전통을 유지 발전시키고 주민의 평생교육을 위해 노력해야 한다."라고 기술되어 있다. 「초중등교육법」 제11조(학교시설 등의 이용)에는 "모든 국민은 학교교육에 지장을 주지 아니하는 범위에서 그 학교의 장의 결정에 따라 국립학교의 시설 등을 이용할 수 있고, 공립·사립 학교의 시설 등은 시·도의 교육규칙으로 정하는 바에 따라 이용할 수 있다."라고 규정함으로써 "학교교육에 지장이 없는 범위"에서 제한적으로 그 이용을 허용하고 있다. 학교 개방을 추진하기 위해서는 관련 법규 규정뿐만 아니라 운영상 여건이 성숙했을 때 진정한 의미의 학교 개방이 가능해진다. 그런데 현재 우리 학교의 상황은 이러한 운영상 여건이 충분치 못하다.

한편, 「평생교육법」(2008)에는 학교의 평생교육을 제29조에 명기하여 "… 학교를 중심으로 공동체 및 지역 문화 개발에 노력해야 한다."라고 규정하지만 이에 따른 부가적인 운영방법이나 지원에 대해 명시하지 않아 실효성에서 큰 변화를 가져오지 못하고 있다. 따라서 학교경영을 하는 학교장이나 교사들의 입장에서는 학교의 정규교과과정 외의 평생교육 활동은 해도 되고 안 해도 되는 임의적 활동이며, 그동안은 교육부 시범 사업의 연구학교나 시범학교의 경우에 관심 있는 학교나 교사들이 추진하는 선택적 사업이었다. 마을교육공동체 사업이 활성화되어 학교와 지역의 연계가 확대되기 위해서는 보다 보편적인 학교 개방을 위한 정책적 구조가 필요하다.

학교 내부의 방어적 태도

그동안의 학교 개방 실태를 분석하면 다음과 같은 경향이 있다. 첫째, 학교 개방사업은 주로 행정에서 주도한다. 교육부나 지역 교육청에서 학교평생교육 시범학교를 정하고 그 학교에 몇 년 동안 예산 지원 및 사업 참여 교사에 대한 고과점수 부여를 통해 사업을 전개하도록 권고하는 실정이다. 둘째, 제공되는 교육프로그램이 지역이나 개별 학교의 특성을 반영하지 않고 천편일률적인 경향이 있다. 셋째, 학교 내에서 학생들의 교육과 지역 성인들을 위한 프로그램 간 연계가 전혀 이루어지지 않는다는 것이다. 이런 경향을 종합해 보면, 주민의 자치적 참여가 결여된 것이 현재 학교평생교육 사업의 특징이다(양병찬 외, 2003).

실제 학교 개방(학교평생교육 시범학교)이 실행되는 학교 현장에서는 여러 가지 종합적인 문제가 제기되고 있다. 그 가운데 가장 큰 문제는 학교 관계자가 일부 사람들 외에는 학교 개방에 소극적인 태도를 취한다는 것이다. 학교 개방에 극단적인 부정론자들도 적지 않다. 학교 선생님들이 학교 개방 사업에 부정적인 이유는 다음과 같은 것들을 들 수 있다.

① **교직원의 근무 과중:** 근무시간 증대와 부가 업무가 교직원들에게 돌아감에 따라 "우리가 어떻게 어른들까지…"라면서 개방 활동을 비판하게 된다. 실제로 현재 교사들이 성인을 위한 평생교육강좌의 강의를 맡는 경향이 많다.

② **시설·설비·기기 부족:** 기존 학교 건물이 지역주민을 위해 설치된 것이 아니기 때문에 성인용 걸상을 비롯하여 야외 화장실, 야간조명 등이 미비하다.

③ **교육환경 악화:** 성인 사용자들의 기본 태도가 나빠서 교육환경을 악화시키는 경우도 있으며, 이와 관련하여 학교 경비 관계자, 보수 관계자 등의 불만이 있을 수 있다.

④ **경비 증대:** 앞에서 말한 시설·설비의 수리비와 체육 용구 등의 구입비가 늘면서 학교 개방으로 인한 경비가 증대하는 것도 불만의 한 요소다.

⑤ **사고대책에 대한 불안:** 아동·학생의 안전에 대한 불안은 물론 주민의 시설 이용 시 발생할 수 있는 안전사고의 책임 소재와 보상 문제 등이 큰 불만 요소다. 학교경영책임자인 교장으로서는 이 부분이 개방을 꺼리는 가장 큰 이유다.

다. 학교평생교육을 넘어서야

평생교육 개념의 이중성으로 학교교육과의 관계에서도 이중적 해석이 생겨날 수밖에 없다. 더욱이 정책 지원 근거로서의 「평생교육법」은 협의의 평생교육(기존의 '사회교육')으로 규정함으로써 학교교육의 범주를 배타적으로 다룬다. 이런 한계로 발생하는 학교교육과 평생교육이라는 애매성을 극복하기 위해 두 가지 개념의 명료화를 제안한다.

우선 학교 개혁의 원론적 방향으로서의 평생학습이다. 모든 인간이 평생학습자로서 생애에 걸친 학습을 하는 중에 정규 학교의 위치와 교육과정의 융합성과 탄력성 등에 대한 논의는 필요하다. 더욱이 빠르게 변화하는 사회에서 이러한 원리로서의 평생학습은 시계열적 통합 과정에서 학교와 어떠한 관계여야 하는가를 통해 다양한 아동·청소년에 대한 교육 패러다임이 새롭게 구축되어야 할 것이다. 학습사회 관점에서 학교의 평생교육적 재구성이라는 개념적 전환을 요청하는 주장들(Longworth, N. & Keath Davies, 1996; 양홍권, 2006; 윤여각 외, 2016; 김영식, 2018 등)도 이어지고 있다. 이미 1980년대에 황종건(1980: 29)은 " … 학교의 근본적인 모순을 시정하기 위한 제1차 작업은 교육의 기본 성격을 다시 파악하고 교육의 본래 기능을 되살리려는 노력 … 가정과 지역사회에서의 생활을 학교에서의 생활과 연결시키도록 노력해야…"라고 주장하면서 학교와 지역사회의 연계를 강조했다. 삶의 공간으로서 지역사회와 학교의 연결을 학교 개방의 기본적인 이념으로 제시하는 것이다.

다른 하나는 지역사회라는 공간에서 학교를 지원할 수 있는 새로운 교육적 거점과 주체들의 형성에 대해 주의 깊게 확인해야 할 필요성이다. 실제로 한국에서는 이러한 개념이 불명확하다. '학교 = 학생, 평생교육 = 성인'이라는 도식은 학습 대상자(참여자)에 대한 이분법적 사고에 근거한다. 영역으로서의 학교평생교육은 이 중간에서 위치 지으려 하기에 어려움을 겪게 된다. 이러한 이분법적 상황은 오늘날의 시대에 맞지 않는다. 공간적 폐쇄성을 극복해야 한다. 현재 학교와 지역 연계를 요청하는 사업들(방과후학교, 교육복지, 자유학기제, 진로교육, 학부모교육 등)은 학교에서 지역으로 교육적 요구를 하고 있다. 그럼에도 그것들을 중간에서 매개할 것이 없어 어려움을 겪는다. 이런 상황에서 등장한 것이 교육적 중간지원조직으로 혁신교육지구 기초지자체에 만들어지는 혁신(행복)교육지원센터들이다. 지역 자원과 학교를 매개하는 새로운 교육에 대한 네이밍과 기구가 필요한 때라고 할 수 있다.

라. 학교-지역연계 사업들의 통합을 위한 '지역사회학습센터' 구상

교육청 차원의 문제가 교육지원청 차원으로도 이어져 방과후학교 지원을 비롯한 교육복지, 학부모교육, 학습부진아 지원, 진로체험 및 자유학기제 지원, 마을교육공동체 등 다양한 사업 코디네이터들이 학교와 지역을 연계하는 관련 사업을 추진하지만, 각각 분화되어 실제적인 효과를 내지 못하고 있다. 이를 '마을교육공동체 지원센터(지역사회학습센터)'로 통합해서 전문성 있는 중간지원조직으로 재구성할 필요가 있다. 이때 학교 밖 교육센터인 평생학습관이나 청소년수련원 등 기존 교육자원을 통합적으로 재구축하는 것을 고려해야 한다. 이는 관련 제도의 연계라는 설치 목적 관련 통합뿐만 아니라 재원의 안정적 조달 측면에서 반드시 검토해야 하는 과제다.

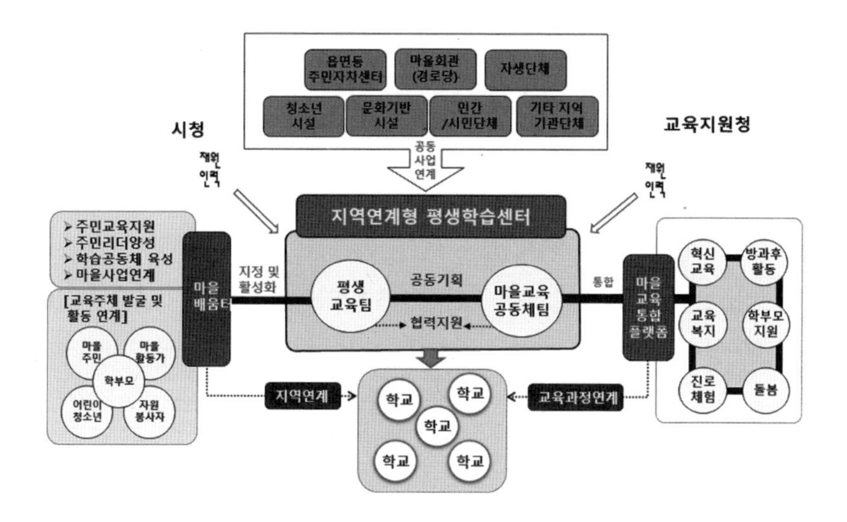

[그림 9] 학교-지역 연계형 '평생학습센터' 구상

이는 지자체가 주관하는 시설에 교육지원청의 기구 방식의 조직을 복합화하여 사업들 간 연계와 예산의 연결, 전문성의 통합 등을 이루어가는 방식이다. 교육부 또는 지자체가 정부의 사회기반시설 사업을 활용하여 시설 설치 재원을 확보할 필요가 있으며, 이와 함께 학교 교사에 편중되어 있는 지역의 교육 책임도 분산될 수 있도록 다양한 교육 전문 인력들(평생교육사, 청소년지도사 등)의 통합적 전문성도 새롭게 구성되어야 한다. 이를 통해 지역사회에서 다양한 전문성이 성장하여 학교와 지역의 전면적 관계를 재구축할 수 있도록 이를 마을교육공동체 사업의 중심 과제로 공유해야 할 것이다.

위 [그림 9]의 모형은 교육지원청과 지자체의 공동 운영을 전제로 하되, 이 공간에서는 주민의 교육과 학생들의 학교 밖 활동이 통합적으로 일어날 수 있도록 주체별 역할 분담을 통해 연계와 협업이 이루어져야 함을 보여준다. 교육지원청은 마을교육공동체 팀이 주축이 되어 마을교육관련 정책 사업(혁신교육, 방과후 활동, 교육복지, 학부모지원, 진로체험, 돌봄 등)들이 통합되는 마을교육통합플랫폼을 형성하며, 기초자치단체는 평생학습과가 주축이 되어 주민교육의 마을공간 거점으로서 '평생학습센터'로 지정하여 다양한 지원(운영인력 양성 및 배치, 주민교육 프로그램 및 사업 지원, 교육주체 발굴 및 활동 연계 등)이 이루어질 수 있도록 해야 한다. 지역연계형 평생학습센터는 지역 내 읍면동 주민자치센터를 비롯하여 다양한 유관기관 및 단체들과의 공동사업을 연계함으로써 학교와 마을이 자연스럽게 배움으로 소통할 수 있는 매개적 역할을 하도록 기능할 수 있다. 각 주체들의 이런 협력과 지원을 토대로 학교는 마을 단위 배움의 거점으로서 주민들과 학생들이 함께 활용할 수 있도록 공간 재구조화가 필요하며, 지역사회학습센터에서 성장한 다양한 교육주체와 교육컨텐츠들을 교육과정에 연계하게 하는 유연한 구상 속에 새로운 교육생태계를 구축할 수 있을 것이다.

함께 만드는 교육공동체 : ‘당사자성’을 넘어 ‘공동성’으로

1.

한국의 교육열을 어떻게 볼 것인가?

“개천에서 용 난다”는 말이 있다. 우리 사회에서 교육이 개인의 출세에 어떻게 작용했는가를 잘 보여준다. 우리나라는 급속한 경제발전 과정에서 교육 수요의 폭발적 증가, 유례없는 학력 상승, 그리고 급격한 출산율 저하를 경험했다(김경근, 1996). 이러한 사회적 분위기는 가정의 교육열을 가열시켰고, 경쟁적 학교 문화와 사회의 능력주의를 강화해 왔다. ‘교육열’ 현상은 이러한 악순환 과정에서 더욱 뜨거워지고 있다. 가족주의적 교육문화에 기반한(강창동, 1996) 우리 사회 특유의 에너지인 교육열은 사회적으로 불평등을 고착화하는 부정적 힘으로 바뀌어 버린다. 이처럼 교육이 한국 사회 전체의 희망(드라마)으로 작동하던 시대를 접고 이제는 사회의 얽힌 문제를 더욱 풀기 어렵게 만드는 딜레마 요인으로 작동하는 것이다(오욱환, 2014).

이런 상황에서 사회적 불평등과 교육격차의 악순환 문제를 학교 내부 문제로 국한시켜 당사자들이 해결할 수 있을까? 아니다. 부모들의 사회·경제적 지위에 의해 교육격차는 더욱 커지고 있다. 교육 문제를 더 이상 당사자들에게만 맡겨놓을 수는 없다. 이러한 딜레마를 벗어나기 위해서는 교육에 대한 새로운 접근이 요청된다. 한국 사회가 직면한 교육 모순은 학교만의 과제가 아닌 사회적 과제이기 때문에 어른들의 각성과 참여가 요청된다(양병찬, 2018). 즉, 교육공동체를 학교 안의 당사자 공동체로 인식하는 수준에서 벗어나야 한다. 이제 교육의 ‘당사자성’은 학교 내부자들의 이해관계를 넘어서 해당 지역주민들의 공동 관심과 적극적 개입을 통한 '공동성'으로 전환되어야 할 것이다.

이와 관련하여 최근 교육계에 '마을교육공동체'라는 현상이 운동이나 정책 차원에서 확산하고 있다. 함께 교육하기 위한 교육공동체 운동은 구체적인 사업으로 확산하고 있는데, 이는 학교와 지역이 협력하여 함께 좋은 교육을 만들어가자는 주장을 사회에 발신하고 있다. 이제 학교에서 지역까지, 교사로부터 학부모를 포함한 지역주민에게로 교육운동의 범위와 주체를 넓혀나가야 할 때다. 새로운 교육의 희망은 교사의 책임을 넘어 학부모를 포함한 지역주민의 공적 참여로의 전환을 요청하며, 이는 학교의 변화를 넘어 지역으로 확대되어야 함을 의미한다(양병찬, 2014).

최근 학교에서 일어나는 '교육 불가능'의 상황들은 교육 문제를 학교의 책임으로만 남겨둘 수 없음을 확인하게 한다. 교육에 대한 주민들의 새로운 상상력과 적극적인 개입 없이는 학력주의와 경쟁교육체계의 견고한 벽을 넘을 수 없다. 물론 변화의 실마리는 '다른 교육의 가능성'에 대한 당사자들의 각성과 변화에 대한 믿음에서 시작된다. 이 장에서는 지역주민들을 타자화하는 학교 교육의 한계에 주목하면서, 그 당사자성을 주민에게로까지 확장하는 '마을교육공동체' 실천 과정에 대해 이야기하겠다.

2.

한국 사회에서
학부모의 학교 참여

가. 학부모 위치의 복잡성

해방 이후 많은 학교는 지역주민들의 토지 기부와 노력 봉사, 기성회 조직 등을 통하여 자녀들의 학교를 만든 역사가 있다. 후일 이 학교들은 교육청에 기부채납되었다. 자연히 지역주민들은 '학교는 지역의 자산'이라고 인식했다. 주민들에게 우리 학교나 우리 선생님, 우리 운동회 등으로 불리던 문화에서 마을과 학교가 얼마나 긴밀하게 연결되어 있었는지 알 수 있다. 이렇게 주민들에게 지역의 학교는 '우리' 것이었던 것이다. 국가 재정이 열악했던 당시 정부는 학교에 대한 투자를 주민들의 자발적인 열의에 의존했다. 여기서 부모는 학생의 보호자인 동시에 주민으로서 학교를 만들어가고 지원하던 운영의 주체였다.

이후 국가 주도의 공교육이 강화되면서 교육행정 주도로 학교가 운영되고 교육 전문직인 교사들에 의해 주도되면서 학부모와 지역(주민)의 역할은 자연스럽게 축소되었다. 이로 인해 학부모는 학교를 지원하는 '보조자'의 역할에 오랫동안 머물렀다. 당시 학교 풍경에서 학부모들의 치맛바람과 촌지 봉투, 소풍 도시락 등의 이미지가 만들어진 것이다. 이러한 한계를 극복하고자 교육개혁위원회(1995년, 5·31 교육개혁)는 '학교운영위원회 설치·운영'을 제안했다. 이는 학교 운영의 자율성 존중을 위해 학부모, 교원, 지역인사가 참여함을 공적으로 보장하기 시작한 것이다. 학부모가 학교 운영에 참여할 수 있는 법적 근거를 마련하여 오늘에 이르지만, 실제 대부분의 학부모나 지역주민들의 의사는 구체적으로 반영되지 못하고 형식적으로 운영되는 경우가 많아졌다.

5·31 교육개혁에서는 교육 선택권 개념이 도입되어 학부모를 '교육수요자'로 규정하는 것도 큰 변화라고 볼 수 있다. 국가가 교육을 공공연히 상품으로 인정하는 시대가 되어 학부모를 교육 시장의 소비자로 호명하기 시작했다. 최근 교육 현장에서 학부모의 민원이나 학생들의 폭력에 시달리는 교사들의 초라한 모습에서 교육 소비자의 '갑질' 의식이 그 근저에 있는 것이 아닌가 하는 생각이 든다. 교육을 상품으로 보는 것이 과연 합당한가? 그렇다면 국가가 공적 자금을 들여서 모든 이들을 교육할 이유가 있을까? 코로나19 사태 직후 유네스코 미래교육위원회(2022)는 「함께 그려보는 우리의 미래: 교육을 위한 새로운 사회계약」이라는 보고서를 내고 교육을 공동재(a common good)로 규정했다. 여기서 "정부는 상업화로부터 교육을 보호하고 이를 규율하는 데 더욱 초점을 두어야 한다. 시장(market)이 교육을 인권으로서 성취하는 것을 방해하도록 내버려 두어서는 안 된다. 교육은 모두의 공익을 위해 봉사해야 한다(2022: 15)."라고 명시하고 있다. 오랫동안 사교육 문제로 곤란을 겪는 한국 사회에서 주목해야 할 대목이다.

이렇게 시대에 따라 직접 학교를 만든 적도 있던 학부모들은 교사들의 보조자, 교육 상품의 소비자, 공동의 주체 등 역할 변화가 계속되면서 정체성이 더욱 복잡해지고 있다.

나. '부모주의'를 넘어서야

원래 학부모의 학교 참여란 학습동기와 학업성취에 긍정적 영향을 미치는 것(Epstine, 1997)이지만, 우리 사회에서 학부모의 교육열은 사교육, 치맛바람, 학교 민원 등과 같이 '과열'된 부정적인 것으로 인식된다.

우리 사회의 교육열은 학부모의 자녀애와 성취욕구가 결합되면서 공공성이 극히 낮은 상황에서 발생한 현상으로, 가족주의적 전통과 경쟁적 학력주의라는 사회적 여건이 맞물려 만들어진 것이다(이종각, 1996). 부모의 교육열을 사회적 불평등과 관련하여 비판한 오욱환(2008: 111)은 부모가 자녀교육에 적극적, 전략적, 배타적으로 개입하는 것을 '부모주의'로 규정하고 이것이 우리 사회의 교육 문제들을 더욱 증폭시키고 있다고 주장했다. 이처럼 부모주의는 필연적으로 공교육의 공공성을 훼손한다. 그는(2008: 114) 한국 사회에서 부모의 사회·문화·경제적 자본이 자녀의 학업성취를 결정한다는 결정론적 인식이 확산하고 있으며, 이로 인해 정의, 기회균등, 형평성과 같은 공교육의 공적 가치가 급속히 퇴색되고 '사회구조의 계급화'가 진행되고 있다고 비판했다.

이런 상황에서 학부모의 교육 주체성을 강화하기 위해 학부모 조직화가 필요하다는 주장이 이어진다(오재길, 2017). 학부모-담임교사의 전통적 일대일 소통이 아닌 학부모 조직화가 필요하다는 것이다. 그러나 학부모 조직화 노력도 결국 학교 중심의 교육 구조라는 한계를 지닐 수밖에 없다. 교육을 늘 학교 문제로 인식함으로써 파생되는 한계를 살펴보면, 하나는 제한적인 당사자성으로, 교육(학교)의 문제는 교사들의 과제이며 학생·학부모들의 문제로 수렴되어 버리는 것이다. 당사자를 이렇게 축소함으로써 학생의 인권과 교사의 교권은 상대적 개념으로 제로섬 게임이 되게 마련이다. 다른 하나는 학교 안팎의 구성원들이 학교를 생활세계와 단절된 공간으로 인식하게 되는 것이다. 학교가 존재하는 지역은 아이들이 생활하는 공간으로, 모든 주민이 학교와 직·간접적으로 연결되어 있다. 그러나 해당 지역의 학교에서 일어나는 일에 지역 주민은 속수무책이다. 학교가 교육 전문 기관이니 모든 교육문제는 학교의 권한과 책임하에 있다는 식이다. 집-학교-학원을 '뺑뺑이' 도는 학생들의 생활공간의 빈곤은 이를 더 강화한다. 여기서 부모주의가 싹트는 것이다. 내 아이를 위해 무엇을 어떻게 투자해야 할까. '할아버지의 재력과 엄마의 정보력, 아버지의 무관심이…'와 같이 농담 같은 진실이 웃어넘기기에 너무도 슬픈 우리 시대의 자화상이다. 오욱환(2008)은 자녀 수가 급격히 감소하는 현 상황에서는 부모가 한 자녀에게 투자하는 시간과 비용이 증가하므로 부모주의는 더욱 가속화될 것으로 본다.

다. '사회적 부모'와 함께

"한 아이를 키우기 위해서는 온 마을이 필요"하다는, 우리에게도 잘 알려진 아프리카 속담이 있다. 아이들의 성장을 위해서는 지역 내 모든 구성원의 상호작용과 협력이 필요하다는 의미다. 그러나 오늘날과 같이 핵가족화하고 관계가 단절된 사회에서 이런 것이 가능할까? 더욱이 한국 사회처럼 경쟁으로 치열한 교육문화를 지닌 상황에서는 먼 나라 이야기라고밖에 할 수 없지 않은가? 우선 한국의 현실에서 이야기를 시작해보자. 정부가 바뀔 때마다 아동 돌봄이 정치적 이슈가 된다. 온종일 돌봄 체계를 만들겠다는 정책 수단도 자주 등장한다. 핵가족화에 의한 자녀 양육의 변화와 관계 단절로 양육과 교육의 곤란을 겪는 오늘날 부모들의 요구 때문이다. 이렇게 학교나 돌봄 시설 전문직들에게 완전히 맡겨지므로 부모들의 양육 기회가 줄어들고 양육 역량도 부족해지고 있다. 이 과정에서 아이들은 일상에서 다양한 사람들과의 관계 맺기가 어려워지고 있다.

아이들의 양육과 관련해서, 그 저변에 깔린 관계 단절 문제를 극복하기 위해 '사회적 부모'라는 개념을 살펴보고 싶다. 이 개념은 사회적 양육이 필요한 아이들을 키우는 양육자를 말하는 것으로, 마을에서 태어난 아이는 누구나 지역의 보배이고 그 지역사회 주민들이 "이 마을에 잘 왔어"라고 환영하면서, 생물학적 부모가 아이를 키우는 것이 어렵지 않도록 복수의 어른들이 부모를 대신해서 키울 수 있는 상태를 만들기 위해 그 마을 어른들이 모두 사회적 부모가 된다는 생각이다(武田信子, 2023: 16). 우리 상황에 맞추어 다시 해석하면, 부모의 사회·경제적 배경으로 야기된 교육격차를 지역주민이 '공동의 부모(=사회적 부모)'가 되어 좁혀 갈 수 있지 않을까? 이미 우리 사회에서 확산하는 공동육아 같은 활동들이 이러한 가치에서 출발한 움직임이었다.

라. 학교-가정-지역사회 파트너십을 통한 지역사회 조직화

한 아이가 생애과정에서 갖는 기회들은 부모의 영향을 크게 받지만, 지역사회도 유사한 정도의 영향력을 미칠 가능성이 있다(Male & Palaiologou, 2017: 152-153). 여기서 지역사회는 학생들의 집과 학교가 위치한 공간만이 아니라, 학생들의 학습과 발달에 영향을 미치는 이웃을 의미한다. 또한, 학생 신분의 자녀를 둔 가족들의 집합체가 아니라 양질의 교육에 관심 있는 모든 지역 구성원을 일컫는다(Epstein, 2002: 14-15). 즉, 교육에 대한 지역주민의 참여 및 개입 그리고 지역의 교육자원 활용 정도에 따라 교육 기회에서 소외된 아동에게 충분한 기회를 제공할 수 있는 것이다.

이런 맥락에서 Epstein(2002: 7)은 학교-가정-지역사회 파트너십을 강조하는데, 이 파트너십에서 학교는 부모와 지역사회가 학생들의 교육에 공동의 관심과 책임을 지는 파트너로 인식하고 그들과 함께 더 나은 교육 프로그램과 기회를 만들어간다. 즉, 교육에 대한 지역사회의 참여는 지역 학교의 교육 프로그램 등을 더욱 풍성하게 하고 다른 가정 및 지역주민과의 상호과정 속에서 교육적 사회안전망을 형성하여 지역 아동의 발달에 긍정적인 영향을 준다.

Hargreaves and Shirley(2015)는 그동안의 학부모 참여와는 차별화된 교육 분야의 지역사회 조직화를 제안한다. 이들은 "개별 학부모가 학교에 찾아가서 담당 교사와 일대일로 소통하는 전통적인 방식 그 이상의 것이다. 지역사회 조직화 운동은 의미 있는 개혁을 이끌어내는 데 지역사회와 공공 네트워크 전체가 합심하여 참여하는 것이다. 지역사회 조직화가 완전히 실현되면 정치에서 소외되었던 대중들에게 새로운 시민적 역량을 높여주기에 도시 전체의 권력 역학이 변모되기도 한다(2015: 150)"고 주장한다. 이러한 지역사회 조직화는 교육생태계를 학교를 넘어 지역사회로 확장하고 주민들이 지역사회의 아동에 대한 보육과 교육에 참여함으로써 지역에서의 자치적 역량도 고양하게 되는 것이다.

3.

지역과 함께하는 '마을교육공동체'

가. '마을교육'에 대한 주민들의 공적 개입

최근 교육계에 '마을과 함께'라는 바람이 불고 있다. '마을교육공동체'라고 부르는 이 현상은 학교와 지역의 연계를 강조한다(김용련, 2017; 서용선 외, 2015). 인간은 생활세계인 지역사회에서 성장하고 발달하기 마련이다. 따라서 교육은 모든 지역주민이 서로 얽혀 있는 사회적 관계 속에서 일어나는 것이다. 마을교육공동체는 '학교 울타리 안'에서의 교육을 넘어 일상생활 속에서의 전체 학습 경험을 의식해야 그 의미가 잘 파악된다. 이는 학교와 지역이 하나로 융합되는 것을 전제로 하며, 학생과 주민이 서로 만나는 구조와 그를 위한 활동들을 의미한다. 지역의 '교육력' 회복을 위해 학교와 지역사회가 만나서 교육공동체적 대응을 해야 한다. 그 시작은 학교의 무거운 짐을 지역사회가 나누어지는 것에서 시작할 수 있는 것이다.

최근 학교는 정규교육 과정뿐만 아니라 방과후 교육을 비롯하여 교육복지, 돌봄 등의 사업들을 추진하면서 교사들의 부담이 늘기 때문에 지역사회의 협조와 지지가 필요한 상황이다. 지역은 학교와 교육 책임을 적절하게 분담하고 아동들의 교육활동에 공적으로 관여하는 어른들의 그룹을 만드는 것이 필요하다. 지역과 학교에서 일상적으로 전개되는 다양한 학습 과정들을 종합하고 상호 연계와 역할을 명확히 함으로써 마을교육공동체를 창조하게 된다(양병찬 외, 2003: 18-19).

> 교육은 한 사회가 지속적으로 합의하는 방식으로 구성되는 공적 상호작용이다. 따라서 우리는 교육에 대한 새로운 사회적 합의를 위해 일반 대중들의 생각을 모으는 활동을 지속해야 한다. 어떤 것이 우리 사회에 필요한 교육인지, 상식적으로 납득이 가는 교육인지를 논의하고 그런 교육을 실현하기 위해 학교와 지역, 교사와 주민들은 무슨 일을 해야 하는지에 대한 합의와 실천이 필요하다(양병찬, 2014: 99).

지역에는 교육의 현안 문제가 산적해 있다. 하지만 이것은 공론화되지 못하고 사라지고 만다. 지역의제화가 필요한 것이다. 돌봄과 교육의 문제를 해결하려면 지역주민 공동의 관심을 촉발시켜야 한다. 이는 해당 지역에서 필요한 특정 활동에 대한 지역의 공감을 높여 이에 대한 지지와 '손보태기'로 이어지며, 이를 통해 그 활동의 지속성이 보장될 수 있는 것이다. 예를 들면, 방과후교육 활성화를 비롯하여, 아동 안전, 보육, 청소년의 건전한 교류, 빈곤 청소년 지원, 이주민들의 교육문제, 생태·역사·문화 자원화 등의 지역 과제가 있을 수 있다. 이러한 지역 과제를 의제화하고, 사업화 및 학습과제화하여 프로그램으로 만드는 것이 필요하다. 또한 지역주민 참여의 촉진과 함께 인식 제고를 위한 캠페인 전개, 지역교육공동체 만들기를 위한 자료 개발·배포, 지역 언론 등과의 공동 홍보 등의 활동이 요청된다.

나. 교육을 위한 새로운 공동성의 구축

좋은 교육의 가능성은 지자체가 교육 투자를 얼마나 더 하는가 혹은 학교와 마을에 어떤 프로그램을 운영할 것인가에 달려 있을까? 그보다 앞서 지역에서 교육에 대한 가치 합의와 함께 실천 과정에서 누가 함께할 것인가 하는 주체의 형성이 관건일 것이다. 현재 사업 혹은 정책으로 급속하게 확산하는 마을교육공동체는 사업 예산이 중단되었을 때 어떻게 될까? 이는 마을교육공동체의 '지속가능한 구조'를 말하는 것인데, 행정 지원만으로 움직이는 사업이 아니라 주민 차원에서 역동적으로 움직이는 지역 활동의 토대를 마련하는 것이 지역에 주어진 핵심적인 과제라고 할 수 있다.

지속가능한 마을교육공동체 구조를 위해서는 주민이 함께 참여하는 풀뿌리 교육협력의 기반을 마련해야 한다(양병찬, 2018). 그럼 지역 차원에서 지속적으로 진행할 수 있는 교육 사업의 틀이 무엇이며, 그것이 가능하기 위한 지역 차원의 조건을 어떻게 만들어가야 할 것인가? 우선 마을(주민)과 학교(교사)가 함께 고민하면서 지역 운동으로서 마을교육공동체의 상(像)을 만들어가야 할 것이다. 이와 함께 마을교육공동체가 지역사회의 지속가능한 구조로 운영되기 위해서는 지역 나름의 협력 체제를 구축해야 한다. 지자체의 교육경비지원으로 교육지원 사업들이 급증하고 있는 상황이다. 여기에 다양한 주체들이 참여할 수 있도록 기획 방식과 사업 추진 플랫폼의 구상이 필요한 것이다. 즉, 지자체와 교육청 간 행정적 협력을 넘어서 주민의 주체적인 참여를 통한 교육의 지역 거버넌스를 시도할 때가 되었다.

이를 위해 지역주민들의 교육 협의 구조를 통한 주민의 교육 주체화가 시급하다. 현재 학교의 한계인 교육 논의 구조의 국가 독점으로 지역의 교육적 관점이나 의견은 부정되거나 배제되고 있다. 이를 극복하기 위해서는 지역주민이 교육민회를 구성함으로써 근본적인 주민 교육자치의 토대를 마련할 필요가 있다. 주민 교육민회의 구성은 마을교육공동체 실천 구조를 만드는 것으로, 교사와 주민, 행정이 협력하는 공적 논의 테이블을 만드는 것이다. 교육을 위한 새로운 사회계약을 주장하는 유네스코의 미래교육위원회 보고서(2022: 3)에서도 "교육에 대한 공공재정 투입을 보장하는 것만으로 그쳐서는 안 되며, 교육에 관한 공적 토론에 모두가 함께할 수 있도록 사회 전체적 참여를 보장해야 한다. 이렇게 참여를 강조함으로써 교육은 공동재, 즉 함께 선택하고 성취하며 공유하는 웰빙의 한 방식으로 강화된다."라고 강조했다.

4.

우리가 함께 마을의 배움을 만들어가자

교육(학교)은 누구의 것인가? 교육 당사자에 대한 질문인데, 주민 통제라는 교육자치의 관점에서 보면 교육 당사자의 범위와 전략을 '지역사회'와 '주민'으로 확장하는 변화가 요청된다. 교육의 일련의 과정에 공적으로 개입하는 주체 형성을 통해 학교로부터 동원된 학부모들의 학교 참여와는 차별화되는 구조적인 힘을 지닐 수 있다. 이는 모든 개인이 지역사회라는 공간에서 성장하고 발달하기 때문에 학령기 아동·청소년뿐만 아니라 지역의 모든 구성원에 대한 교육적 책임이 지역사회에 있음을 의미한다. 이를 위해 좋은 교육에 대한 마을 구성원의 논의, 갈등, 타협으로 이어지는 과정에서 형성되는 지역적 합의(community consensus)가 필요하다. 우리가 사는 지역사회에 대해, 또 그곳의 교육에 대해 우리 스스로 판단하고 결정할 수 있는, 그리고 그것을 이루기 위해 실천할 수 있는 시민들을 키우는 것이 지역 교육의 궁극적인 목표인 것이다.

그동안 "한 아이를 온 마을이 키우는" 지역사회의 돌봄과 교육은 그 과제를 '아이'와 '학교'로 제한해왔다. 이로 인해 아동·청소년은 교육서비스의 대상으로, 마을은 학교를 보조하는 관계로 해석되었다. 마을교육공동체라고 하면서도 지역 자원을 동원하는 학교 지원 사업으로 인식되어 학교 '우선적' 관점과 '학생만'을 성장의 대상으로 보는 경향이 뚜렷하다(양병찬, 2018: 126). 이제 '학교'를 위해 지역의 자원을 동원하는 것을 넘어서 주민 상호 배움의 연결이 확장되는 지역을 교육생태계로 만들어가기 위해 상호 배움과 공동 실천을 강조하고 싶다. 교육은 학교에서 아동·청소년을 공부시키는 것으로 끝나지 않고, 주민들이 스스로의 삶과 지역의 발전을 위한 자기 결정력을 갖는 지역의 배움으로 확장되어야 한다. 지금 전국에 부는 마을교육공동체 바람은 미풍으로 시작했지만 우리의 교육 결정권과 전체적 교육 구조, 패러다임 등 한국 교육 전반의 전환을 요구하는 근본적인 출발이 될 것으로 기대한다.

지역사회 교육협력의 실천

1.

지속가능한 지역교육협력생태계 조성을 위한 정책적 노력

삶과 배움이 일치하는 학습생태계 조성이 지역 수준에서 요구됨에 따라 지역사회와 학교가 연계·협력하는 마을교육공동체에 대한 인식이 높아지고, 관련 정책(혁신학교, 혁신교육지구 등)이 확산하고 있다(양병찬, 2020). 특히 오늘날의 교육 문제를 기존 학교 중심 교육만으로는 해결할 수 없다는 인식하에 교육의 주체를 지역사회로까지 확대하고자 한 것이 혁신교육지구다. 혁신교육지구는 10년 이상 양적으로 확대되면서 각 지역 특성에 맞는 학교와 지역사회 교육협력 모델의 대표적 정책으로 자리매김하고 있다.

혁신교육지구 운영 경험이 축적되면서 혁신교육지구의 성과와 한계를 진단·확인하는 시도들이 이어지고 있다(강민정, 2015; 김은경 외, 2020; 백병부 외, 2019; 심수현, 2020; 이혜숙, 2018; 허주 외, 2020). 공통적으로 혁신교육지구가 민·관·학 교육주체의 협력체계를 구축하고 운영되어야 함을 강조하면서 혁신교육지구의 핵심원리이자 그 성과로 민·관·학 교육 거버넌스를 강조한다. 그렇지만 실제로 관-관 협력 부재, 민의 실질적 권한 및 역할 미비, 주체 간 소통 및 연계 부족 등 교육 거버넌스가 실효성 있게 작동되는 게 그리 쉬운 일이 아니었다. 많은 혁신교육지구가 형식적·절차적 거버넌스 구축에 머무르는 수준이어서 거버넌스의 실효성 문제는 해결해야 하는 과제였다.

이러한 혁신교육지구의 성과와 문제를 인식하고 한계를 극복하여 질적 도약을 지원하고자 2020년 중앙정부인 교육부 차원에서 지역사회 교육협력모델로서 미래교육지구 사업을 추진했다. 민·관·학이 함께 지속가능한 지역교육협력생태계를 조성하기 위한 목적(교육부, 2019)으로 하고 있다는 점에서 미래교육지구와 혁신교육지구는 같은 맥락의 개념으로 볼 수 있다.

본 장에서는 지역사회 교육협력모델로서 미래교육지구 사례를 통해 지역의 민·관·학 교육 거버넌스의 실효성을 위해 구상한 교육과제와 그 실천 양상을 확인함으로써 지역사회 교육협력을 위한 실천적 노력과 과제를 살펴보고자 한다.

2.

지역사회 교육협력모델 사례: 충주미래교육지구[6]

충주 지구는 충북교육청에서 추진하는 행복교육지구(혁신교육지구) 사업을 2017년부터 시작하여 6년차 추진 중(2022년 기준)이고, 교육부 미래교육지구 사업은 2020년 선정되어 3년차 지구에 해당한다. 충주 지구를 사례 지구로 선정한 것은, 행복교육지구 운영을 통해 교육(지원)청과 지자체가 협력하는 계기가 만들어지고 민간 활동가도 대폭 참여하면서 민·관·학 교육협력 모델을 만들려는 시도와 노력들을 지속적으로 해왔기 때문이다. 그러나 교육(지원)청 주도로 행복교육지구 사업이 추진되다 보니 지자체나 민과의 협력에서 동등한 협력관계가 되지 못했다. 그리고 민·관·학 교육 거버넌스를 중점 과제로 내세웠으나 형식상으로 이루어질 뿐, 실효성 문제가 지적되었다. 이에 미래교육지구를 통해 민·관·학 교육 거버넌스를 재편하거나 교육협력 사업 등을 계획함으로써 개선해갔다. 이러한 충주 지구의 민·관·학 교육협력실천 사례는 미래교육지구 우수지구 사례로 선정되어 교육부장관상을 수상하기도 했다.

---

6 사례 분석을 위한 자료 수집은 충주 미래교육지구의 사업에 참여 또는 관계하는 민·관·학 관계자 총 15명을 대상으로 표적집단면담(FGI: Focus Group Interview)을 중심으로 했고, 그 외 사업계획서, 결과보고서, 내부문서 등 관련 문헌자료를 통해 이루어졌다.

가. 일반행정-교육행정 협력, 읍면동 민·관·학 교육 거버넌스 체제 구축

혁신교육지구는 교육(지원)청과 지방자치단체가 협약을 맺어 지역 교육사업을 진행하기 때문에 교육(지원)청과 지자체의 협력을 강조한다. 이를 위해 중간지원조직으로 센터를 설립하는 경우가 많다. 그런데 센터 설치 목적이나 주 역할을 사업 수행으로 보아 교육(지원)청 하부 조직으로 설치되는 지구가 많았고 자연스레 교육(지원)청 주도로 사업이 추진되는 경향이 있었다. 지자체의 경우는 공동사업으로 인식하기보다는 기존 교육경비 사업의 일부로 이해하고 기존 업무추진 방식으로 참여하는 수준이었다. 이로 인해 양 행정 기관 간 협력 수준의 차이가 생기게 되어 협력 문제가 지적되었다.

공동협력센터 설치를 통한 지자체-교육(지원)청 협력 강화

충주 지구도 혁신교육지구 초기에는 사업을 전담할 조직으로 교육지원청 부서 내 센터를 설치하고 전담 장학사와 교사를 배치했다. 또한 비전 및 사업계획도 교육지원청 주도로 세워졌다. 그러다 보니 지자체와 공동 추진하는 사업이라기보다 교육지원청 주도, 관 중심으로 추진되는 사업이라고 인식하는 경향이 컸다. 민의 참여도 수평적인 파트너로서보다는 하달형 참여 방식이라고 인식하고 있었다. 이렇게 몇 년간 운영되다 보니 지자체와 교육(지원)청 간 협력 부재 및 협력 수준 차이, 민의 참여와 소통 미흡 등의 문제가 제기되었다. 일차적으로 구분되어있는 행정 체계 간 협력을 이뤄내고 민의 참여와 권한을 확대하는 것이 시급한 과제였다.

대부분 교육지원청 업무담당자가 사업계획을 세우고 비전을 작성하죠. 그 과정에서 시청, 교육청, 마을이 함께한다거나 같이 작성된 것은 없어요. 교육지원청이 주도적으로 해왔죠(교육지원청 A).

평생학습과에 저희 팀 3명이 이 일을 담당하고 있어요. 그런데 혁신교육 지구 사업에 몰입할 수 있는 게 아니고. 저희 팀에는 다른 여러 가지 업무가 있다 보니, 이 지구 사업을 전담하는 조직이 없어요. 그래서 예산 지원이나 사업 공유 정도죠(시청 K).

이러한 문제를 해결하기 위해 충주 지구는 미래교육지구를 통해 지자체와 교육(지원)청 양 행정기관의 협력 강화를 위한 기존 체제 재편을 시도했다. 우선 두 기관이 공동사업이라는 인식을 바탕으로 공동사업 계획을 세우고, 정기적인 담당자 실무협의회를 운영하며, 함께 업무를 하는 방식의 공동협력센터 설치를 과제로 설정했다. 센터를 조성하기 위해 지자체와 교육(지원)청이 2년간 월 1~2회에 걸쳐 담당 부서와 관계 부서(평생학습과, 도시재생과)와 연계하여 지속적인 만남과 실무협의회 추진 과정을 거쳤다. 각 기관이나 부서 간 협력 상황은 어떠한지, 아쉬운 점은 무엇인지, 공동협력센터를 통해 무엇을 기대하는지 등에 대해 심도 있게 논의했다. 공동협력센터 설치에 대해 논의하는 과정부터 지자체가 함께했다. 이러한 과정은 지자체와 교육지원청의 공동사업이라는 인식을 강화했고, 협력 정도나 수준도 높아졌다. 공동협력센터를 통해 양 행정기관 간 협력과 마을과 학교 연계 플랫폼으로 잘 작동하기를 기대했다.

지자체가 지닌 문제나 어려움을 지자체 안에서 잘 풀면 좋겠고, 마을 분들이 이야기를 자주 해주는 구조였으면 좋겠어요. 마을 분들이 시청에도 이야기해주시고 교육청에도 이야기해주시고 적절하게 밸런스를 맞춰주셔야 하는데 아직 그 밸런스가 안 되는 것 같아서 교육청에만 이야기하시니. 그 밸런스를 맞추는 방안이 좀 필요하지 않을까 하는 생각이 듭니다(교육지원청 A).

충주 지구는 미래교육지구 2년차(2021)에 공동협력센터를 설치했고, 센터 공간은 지역 내 별도 공간에 마련했다. 충주 지구의 공동협력센터는 교육부가 제시한 협력센터 유형에서 유형A의 형태이나, 당시 교육지원청 담당자와 지자체 담당자가 한 공간에서 업무를 하지는 않았다.

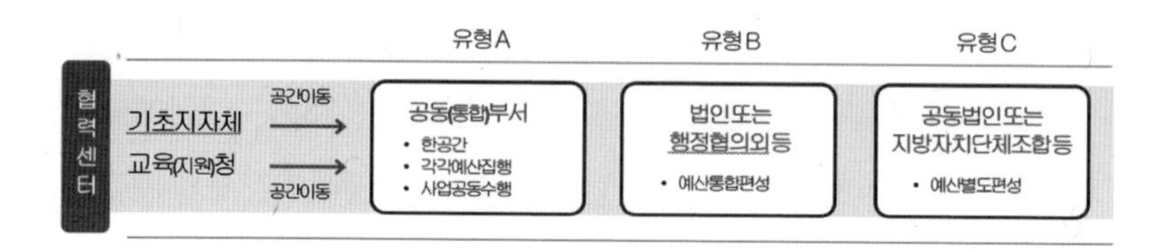

[그림 10] 협력센터 유형

출처: 교육부(2021). 2021년 미래교육지구 사업계획 안내자료. 12쪽.

한편으로 협력센터는 설치되었으나 협력에 대한 실질적인 성공 경험이 없는 상황에서 각 담당자들이 센터를 통해 협력에 대한 의지를 확보하기에는 여전히 어려움을 드러냈다. 무엇보다 아직 센터의 위상과 기능, 인력 및 재원 확보, 운영방식 등 센터에 대한 구체적인 논의가 없고 불분명하여 센터가 제 기능을 하지 못하는 것도 작용했다.

> 이제 협력시스템이 잘 갖춰져야 할 것 같은데, 중간지원조직에 대한 고민이 더 필요할 것 같아요. 중간조직이 나와도 그 기능과 역할을 잘하지 않으면 아무 소용이 없고, 되풀이되는 협력 문제가 일어나는 것 같아요(교육지원청 B).

공동협력센터 설치를 통해 제도적으로 협력시스템을 구축하더라도 실질적인 협력과 실효성은 센터에 대한 주체들 간 충분한 고민과 논의가 수반되어야 확보할 수 있다. 이에 충주 지구는 지자체, 교육지원청 등 지구 사업 주체들과 학습모임을 구성했고 이 학습모임을 통해 상호 관계를 형성하고, 사업에 필요한 학습을 진행하며, 상호 사업을 공유하는 등의 노력을 기울이고 있다.

> 올해 1월부터는 시청하고 교육청 장학사님하고 저랑 해가지고 시청 각 과에서 한두 명씩 별도의 공부모임을 조성해서 서로의 사업을 공유하기로 했어요. 그러면서 도시재생사업에서 공간을 제공하고 돌봄 사업에 중복된 부분, 여성청소년과도 함께 돌봄의 문제점과 자기들이 운영하는 것에 대해 물리적 한계…(중략)… 이제 돌봄 사업이 마을학교에서 이루어질 수도 있구나 하는 생각을 하시면서, 그럼 같이 할 수 있는 게 무엇일까 그쪽에서 먼저 이야기를 하시고(시청 J).

마을교육협의체를 통한 생활권 단위 민·관·학 교육협력구조 마련

혁신교육지구 사업과 같이 공적 체계에서 추진되는 사업의 경우 관 위주로 사업 수립과 운영이 추진되는 경향이 높다. 따라서 민의 참여가 기획이나 논의 구조에 포함되지 못하고 프로그램이나 사업 운영에 참여하는 수준으로만 그치는 경우가 많았다. 이 부분은 여러 혁신교육지구에서 한계로 거론되어 온 사항이기도 하다. 이에 미래교육지구는 민·관·학 교육 거버넌스 구축에서 민·관·학이 동등하고 수평적인 관계를 형성하며 함께 논의할 수 있는 구조 마련이 필요하다고 보았다. 특히 '민'(민간활동가, 주민, 민간단체 등 포함)의 참여와 협력을 이끌어내기 위해 지역교육의 다양한 협의체에 민의 실질적인 참여가 이루어지게 하거나 읍면동 단위에서 민이 주도하는 교육민회 방식의 '마을교육자치회'를 구성하는 것을 제안했다.

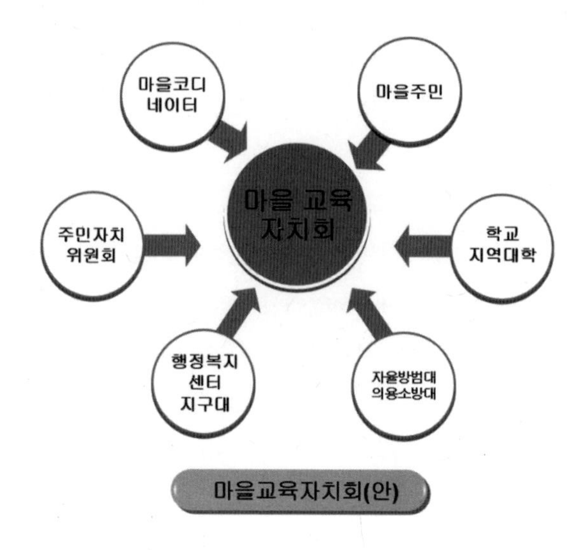

[그림 11] 마을교육자치회(안)
출처: 공주대지방교육정책개발원(2020). 2020년 11개 미래교육지구 사업 안내자료. 90쪽.

충주 지구의 경우 '미래교육협치위원회', '실무협의회', '마을교육공동체협의회', '시민협의회', '마을교육자치회' 등 다양한 민·관·학 교육협력 협의체를 두었다. 이 중에서 지구 단위 시민활동가 중심 협의회인 '시민협의회'와 읍면동 마을단위 협의회인 '마을교육자치회'를 새롭게 구성하면서 민의 참여 활성화를 도모했다. 시민협의회는 실제 마을 수준에서 일어나는 다양한 지역교육 활동을 공유하고 실천적 사항을 논의하는 역할을 했다. 시민협의회를 통해 민간활동가들이 혁신교육지구 사업에 주체로서 활발하게 참여함과 동시에 관(특히 교육지원청)과 논의 구조를 만들고자 했다.

시민협의회의 대표들이 한 달에 한 번씩 만나서 안건에 대해 얘기하고, 전에 회의에 대해 검토하고, 그 안에서 다 녹여 내는 거 같아요. 그 안에서 조금 부족한 가치관이나 비전은 배워 나가시고, 앞서가시는 분들은 템포도 조절하시고 저희 이야기도 들으시면서 녹여가는 과정들이 시민협의회를 통해 있어요(교육지원청 A).

이 협의회가 만들어지면서 작년 같은 식의 기본계획 수립에 우리가 그냥 대상화되지는 않겠다. 우리가 적극적으로 참여하고 평가가 반영될 수 있는 회의 체계를 이제는 갖춰나갔기 때문에 내년에는 훨씬 좋아지지 않을까 해요(마을교육활동가 F).

또한 충주 지구는 읍면동 단위의 민·관·학 교육 거버넌스 구축 및 활성화를 위해 마을교육자치회를 구성하여 운영했다. 학교와 마을 연계·협력을 강화하고자 하며 마을교육자치회를 통해 우리 마을에 필요한 교육을 마을 당사자들이 논의하고 학교와 마을 구성원들이 연결되어 마을교육공동체를 형성하기를 기대했다.

지역 내 학교를 중심으로 마을교육자치회를 구상하는 형태로 가야 하지 않을까, 마을 사람들이 마을교육에 대해 이야기할 수 있는 구조로 가야 한다고 생각해요. 그러면서 아이들을 다루고 가르칠 때 주의해야 할 부분을 교사가 마을주민들에게 줄 수 있는 부분이 아닐까. 교사들이 교육전문가로서 마을에서 활동했으면 좋겠다는 거죠(주민자치회 L).

2개 지역 마을교육자치회 구성 과정을 살펴보면, Y동은 교육장, 동장, 주민자치위원장, 5개 학교 교장, 학생, 마을활동가 등 다양한 학교와 지역사회 구성원이 만나 간담회를 열었고, 학교와 마을이 협력하는 교육 거버넌스 모델을 개발하고자 했다. Y동 마을교육자치회는 주민자치위원회 내 교육분과 설치를 통해 학교와 마을 협력체제를 강화하고자 했다. 또한 D면의 경우는 학교, 주민자치회, 행정복지센터, 마을조직, 마을학교 등 여러 기관단체가 모여 마을교육과 마을교육공동체 활성화를 위한 협력을 논의하고 마을교육자치회 구성을 위한 협약을 체결했다. 협약의 주요 내용으로는 공간이나 인프라 지원, 정보 공유, 마을 아동 안심 돌봄과 귀가 협조, 마을교육자치회 활성화 등에 관한 것이었다.

이처럼 지구 내에서 마을교육자치회 구성은 생활권 단위에서 학교와 마을의 다양한 교육주체들이 함께 만나서 논의하는 구조가 마련되었다는 점에서 의미가 있다. 이를 통해 이전보다 민간활동가들의 사업 참여 정도나 수준이 높아졌고, 관도 협의체의 구성원으로 참여하면서 민-관 협의나 소통 구조가 만들어지기 시작했다. 이러한 협의회가 만들어지면서 마을활동가나 지역주민은 실질적으로 사업에 참여할 수 있는 기반이 갖춰가고 있다고 생각했다.

나. 학교와 마을의 연계성 확보를 위한 프로그램: 마을교육과정 개발·운영

초기 혁신교육지구의 마을과 학교 연계는 아이들의 방과후 활동을 학교 안팎에서 지원하기 위해 이루어졌다. 마을방과후 활동은 두 가지로 구분될 수 있는데, 마을 인적자원이 학교의 방과후 교실 강사로 들어가는 것과 마을에서 방과후 활동을 운영(마을학교)하는 방식으로 이루어진다. 특히 혁신교육지구에서 학교밖 배움터인 마을학교 운영은 마을의 다양한 인적자원(마을강사, 마을교사 등)들의 교육활동 참여도를 높인 사업으로 상당히 긍정적 효과를 가져왔다. 그러나 혁신교육지구가 지향하는 마을과 학교 간 연계 측면에서 볼 때는 마을과 학교 두 주체 간 소통이나 만남이 원활하지 않아 연계·협력의 어려움이 있었다. 특히 학교의 참여, 즉 전반적인 교사의 관심과 참여가 부족하고 관심 있는 소수 교사에게만 집중되는 문제를 지적했다.

마을 중심 교육활동의 한계, 학교와의 접점 확보 필요

충주 지구의 경우도 그동안 혁신교육지구 사업에서 마을의 다양한 마을체험처를 발굴하여 체험프로그램을 운영하거나 마을별 특성을 반영한 여러 유형의 마을학교를 운영하는 등, 마을방과후 활동 차원에서는 활발하게 운영해왔다. 그러나 이러한 마을방과후 활동이 마을활동가 중심으로 운영되는 부분이 많았고, 학교(교사)는 협조자, 지원자 정도로만 역할을 하는 수준이었다. 학교(교사)가 마을과 공동으로 활동을 기획하고 운영하는 주체자로 함께하지 못하면서 학교(교사)의 관심 및 참여 문제가 지적되었다.

> 저희 교사들도 관심이 있느냐와 그 정도에 따라 마을과 학교가 연계된 활동들을 할 때 관심 없는 교사나 교장선생님이 근무하는 학교의 경우에는 어려운 부분이나 한계점들이 있는 것 같습니다(학교 교사 D).

> 혁신교육지구 할 때는 학교와 접합점이 없죠. 학교는 울타리 안에 존재하니까요. 학교 인근에 마을학교가 있는지 정확히 잘 모르는 것 같고 선생님들이 관심이 없어요(마을교육활동가 G).

그래서 학교와 마을 간 연계성을 높이기 위해 지금과 같은 마을학교 중심의 지원과는 다른 새로운 접근이 요구되었다. 단순히 프로그램이나 사업을 운영하는 것이 초점이 아니라, 학교 교사와 마을이 함께 만나서 활동을 공동 기획하는 과정 자체에 우선적 의미를 부여했다. 충주 지구는 학교와의 연계성을 높이는 교육활동으로 학교교육과정과 연계한 마을교육과정 개발·운영을 기획했다. 왜냐하면 많은 교사들이 마을방과후 활동은 본연의 임무가 아니라는 인식이 강하여 관심이 낮지만, 교육과정의 연계성이 확보된 활동은 교육과정 목표 달성에 일정 부분 기여하리라는 기대가 있어 교사의 관심을 끌어낼 수 있을 것으로 보았기 때문이다.

마을연계교육과정에 대해 어느 정도 인지하고 계신 것 같아요. 근데, 혁신학교에서 기존 학교가 기존 것들에만 집중하고 있다 보니까 마을의 구체적인 어떤 것에 대해 하고 계시지는 않았던 것 같아요(학교 교사 E).

학교는 여전히 마을학교나 마을교사에 대한 인식, 신뢰도 이런 거에서는 크게 변함이 없어요. 왜 그럴까 생각해보면, 학교에서 교사들이 굳이 연계 안 해도 불편한 게 없고… (중략) 본인의 일이라고 생각하지 않는 것 같아요(마을교육활동가 H).

마을교육과정 연구회, 교사 공부모임 조직

충주 지구는 미래교육지구 사업을 통해 교육과정과 연계한 마을교육과정 개발·운영을 시도했는데, 그 과정이 결코 쉽지 않았다. 학교 교사는 마을교육과정이 학교의 교육과정을 풍성하게 만드는 데 반드시 필요한 부분이라고는 생각했다. 그러나 학교 교육과 마을 연계 경험이 부족하고 학교 교육과정이라는 틀 안에서 마을교육과정을 어떻게 개발·운영해야 하는지, 구체적인 안내 및 지침서, 성공사례 등에 대한 정보가 없는 데 난색을 보였다. 교사와 마을주민 간 역할 분담 문제나 업무 과중으로 인한 시간적 여유가 없는 것도 문제로 제기되었다.

교육과정 중심으로서 마을을 접목시킬 것인지, 아니면 마을이 중심이 되어 교육을 진행할 것인지, 그런 것에 대한 가이드라인 같은 게 제시되지 않은 상황에서 그걸 선생님들한테 떠넘긴다는 게 가장 크거든요. 선생님들이 그걸 할 만한 시간적 여유가 있을까(학교 교사 D).

이러한 문제에 교사는 자신의 전문성을 살려 교육과정 내에서 이론과 지식을 전달하는 역할을 하는 등, 교사와 지역주민이 역할을 분담해 갈 것을 제안하기도 했다. 또한 마을교육과정의 기획과 운영 과정이 기록된 자료나 지역 아카이빙된 자료를 기반으로 한 학교-마을 간 공동교육과정 실천 매뉴얼 등이 제공될 필요가 있음을 제안했다.

> 교사는 모든 것을 학교교육과정 내에서 가르쳐야 한다는 한계가 있어요. 그래서 교사의 역할은 예를 들어, 이웃에 대한 교육과정의 정확한 내용을 학부모나 마을주민에게 안내함으로써 그것을 토대로 역할을 제시하는 것입니다. 교사는 지속가능하지 못하지만, 마을과 아이들은 지속가능합니다(학교 교사 C).

이처럼 걱정과 우려 속에서도 학교와 마을이 협력해서 마을교육과정을 개발하여 운영하는 작업을 시도했다. 먼저 지역 내 마을교육과정을 함께 고민하고 협의할 수 있는 시스템으로 '마을교육과정 연구회'와 '교사 공부 모임'을 구성했다. '마을교육과정 연구회'는 지역교육과정 개발을 목적으로 마을의 교육자원을 발굴하고 탐구하여 학교-마을의 연계방안을 모색하고 학교 교육활동을 지원했다. '교사 공부 모임'은 학교와 마을 연계를 주제로 지역의 마을교육자원을 학교에서 활용할 방안을 함께 고민하고 활용할 수 있도록 교육 자료나 프로그램을 개발하도록 했다.

이러한 계속적인 시도와 협력의 노력 끝에 충주 지구는 마을연계 교육활동으로 어린이 지역학, 마을역사기행, 마을여행 같은 프로그램을 개발했고, 특히 어린이 지역학의 경우에는 학교 교육과정과 연계하여 지역 역사와 문화를 탐구하는 교육으로 구성하여 운영했다. 이처럼 '마을교육과정 공동 개발'은 마을과 학교의 연계·협력을 높일 수 있는 좋은 매개체가 될 수 있다.

다. 민·관·학 협력으로 지역과제 해결: 청소년 자치 공간 마련

혁신교육지구 사업이 지역별·학교별 특성이나 특색이 드러나지 않는다는 점이 한계로 지적되면서 지구마다 지역성이 반영된 특색사업 개발이 요구되었다. 이에 미래교육지구는 다양한 영역과 차원의 사업 연계를 적극적으로 활용할 것을 제안했다. 즉 지자체나 교육(지원)청 간 사업연계, 부처 내 사업연계, 타 부처 사업연계 등을 통한 특화모델 개발을 구상해보려는 것이다.

지역 내 청소년 공간에 대한 지속적인 요구

충주 지구에서는 청소년들이 지역 내에 이용할 수 있는 청소년 시설이 부족하여 청소년 활동 거점 공간에 대한 요구가 계속 제기되어 왔고, 마을교육활동가들의 활동이 활발해지면서 활동가를 비롯한 '민'의 커뮤니티 공간도 요구되었다. 미래교육지구 사업 계획에 이러한 지역적 상황과 요구를 반영하여 '청소년 자치 공간 조성'을 중점 과제로 설정했고, 청소년 및 지역 커뮤니티 공간 조성에 주력했다.

민·관·학이 같이 가면서 민이 활동할 수 있는 여건 조성, 특히 저희 지역은 공간이 절실해요. 청소년을 위한 공간요. 프로그램과 소프트웨어는 있지만 공간 확보가 안 되어 못하는 부분도 많거든요. 이를 만들어주기 위해 지자체와 지원청이 역할을 해야 하죠. 지원청 예산만으로는 하드웨어를 확보할 수 없고, 우리가 가져가야 할 아젠다를 구축할 수도 없어요. 그런데 현실적으로 정착할 수 있는 공간을 마련해주는 것도 중요한 부분이었어요(시청 J).

전통시장(상인회)의 공간 제공

충주 지구가 지역 청소년 공간을 조성하는 과정은 독특하다. 특징적인 점은 공간 조성을 위해 혁신교육지구, 미래교육지구, 도시재생, 평생학습도시 4개 사업이 연계되어 있으며 협력 기관으로 교육지원청과 지자체를 비롯해 지역 대학, 지역 민간기관·단체가 함께했다는 것이다.

먼저 청소년 활동 공간 확보에 대한 지역 공감대 형성을 위해 지역주민들이 청소년 공간 문제를 공론화했다. 그리고 지역 내 공간 확보를 위해서는 지역주민과 지자체 및 교육지원청의 노력이 있었다. 특히 지역 내 상업시설 공간을 교육공간으로 새롭게 창조될 수 있었던 배경에는 지역주민(시장상인회)이나 활동가의 교육적 마인드가 있었기 때문이라고 한다. 이를 통해 지구 활동의 가치와 방향성에 동의하는 교육적 마인드를 지닌 다양한 주민들이 각자의 방식으로 관여하고 참여하게 만드는 것이 중요함을 확인할 수 있었다.

대표님이 워낙 교육적인 마인드가 좋으세요. 수익 창출도 없으면 직원 거느리고 못 하시잖아요. 그럼에도 임대 공간들을 지역 학생들에게 내어주시고 활용하라고 해주셔서 감사하죠(교육지원청 A).

작년 말, 도시재생팀에서 도시재생사업으로 구축되는 공간들을 어떻게 활용할까 고민하다가 행복교육지구사업이라는 것을 알게 되었고, 청소년들이 활용할 수 있지 않을까 해서 찾아왔어요. 도시재생에서는 공간을 만들 수 있으니 교육지원청에서 프로그램을 지원할 수 있겠다는 합의점이 만들어진 거예요. 그 과정을 구체적으로 실행시키기 위해 면밀하게 결합해야 할 필요를 느끼고… (중략) 향후 계속 진행하기 위해 필요하겠다고 생각하여 미래형교육자치협력지구 공모에 공동협력센터 구축 내용을 넣고 구축과정이라든가 프로그램 진행을 위해 평생학습과, 도시재생과와 계속 논의하고 있습니다(시청유관부서 O).

지자체-교육지원청의 적극적인 사업 연계

지역 공간이 확보된 후로는 양 행정기관 간 협력의 노력이 있었다. 교육지원청과 지자체는 확보된 공간의 리모델링과 프로그램 운영 등을 위해 혁신교육지구, 미래교육지구, 도시재생, 평생학습도시 등 양 행정기관에서 추진하는 다양한 사업들을 적극 연계했다. 도시재생 사업을 통해 시설 구축 및 공간 리모델링을 하여 문화예술체험·전시 공간, 북라운지·다목적 커뮤니티 시설, 공연장·카페 등 다양한 공간을 조성했고, 혁신교육지구나 평생학습도시 사업을 통해서는 교육 활동으로 콘텐츠를 채우며 청소년을 위한 공적 공유 공간으로 만들어갔다. 이러한 과정을 통해 지역에 총 4개의 청소년 공간들을 마련했고, 이 공간들을 이어서 청소년 문화벨트를 조성했다. 또한 미래교육지구 사업을 통해 설치된 공동협력센터는 이러한 커뮤니티 공간과 교육활동이 활성화될 수 있도록 학교와 마을의 연결 플랫폼 역할을 했다.

충주 지구의 청소년 공간 조성은 지역 원도심 활성화와 청소년 자치활동에 활력을 줬다는 평가를 받는다. 이처럼 충주 지구의 청소년 공간 조성 사업은 지역의 요구를 해결하기 위해 다부처 사업 연계와 민·관·학 협력이 만들어낸 교육협력실천의 결과물이라고 볼 수 있다.

[그림 12] 충주어울림시장 내 청소년자치공간 '다락방'

출처: 충주시블로그-그곳에가면즐거워진다
https://blog.naver.com/goodchungju/222700704677

[그림 13] 청소년자치배움터 '모모학교'

출처: 공주대지방교육정책개발원(2021). 미래형 교육자치 협력지구 우수사례집. p.75.

[그림 14] 공동협력센터 '잇다'

출처 : 충청미디어(2021.6.3.), https://www.thecm.net/news/articleView.html?idxno=34773

[그림 15] 문화창업재생허브센터

출처 : 세계뉴스통신(2020.04.06.), https://www.segyenewsagency.com/news/articleView.html?idxno=161304

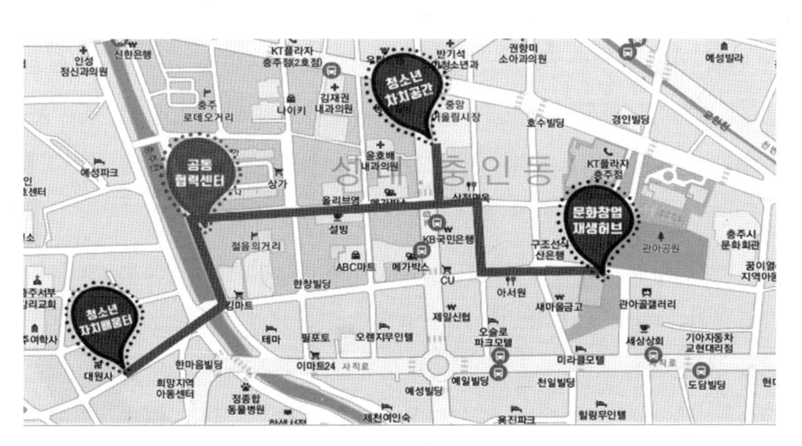

[그림 16] 청소년 문화벨트 조성

출처: 공주대지방교육정책개발원(2021). 미래형 교육자치 협력지구 우수사례집. p.78.

3.

미래교육지구의 실천적 노력과 과제

지금까지 충주 지구의 교육 실천들이 협력적 거버넌스 형태로 추진되면서 민·관·학 교육주체들의 참여와 협력을 활성화하기 위해 기울인 실천적 노력을 확인할 수 있었다. 물론 여전히 해결해야 할 과제도 확인되었다.

가. 실천적 노력

민·관·학 거버넌스 작동을 위한 기존 협력체제 개편

충주 지구는 기존 협력체제를 재편하여 민·관·학 거버넌스가 잘 작동할 수 있도록 협력체제 구축에 집중했다. 지자체와 교육(지원청)청 간 협력 부재, 민의 권한과 역할 미비, 주체 간 소통과 연계 문제는 민·관·학 거버넌스가 제대로 작동하고 있지 않은 문제에서 비롯되었다고 보았기 때문이다. 그래서 충주 지구는 지역교육 협력체제를 지구 전체 차원에서부터 마을 단위 생활권까지 체계적이고 촘촘하게 구축하고자 했다. 지구 차원에서 미래교육협치협의회, 실무협의회, 마을교육공동체협의회, 시민협의회를 구성했고, 읍면동 단위에서는 마을교육자치회를 구성했다. 이를 통해 지역 교육 주체들이 지역 문제와 학교 문제의 책임을 공유하고 공동 의사결정을 통해 상호 협력할 수 있게 했다. 또한 지자체와 교육(지원청)청 두 행정기관 간 협력을 촉진하고 민·관·학 연결 플랫폼으로 역할을 할 수 있도록 '공동협력센터'를 설치했다. 이처럼 미래교육지구를 통해 기존 협력체제를 진단하고 재편하여 지역사회 민·관·학 교육주체들의 참여와 협력이 잘 작동하도록 민·관·학 교육협력구조를 만들어내는 데 노력을 기울였다.

공동 기획과 협의 과정을 거쳐 마을교육과정 개발·운영

충주 지구는 학교와 지역 연계 활성화를 위해 마을교육과정을 공동 개발·운영하는 활동을 했다. 마을교육과정의 교육적 의미와 가치에 주목하기보다는 마을교육과정이 학교나 지역 어느 한쪽의 노력만으로는 만들어낼 수 없는 결과물이라는 점에서 학교와 지역 연계 활성화의 방편으로 주목했다. 충주 지구는 몇 년간 혁신교육지구 사업을 통해 학교와 지역 연계를 통한 다양한 교육활동(마을학교, 마을방과후, 마을체험프로그램 등)을 운영해왔다. 활동 결과 면에서 보면 학생이나 학부모의 교육적 만족도와 교육활동의 다양화 등 긍정적인 효과를 가져왔다. 반면, 학교와 지역 연계 과정에서 학교와 마을 간 소통의 어려움, 학교와 마을의 관점과 시각 차이, 일부 주체(리더 교사 또는 마을활동가) 위주 등 한계들이 드러나면서 새로운 접근이 필요하다고 보았다.

그래서 충주 지구는 마을교육과정 개발·운영을 구상했고, 이를 통해 학교 교사의 참여도를 높이고 마을과 함께 협력할 가능성을 높이려 했다. 특히 마을교육과정을 개발하는 과정에서 마을과 학교 주체들 간 공동 기획과 협의 과정이 중요했다. 주체들이 기획과 협의 과정에 함께할 때 수평적 협력관계 형성이 가능해지고, 어느 한쪽이 아닌 전체가 주체로 세워질 가능성을 확인했다.

청소년 자치공간 조성을 위한 민·관·학 협동 시너지 발휘

충주 지구는 지역 특성과 요구를 반영하기 위해 지역의 다부처 사업 연계를 적극 활용하여 특색사업을 추진했다. 미래교육지구는 중앙정부 차원에서 구상된 사업이지만 각 지구의 지역성, 즉 지역적 맥락이나 상황, 특성을 존중했다. 따라서 각 지구의 특색에 맞는 지역특화모델을 개발하기를 기대했다.

충주 지구의 경우 지역 청소년 공간 조성은 지역에서 지속적으로 요구되어 왔으나 엄두를 내지 못한 오랜 교육과제였다. 그러나 지역사회 민·관·학 협력을 적극 이끌어내고 지역사회 여러 부처 사업들을 연계하여 청소년 특화 공간을 조성했다. 공간 조성에 끝나지 않고 지역 사업 연계를 통해 청소년 특화 사업을 운영했다. 이는 민·관·학 협력이 만들어낸 지역청소년 특화 모델로서 전국에서 우수사례로 조명받게 되었다.

나. 해결 과제

주체 간 시각 차이와 갈등 해소

사업에 참여하는 구성원의 범위가 넓다 보니 구성원 간 관점 차이나 의견 갈등은 여전히 발생했다. 기본적으로 다양한 민·관·학 교육주체들의 관계와 협력으로 추진되는 사업이기 때문에 주체 간 시각 차이와 갈등은 어느 정도 인정할 필요가 있다. 중요한 것은 이를 해결해가는 방법과 과정일 것이다. 유사성과 연계성이 매우 높은 혁신교육지구나 마을교육공동체 사업처럼 지역에서 함께 운영되는 사업 간 차별성이나 연계성에 대한 이해를 돕는 작업이 선행될 필요가 있다. 또한 사업 참여 경험이 사업에 대한 이해나 인식 제고에 실질적으로 영향을 미쳤다는 연구 결과(김은경 외, 2020; 김태정, 2019; 양병찬 외, 2021)에 따라 교육주체들의 사업 참여 경험을 넓히고 논의와 소통의 장을 자주 마련하여 시각 차이와 갈등을 해소할 필요가 있다.

공동협력센터의 실효성 강화

지자체와 교육지원청 간 협력, 마을과 학교 연계, 민·관·학 협력 등을 위한 협력 플랫폼으로서 공동협력센터를 설치했으나, 실질적인 협력 가능성과 실효성 문제가 지적되었다. 이는 그동안 공동협력센터가 교육협력을 위한 중요한 장치라고 인식했지만 단순히 센터 설치만으로 교육협력체제의 실효성을 담보할 수 없음을 보여준다. 지역마다 협력센터 설치 형태, 운영방식, 역할은 지역 상황에 따라 조금씩 다를 수 있다. 그러나 중요한 것은, 지역 내에서 센터의 위상과 역할을 교육 주체들이 명확하게 인식하는 것이다. 따라서 지역 주체들과 센터의 운영방식이나 역할에 대한 협의 및 합의 과정이 필요하며, 이러한 과정을 거쳐 마련된 센터의 권한을 충분히 보장해주는 제도적 장치도 마련해야 한다.

지금까지 지역사회 교육협력모델로서 미래교육지구를 살펴보면서, 미래교육지구는 '참여와 협력'을 핵심 가치로 '민·관·학 협력적 교육 거버넌스'를 핵심 운영원리로 상정하고 있음을 알 수 있었다. 즉 참여와 협력 가치가 발현되기 위해 민·관·학 교육 거버넌스가 잘 작동하는 것이 중요하다. 이를 위해 미래교육지구는 지역에 맞는 지역교육 협력체제를 구축하고 다양한 지역교육사업을 구상하면서 지구의 협업이 잘 이루어질 수 있는 조건을 만들어가는 것을 중요한 과제로 삼았다. 이러한 협업 조건 조성은 다양한 교육주체들이 발굴되고 참여하며 주체 간 연계·협력 경험을 축적하기 위함에 있다는 것에 주목하고, 이들을 지역 교육공동체 협력파트너로서 바라보고 그들과 연대하는 방안에 더 중점을 둘 필요가 있다. 결국 지금 우리 사회가 봉착한 지역 문제에 대응하려면 지역 내 연계와 협동할 주체(사람, 단체, 기관)를 발견하고 이들과 연결하고 소통함으로써 지역 내 협력 마인드를 키워내는 것이 기본 숙제가 아닐까 한다.

마을교육공동체의 연결관계와 구조

1.

다양한 교육주체들의 관계 형성과 공동체 구축

아이는 '교실 안의 지식'에서 벗어나 삶의 공간인 지역사회 안에서 삶과 배움의 일치를 이루는 온전한 성장과 발달의 실현이 필요하기에(조한혜정, 2007) 학교와 지역사회가 연계하여 교육공동체를 실현하는 마을교육공동체가 촉발되었다. 이는 학교와 지역, 교사와 주민 모두가 주체가 되어 지역의 협력적 교육공동체를 구축하는 방식으로, 결국 학교와 교사 중심의 교육체제가 아닌 '마을'과 '학교'의 관계 맺음을 기초로 한 교육 혁신을 요구한다(양병찬, 2018).

김용련(2019)은 마을교육공동체를 "학교와 지역사회의 교육 주체들이 서로 연결된 지역 관계망 속에서 배움이 일어나고 공동체 공진화가 이루어지는 교육생태계"라고 보았다. 학교보다 다양하고 복잡한 구조를 보이는 마을과의 관계맺음을 통해 마을교육공동체는 더 복잡성을 띠게 되었다. 관계하는 교육 주체가 교사, 학부모, 학생을 포함하여 지역 시민단체, 공공기관, 기업, 마을주민 등으로 넓어졌으며, 다채로운 활동들이 학교뿐 아니라 지역 곳곳에서 이루어지고 있다. 이처럼 마을교육공동체는 학교와 마을(지역사회)의 다양한 교육 주체들의 관계 형성과 연결망(Network)을 구축하는 양상을 보여준다.

사회에서 관계 맺고 연결망을 형성하는 것이 왜 중요하고 강조될까? 연결망 형성이 사회적 자본(social capital) 창출의 주요 기제이기 때문이다. 사회적 자본이 집단행동 문제들, 사회 공공 문제 해결을 촉진하여 집단 경쟁력을 높이고 지역 발전을 도모(Brehm & Rahn, 1997; Putnam,

1993, 2013)하는 등, 공동체 생활에서 긍정적 가치를 창출해 내는 자산이라는 점에서 관심이 높아지고 있다. 김용련(2019)은 마을교육공동체 운동의 의미를 지역의 사회적 자본을 쌓기 위한 공동체적 생태적 접근이라고도 보았다.

공동체에서 사람들 간의 관계가 매우 중요하고, 여기에 사회적 자본이 공동체를 원활하게 움직일 수 있게 해주는 윤활유 역할을 하게 된다. 따라서 마을교육공동체에서 연결망에 주목하는 이유도 연결망이 사회적 자본을 창출하는 핵심 기제이면서 사회적 자본 형성의 가장 기본적인 자원이 되기 때문이다. 기본적으로 연결망은 공동 목적을 달성하기 위해 작동되며, 연결망 각 구성요소들의 연계 내용과 실행력에 의해 성과가 좌우된다.

이런 맥락에서 마을교육공동체 활동에서 마을과 학교의 다양한 주체들이 연결되어 연결망을 잘 형성하는 것이 중요하므로, '어떤 사람들이 서로 어떻게 연결되어 어떤 연결망을 형성하는지' 다양한 참여 주체들 간의 연결(connect)과 연결 구조(connect structure)를 잘 드러내어 그 특성을 이해하는 것은 중요한 연구 과제다. 그러나 기존 마을교육공동체 연구들이 이론과 실천사례를 통한 규범적 연구가 대부분으로, 마을교육공동체의 관계성에 대해 실증적으로 밝혀내지 못한 한계가 있다. 그리고 주로 문헌 분석과 질적 사례분석, 양적 통계분석 같은 방법을 적용하여, 이런 방법으로 사람 간의 관계와 이러한 관계들의 구조를 이해하기에는 역부족일 것이다. 그래서 관계나 구조 속에서 인간이나 집단의 특성을 파악하는 데 관심을 갖는 사회연결망이론과 방법론으로서 사회연결망분석(Social Network Analysis, 이하 SNA)에 주목했다.

사회연결망분석(SNA)은 연결망 형태의 특징을 도출하고, 관계성으로 체계의 특성을 설명하거나 체계를 구성하는 단위의 행위를 설명하는 것이다(김용학·김영진, 2016: 5). 따라서 본 장에서는 이 방법론을 활용하여 마을교육공동체의 다양한 주체들 간의 관계와 구조로서 연결망 특성을 파악하고자 한다. 이를 통해 주체들 간의 관계 양상과 구조적 특성이 마을교육공동체 형성 및 활성화에 어떤 영향을 미치는지 탐색하고자 한다.

2.

SNA를 활용한 마을교육공동체 연결관계와 구조 분석

가. 분석 대상

본 연구는 지역사회의 교육력 강화를 위해 다양한 교육활동을 전개하는 학교와 마을의 다양한 참여 주체들을 '마을교육공동체'라 보고, 광주광역시 월산동 마을교육공동체를 분석 대상 사례로 선정했다. 선정 배경은 마을과 학교의 다양한 주체들이 협력관계를 형성하며, 이들의 실천 활동들의 성과가 마을교육력 강화로 이어지고 있기 때문이다. 그래서 마을 교육의 우수사례로 선정되거나 타 지역에서 벤치마킹 사례로 꼽히기도 한다. 월산동 마을교육공동체는 2015~2016년에 비전 수립 및 공동학습, 실천·협의 조직 구성, 공간 조성, 사업 구상 등 기반 구축 과정을 거치고 2017년부터는 마을학교인 「달뫼마을 달팽이학교」를 만들어 프로그램 '달팽이 전통사랑방'과 '꿈찾는 달팽이' 운영, 커뮤니티공간 「친구네집」 운영 등 마을교육활동을 활발하게 진행하고 있다.

월산동 마을교육공동체는 2015년 준비기를 거쳐 2016년부터 마을교육활동을 추진하고 있으나, 참여 주체의 참여와 탈퇴의 변동[7]이 있어 조사 당시인 2018년 참여 구성원으로 제한했다. 2018년 월산동 마을교육공동체 사업에서 하는 활동(협의회, 마을학교 프로그램, 마을공간을 운영, 지원, 관리)으로 범위를 한정했고, 그 활동에 참여하는 구성원 전체 55명을 대

7 자율성과 개방성을 지니는 마을교육공동체 운영 특성상 교육 주체들의 자유로운 참여와 탈퇴는 자연스러운 현상이다.

상으로 분석했다.

나. 참여 주체들의 다양성: 이질적인 주체들의 연계협력

행위자들의 다양성을 확인하기 위해 개별 소속(affiliation)을 기준으로 블록모델링(block modeling) 분석을 했다([그림 17]). 분석 결과, 총 55명의 행위자에서 26개 개별 소속 정보를 확인할 수 있었다. 구체적으로 초등학교, 중학교, 평생교육관, 주민센터, 시청, 교육청, 종합사회복지관, 장애인복지관, 유치원, 건강생활지원센터, 통장협의회, 주민자치위원회, 바르게살기협의회, 새마을부녀회, 자율방범대, 대학교, 공방, 카센터, 병원(치과), 인테리어 업체, 은행, 목공소, 꽃집, 기업, 화월주 사무국으로 파악되었다. 마을과 학교의 다양한 주체들과 기관, 조직이 참여하고 있음을 확인할 수 있다.

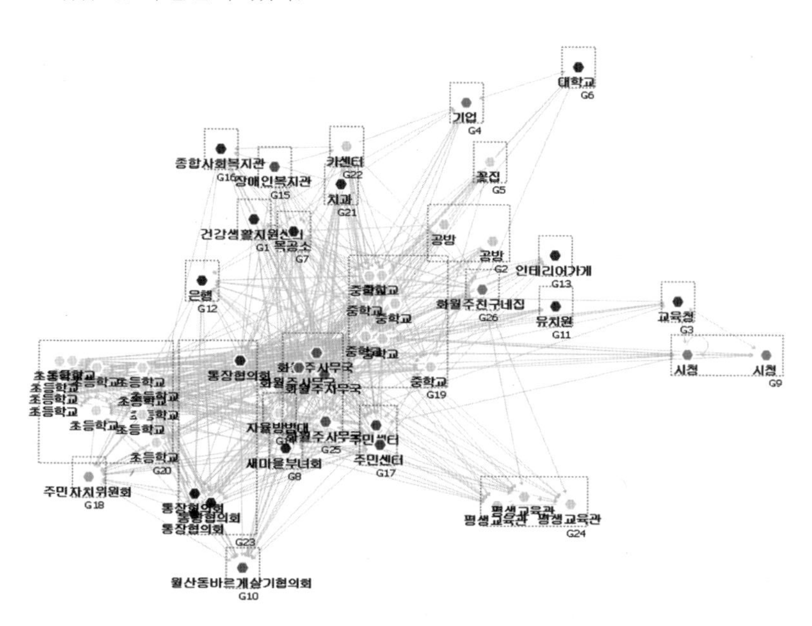

[그림 17] 구성원-개별 소속 블록모델링

이러한 26개의 개별 소속을 크게 6개 소속 범주 '학교, 공공기관, 사업장, 주민조직, 민간단체, 대학교'로 분류해보았다(《표 6》). 학교(총 20명, 36%)의 소속 비율이 가장 높고, 공공기관(총 12명, 22%), 개인사업장(총 9명, 16%), 주민조직(8명, 15%), 민간단체(5명, 9%), 대학교(1명, 2%) 순으로 나타났다. 이처럼 월산동 마을교육공동체 참여 구성원은 학교(초·중학교), 공공기관(주민센터, 평생교육관, 종합사회복지관, 시청, 교육청), 주민조직(새마을부녀회, 통장협의회, 자율방범대, 바르게살기협의회), 민간단체(지역교육네트워크 화월주), 사업장(치과, 목공, 카센터, 꽃집, 공방, 은행 등), 대학교 등으로 다양한 지역사회 구성원의 참여 양상을 보여준다. 이들은 공동체 내에서 각각 '월산동 마을교육활동가협의회'의 공동대표나 위원으로 역할을 맡거나, 마을학교 프로그램인 '달팽이 전통사랑방(초등학교)'의 마을 강사로, '꿈찾는 달팽이(중학교)'의 길잡이 교사와 마을진로체험 멘토로, 마을청소년공간 '친구네 집'의 담당 코디로, 시청·교육청 담당자로 각 역할을 수행하고 있다.

〈표 6〉 소속 범주별 인원

소속 범주	학교 (초·중)	공공기관	개인사업장	주민조직	민간단체	대학교
명 (%)	20 (36)	12 (22)	9 (16)	8 (15)	5 (9)	1 (2)

다. 주체들의 연결관계 특성

여기서는 행위자 수준에서 '연결 정도(degree)'와 '구조적 공백(structural hole)'을 측정하여 행위자들 간 연결 관계의 특성을 분석했다. '연결 정도'는 한 행위자가 얼마나 많은 행위자와 관계를 맺고 있는가를 측정하는 것이고, '구조적 공백'은 한 행위자가 얼마나 다양한 행위자와 비중복적인 관계를 맺을 수 있는 효율적 위치에 있는가와 관련된 개념이다.

참여 주체들의 연결 정도

월산동 마을교육공동체 참여 주체(행위자)들의 연결 정도를 측정하여 개별 행위자가 다른 행위자와 얼마나 연결되어 있는지를 확인하고, 행위자 중에서 연결 관계가 많은 행위자와 적은 행위자는 누구인지 파악했다. 사회연결망분석(SNA)에서 연결 정도 값이 높으면 그 노드(행위자)는 연결망 내 다른 노드(행위자)들과 직접적으로 많이 연결되어 있음을 나타내고, 그 노드(행위자)는 연결 관계가 높으므로 연결망에서 영향력(인기도, 권력)이 높다고 할 수 있다.

연결 정도를 측정하면 〈표 7〉과 같이 각 노드별 연결 정도 측정값이 수치로 산출되며, 이들 연결 관계를 시각화한 자료가 [그림 18]이다. 노드별 연결 정도 측정값은 전체를 제시하지 않고 상위값을 갖는 6명과 하위값을 갖는 8명을 제시했다. 또한 방향성을 지니는 연결망이기 때문에 내향연결 정도와 외향연결 정도값으로 구분하여 제시했다. [그림 18]의 시각화 자료의 경우 각 원은 행위자들을 나타내고, 연결선을 통해 누구와 연결되어 있는지 보여준다. 연결이 많을수록 원의 크기는 커지면서, 연결망에서 많은 연결 관계를 갖는 행위자를 나타낸다. 그림 중심부에 연결 관계가 많은 행위자가, 외곽에 연결 관계가 적은 행위자가 배치되었다. 또한 이런 관계를 연결 정도 중심성 수치로 다시 분석하여 동심원 그래프로 재배치한 것이 [그림 19]다.

<표 7> 노드별 연결 정도(degree) 값과 순위

순위		내향연결 정도 (In-degree)	노드 (Node)	외향연결 정도 (Out-degree)	노드 (Node)
상위	1	45	N22	54	N22
	2	36	N23	54	N7
	3	36	N20	45	N23
	4	31	N6	45	N20
	5	28	N18	30	N12
	6	27	N7	26	N14
⋮		⋮	⋮	⋮	⋮
하위	48	6	N54	5	N15
	49	6	N53	4	N19
	50	6	N49	3	N50
	51	6	N41	3	N45
	52	5	N46	2	N46
	53	4	N55	2	N5
	54	4	N47	2	N4
	55	3	N51	2	N3

<표 8> 연결 정도 평균, 최소, 최대, 고립노드 값

측정	연결 정도	
	내향연결 정도	외향연결 정도
합계	822	822
평균	14.69	14.69
최소	3	2
최대	44	54
연결 정도 중심성 평균	0.5668	0.7366
고립 노드	0	

월산동 마을교육공동체의 연결 정도 값이 높은 행위자와 낮은 행위자를 살펴보면, 먼저 내향연결 정도가 가장 높은 행위자는 '화월주 사무국장(N22)'으로 나타났다. 다음으로 화월주 담당코디(N23), 화월주 전 사무국장(N20), 중학교 교장(N6), 방범대장(N18), 중학교 교육복지 부장(N7)'

순으로 나타났다. 외향연결 정도가 가장 높은 중심 행위자는 '화월주 사무국장(N22)'이고, 다음으로 화월주 담당코디(N23), 화월주 전 사무국장(N20), 중학교 교육복지부장(N7), 초등학교 교장(N12)'으로 나타났다. 월산동 공동체에서 화월주 사무국장, 화월주 담당코디, 중학교 교장, 방범대장, 교육복지 부장, 초등학교 교장이 연결망에서 다른 행위자들과 많은 연결 관계를 갖는 행위자라는 것이며, 이는 다른 행위자들이 잘 알거나 행위자들과 많이 만나고 있는 중심 행위자(키맨)로 연결망에서 높은 활동력과 영향력이 있음을 의미한다.

또한 전체 행위자 중에서 가장 상위 연결 정도 값을 가지면서 가장 중앙에 위치하는 행위자는 '화월주 사무국장'으로 나타났다. 이는 화월주 사무국장이 월산동 공동체 연결망에서 다른 행위자들로부터 지목받는 것(즉, 인기를 누리는 것 또는 영향력이나 활동력이 큰 것으로 해석)도 많고, 자신이 제공하는 관계의 범위가 매우 넓은 '마당발' 위치에 있음을 의미한다. 즉 연결망 가장 중심에 위치하는 화월주 사무국장은 중심 행위자(키맨)이자 슈퍼 네트워커 위치에 해당한다. 슈퍼 네트워커로서 화월주 사무국장은 전체 연결망의 네트워킹을 적절히 조정하고 활용함으로써 목적 달성을 극대화시킬 수 있는 핵심적 역할이 가능하다.

반면 연결 정도 값이 낮은 행위자는 '마을진로체험 배움터 멘토들(N51, N47, N46, N41, N49)'과 '시교육청 담당자(N53, N54, N55)'로, 이들은 연결망 내 행위자들이 이들을 잘 모르거나 다른 행위자들 간에 만나는 경우가 적음을 나타낸다. 따라서 연결망 활성화를 위해 연결 정도 값이 낮은 행위자들이 연결 정도를 높이는 전략을 구상할 필요가 있다.

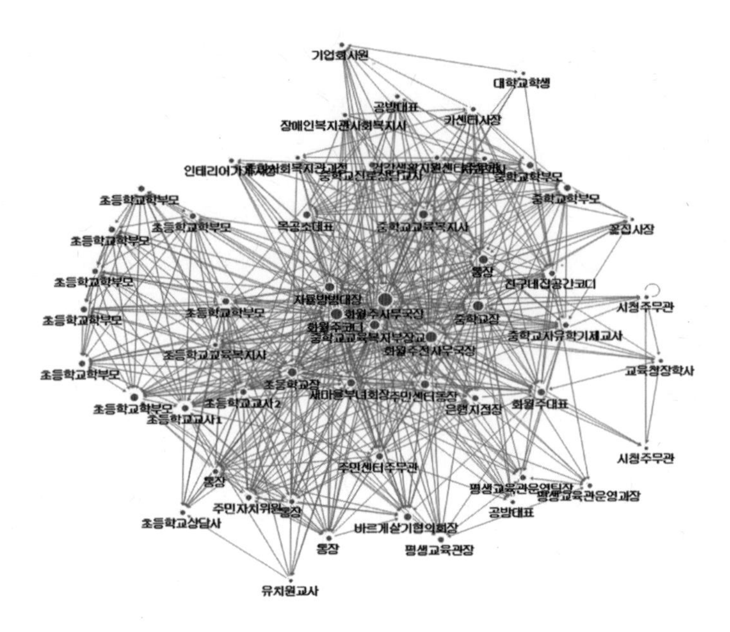

[그림 18] 연결 정도(Degree) 그래프

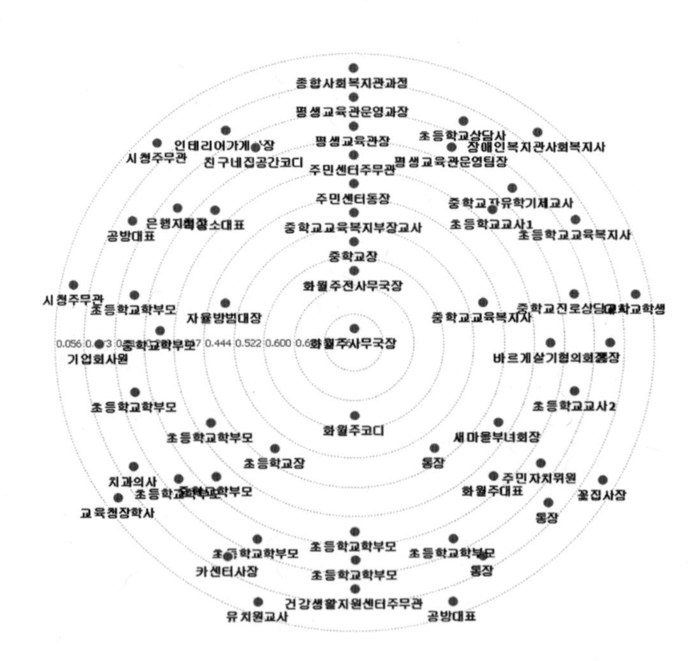

[그림 19] 연결 정도 중심성(Degree-centrality) 동심원 그래프

구조적 공백을 메우는 매개자

연결망에서 구조적 공백(structural hole) 개념은 버트(Burt, 1992)가 제시한 것으로, 구조적 공백이라는 연결망 지표는 존재하지 않고 제약성(constraint)으로 측정한다. 구조적 공백에 위치한 행위자들은 연결망의 다른 구성원들에 비해 다양한 행위자와 관계를 맺을 수 있으며, 정보 흐름의 중간에 있어서 자원과 정보를 조정 통제할 수 있다. 즉 연결망 내 매개자(broker) 위치에 해당한다. 연결망에서 행위자들을 연결하는 매개자 역할은 매우 중요하다.

사회연결망 분석에서 구조적 공백을 측정하면 구조적 제약과 효율성 값이 산출되는데, 구조적 제약 값이 낮을수록, 효율성 값은 높아질수록 구조적 공백의 혜택이 주는 유리한 위치에 있음을 의미한다. 측정 결과, 각 행위자들의 효율성과 구조적 제약 값이 산출되었고, 여기서는 상위 10위권 내 행위자들을 다음 〈표 9〉로 제시했다. 일반적으로 효율성 값과 구조적 제약 값은 반비례로 나타난다.

〈표 9〉 구조적 공백 측정 상위

순위	노드 번호	소속 및 직위	효율성(Efficiency)	구조적 제약 (Constraint)
1	N22	화월주 사무국장	0.743	0.079
2	N7	중학교 교육복지부장교사	0.725	0.086
3	N23	화월주 코디	0.702	0.087
4	N20	화월주 전 사무국장	0.694	0.09
5	N12	초등학교 교장	0.606	0.103
6	N6	중학교 교장	0.601	0.106
7	N18	방범대장	0.551	0.108
8	N1	주민센터 동장	0.535	0.122
9	N14	초등학교 교사	0.534	0.124
10	N35	초등학교 학부모	0.522	0.126

월산동 마을교육공동체에서 구조적 제약은 낮고 효율성이 높은 행위자, 즉 연결되지 않은 행위자들을 연결시키는 매개자 위치에 '화월주 사무국장'이 가장 높았고, 다음으로는 '중학교 교육복지부장교사, 화월주 코디, 화월주 전 사무국장, 초등학교 교장, 방범대장, 주민센터 동장, 초등학교 교사, 초등학교 학부모' 순으로 확인되었다. 주로 이들은 '월산동 마을교육활동가 협의회' 공동대표와 위원으로 역할을 하면서 마을교육공동체의 방향을 설정하거나 마을학교 기획 및 운영 등 공동체에서 주도적 역할을 하고 있다.

특징적인 것은 연결망 내에서 '다리(bridge)' 역할을 할 가능성이 높은 행위자들이 학교, 마을, 민간단체, 공공기관, 학부모 등 이질적이고 다양한 속성을 지니는 것으로 확인되었다는 점이다. 이들을 통해 만날 기회가 거의 없는 학교와 마을의 이질적인 주체들이 '약한 연결' 형태로 연결 관계를 맺게 되면서 공동체 네트워크에 진입할 여지가 높아진다. 이후로도 주로 이들을 통해 정보와 자원이 공동체 주체들에게 전달될 것으로 예상할 수 있다.

지금까지의 연결 정도와 구조적 공백 두 측정에서 상위 5순위 내에 있는 상위 행위자를 확인해보면 〈표 10〉과 같다.

〈표 10〉 연결 정도와 구조적 공백 측정 상위 행위자

순위	연결 정도				구조적 공백	
	내향연결 정도		외향연결 정도			
	행위자 (소속 직위)	값	행위자 (소속 직위)	값	행위자 (소속 직위)	제약성 값
1	화월주 사무국장	45	화월주 사무국장	54	화월주 사무국장	0.079
2	화월주 코디	36	중학교 교육복지부장교사	54	중학교 교육복지부장교사	0.087
3	화월주 전 사무국장	36	화월주 코디	45	화월주 담당코디	0.086
4	중학교 교장	31	화월주 전 사무국장	45	화월주 전 사무국장	0.09
5	방범대장	28	초등학교 교장	30	초등학교 교장	0.103

'화월주 사무국장'이 가장 상위에 위치하며, 다음으로 '화월주 코디, 중학교 교육복지부장교사, 화월주 전 사무국장, 중학교 교장, 초등학교 교장, 방범대장'으로 나타났다. 두 측정의 상위 행위자가 서로 비슷한 것은 월산동 마을교육공동체가 작은 규모의 소공동체이기 때문에 역할이나 영향력 위치가 겹치는 것으로 판단된다. 월산동 마을교육공동체는 이들 행위자 중심으로 공동체의 정보나 자원이 흐르고 다른 구성원들 간 연결이 확장되면서 네트워크가 활발해졌음을 확인할 수 있다. 또한 화월주 사무국장이 연결 정도와 구조적 공백에서 상위에 위치함에 따라 화월주 사무국이 월산동 마을교육공동체에서 다양한 주체들을 연결하는 '매개자(중간지원조직)'로서 역할을 할 가능성이 가장 높은 위치에 있다고 볼 수 있다.

라. 연결망의 구조적 특성: 효율성이 높은 열린 연결망

월산동 마을교육공동체 연결망의 구조적 특성은 〈표 11〉과 같이 다양한 지표들의 측정값을 통해 확인할 수 있다.

〈표 11〉 연결망 측정

지표	노드 수 Nodes	링크 수 Links	평균 연결정도 Average Degree	평균 연결거리 Mean Distance
값	55	822	14.69	1.72
지표	고립노드 Isolated Nodes	밀도 Density	상호성 Reciprocity(Dyad)	이행성 Transitivity
값	0	0.27	0.45	0.52
지표	포괄성 Inclusiveness	연결성 Connectedness	효율성 Efficiency	-
값	1	0.85	0.74	-

먼저 노드 수와 링크 수는 네트워크 규모를 나타낸다. 월산동 사례는 노드 수 55와 링크(연결) 수 822로 작은 규모에 해당한다. 평균 연결 정도는 14.69로, 이는 평균적으로 각 노드들이 14.69개의 노드들과 직접 연결되어 있음을 나타낸다. 평균 연결거리는 1.72이며, 이는 어떠한 노드들도 1.72개 단계의 거리 안에서 연결된다는 것이다. 즉 임의의 두 행위자가 평균적으로 한두 명의 중간 매개 행위자를 통해 연결이 가능해 행위자 간에 가깝게 연결되어 있음을 의미한다. 고립노드 수가 0의 값으로 나타난 것은 연결되지 못한 행위자 없이 모든 행위자가 연결되어 있음을 의미한다.

다음은 연결망의 밀도, 상호성, 이행성, 포괄성, 연결성, 효율성을 분석한 결과다. 밀도는 0.272로, 전체 가능한 모든 연결을 고려할 때 27.2%가 연결되어 있음을 나타낸다. 밀도는 높지 않아 '느슨한 열린 연결망' 형태로 볼 수 있다. 그러나 고립 노드(행위자) 없이 모든 행위자가 연결되어 있어 포괄성은 1로 높게 나타났고, 연결성도 0.85로 측정되어 월산동 사례는 연결성이 높은 연결망임을 알 수 있다. 또한 효율성도 0.74로 높게 나타나 연결망 연결 정도의 효율성은 높음을 알 수 있다. 이처럼 월산동 공동체는 밀도가 높지 않은 느슨한 연결 구조적 형태지만 포괄성, 연결성, 효율성이 높은 연결망 특성을 보이는데, 여기에는 연결망의 연결성을 높이는 연결자(매개자)가 존재함을 추론해볼 수 있을 것이다.

마지막으로 상호성은 0.45, 이행성은 0.52로 나타났다. 상호성은 양자 관계에서 상호적인 일방적 인지 연결 관계의 호혜성을 나타낸다. 월산동 사례는 약 45%가 상호적으로 연결된 것으로 나타났다. 이행성은 삼자 관계에서 발생하는 관계인데, A가 B를 좋아하고, B가 C를 좋아하며 따라서 A가 C를 좋아하는 관계다. 해당 공동체는 전체 연결망에서 존재 가능한 삼자 관계에서 이행성 있는 삼자 관계의 비율은 52.1%로 나타났다.

이상의 측정 결과를 토대로 월산동 마을교육공동체의 연결망의 특징을 다음과 같이 설명할 수 있다. 먼저, 월산동 공동체의 연결망 규모(크기)가 55로, 규모로만 볼 때 작은 규모의 마을교육공동체라고 볼 수 있다. 그리고 행위자들 간 거리가 가까워 접근이 쉬울 것으로 보인다. 그리고 '밀도, 상호성, 이행성'이 낮은 데 비해 '포괄성, 연결성, 효율성'은 상대적으로 높게 나타났다. 상대적으로 '밀도, 상호성, 이행성'이 낮게 측정됐다는 것은 월산동 마을교육공동체의 연결망이 대체로 약한 연결 관계와 열린 연결망 형태를 띤다고 할 수 있다. 또한 밀도가 낮은데 포괄성, 연결성, 효율성이 높게 측정됐다는 것은 월산동 공동체 연결망이 느슨한 열린 연결망 구조임에도 연결망이 적절히 잘 연결되어 있음을 의미한다. 약한 연결 관계의 열린 연결망의 경우에는 행위자들 간에 연결되지 않은 구조적 공백이 형성될 수 있는데, 연결성이 높다는 것은 이러한 구조적 공백을 메우는 연결자가 존재함을 의미한다.

3.

마을교육공동체 연결관계 및 구조의 특징과 의미

월산동 마을교육공동체 참여주체들의 연결 관계와 연결망의 구조적 특징을 통해 마을교육공동체 형성과 활성화 측면에서 지니는 의미를 정리하면 다음과 같다.

다양하고 이질적인 주체들의 참여

월산동 마을교육공동체는 다양한 속성을 띠는 참여 주체들 간 연결 정도가 각각 다르며, 중심 주체(키맨)로 자리매김하는 주체들을 확인할 수 있었다. 우선 '학교-공공기관-주민조직-민간단체-사업장-대학교'에서 볼 수 있듯이 좀처럼 접촉할 기회가 적은 다양하고 이질적인 주체들이 관계를 맺고 연결되어 있다. 학교뿐만 아니라 마을의 다양한 기관·단체가 교육을 중심으로 연결되어 지역교육력 강화를 위해 교육적 협력을 하는 것이다. 이러한 학교와 마을의 다양한 주체들의 연계·협력 방식은 교육 및 돌봄 역량의 다양성이 존재하기 때문에 상호 협력적 조건을 만들어가기 쉽다.

그리고 월산동 마을교육공동체의 주체들 간 연결 정도는 각각 다르게 나타났는데, 공동체 내 연결관계가 많은 주체도 있는 반면 적은 연결관계를 갖는 주체도 확인되었다. 특히 연결망 내에서 연결 정도가 높은 중심 키맨이 확인되면서 구성원들과 신뢰 관계를 구축하고 주체적인 역할이 가능한 주체를 확인할 수 있었다. 월산동 마을교육공동체의 경우, 중심 키맨이 학교와 마을 각 영역에서 고루 확인되면서 서로 다른 위치와 역할이 공동체 내에서 결합하여 긍정적 작용을 하고 있음을 알 수 있다. 연결 관계가 적은 주체들도 파악하여 이들의 연결이 끊이지 않게 하는 것과 연결 정도를 높여 주체로서 역할을 하게 하는 것도 연결망 유지와 활성화를 위해 간과하지 않아야 할 것이다.

약한 연결관계와 열린 연결망 구조

월산동 마을교육공동체 주체들은 '약한 연결' 관계를 지니면서 '열린 연결망'을 형성하는데, 이는 월산동 마을교육공동체가 느슨한 연대의 개방형 공동체 구조임을 확인할 수 있다. 일반적으로 약한 연결 관계는 동질성보다 이질성이 강하고 상호성(호혜성)이 높지 않아 행위자들 간 관계의 긴밀성은 낮은 수준을 나타낸다. 따라서 월산동 마을교육공동체는 동질성과 상호성을 갖는 강한 연결 관계의 주체보다 상대적으로 이질성을 갖는 약한 연결 관계의 주체가 많은 것으로 파악할 수 있다. 약한 연결은 서로 낯설고 이질성을 갖는 주체들 간의 연결 관계를 의미한다. 여기서 약하다는 것은 허술하거나 피상적인 관계를 의미하지 않는다. 월산동 마을교육공동체가 공동 목적과 가치를 공유하며 출발했지만 각 주체의 배경과 방식과 전문성은 동일하지 않았다. 그렇지만 다르기에 더 매력적이고 상호적인 성장을 기대할 수 있고, 각 영역의 강점, 전문성, 위치를 적극 연계 협력하는 방식으로 활동의 시너지 효과를 높일 수 있다.

그동안 연결망 이론에서는 약한 연결과 열린 연결망보다는 강한 연결과 밀도 높은 폐쇄 연결망의 효과를 강조해왔다. 즉 서로 비슷한 주체들이 상호적 관계를 형성하여 긴밀한 연결망을 형성하는 것이 긍정적인 가치를 가져온다는 것이다. 그러나 최근 약한 연결과 열린 연결망의 효과와 가치의 중요성에 주목하고 있다(Granovetter, 1973, 1974; Lin, 2001; Putnam, 2017). Granovetter(1973, 1974)는 개인들과 이들이 서로 잘 모르는 사람들 사이에 형성되는 열린 연결망의 약한 연결이 개인들의 기회와 공동체의 통합에 도움을 줄 수 있다고 주장했다. Lin(2001)은 그저 알고만 있는 정도거나 관계의 친밀성이 높지 않은 사람들 사이에 형성되는 열린 연결망의 약한 연결은 느슨하고 개방성을 지니기 때문에 이질적인 사람이나 집단, 자원, 정보 등이 접근할 가능성이 커지면서 방대하고 다양한 관계망의 연고를 가질 수 있다고 했다. Putnam(2017)도 '느슨한 유대 관계'가 더 방대하고 다양한 관계망의 연고를 갖게 됨을 강조했다. 이처럼 약한 연결과 열린 연결망의 핵심은 '개방성'과 '유연성'이다. 이러한 토대 위에서 공론장이 다양하게 열릴 가능성이 높으며, 공동체 접촉 기회와 폭도 커지게 된다. 마을과 학교의 다양한 이질적인 구성원들이 공동체에 접촉하고 참여할 기회를 높이고 다양한 공론장을 형성하는 것이 마을교육공동체의 중요한 과제라는 점에서 약한 연결과 열린 연결망 구조가 시사하는 바는 클 것이다.

구조적 공백을 채우는 매개자의 역할 작용

월산동 마을교육공동체는 연결되지 않은 구조적 공백을 채우는 매개자(broker)의 역할로 열린 연결망의 취약점인 연결망의 연결성과 효율성을 높이고 있다. 일반적으로 약한 연결의 열린 연결망은 연결망에서 빈 공간인 구조적 공백, 즉 연결되지 않은 행위자들이 발생하기 때문에 연결성과 효율성 측면에서는 다소 아쉬운 점이 있다. 그러나 월산동 마을교육공동체는 열린 연결망 구조이지만 연결성과 효율성 측정값이 높게 나타난 독특성을 보인다. 여기에는 연결되지 않은 구성원들을 연결시키는 매개자의 역할이 적극적으로 작용하여 연결망의 연결성과 효율성을 높이고 있음을 알 수 있다. 일반적으로 연결망의 중앙에 진입하는 것은 투자 비용이 많이 드는 어려운 일이나, 구조적 공백을 메우는 방법을 이용하면 연결망의 효율성을 높일 수 있다고 본다(김용학·김영진, 2016:210). 그리고 복잡성 이론에서는 네트워크에 매개자가 중간중간에 배치되어 연결됨으로써 효율성을 갖는 이런 형태를 가장 효율적이고 적용이 쉬운 형태의 구조로 본다(David & Sumara, 2017). 월산동 마을교육공동체는 열린 연결망 구조로, 개방성과 유연성을 가지면서도 매개자를 통해 연결망의 효율성을 높이는 것이다. 무엇보다 매개자의 속성이 각각 이질적이고 다양한 점이 다양한 구성원들의 공동체 참여를 가능케 하여 공동체 확장과 활성화에 기여하고 있음에 주목할 필요가 있다. 이처럼 약한 연결과 열린 연결망의 구조의 한계를 보완하면서 구조적 변화를 이끌어내는 매개자의 역할에 주목하고 연결망에서 그 중요성을 확인할 수 있다.

마을교육활동가의 활동 요구

1.

마을교육활동가 활동 참여의 확산

혁신교육지구는 초기의 공교육 혁신의 목표를 넘어 마을교육공동체 구축으로 사업 목표를 변화시켜 오고 있다. 마을교육공동체의 핵심은 마을의 교육적 기능을 회복하는 것이며, 교육의 책무성을 학교에서 지역으로 확장(김태정, 2019)함으로써 지역교육력을 높이는 것이라 할 수 있다. 마을교육활동가는 마을과 학교를 연결하는 매개자로서 학교 밖 마을을 교육적으로 변화시켜 마을 전체를 교육적인 공간으로 만들어가는 마을교육공동체 형성의 중요한 역할을 한다.

실제로 마을교육공동체 조성은 마을의 교육역량과 자원을 학교 교육과정과 연계하거나, 방과후 활동이나 돌봄을 지역사회와 함께 운영하거나 지역사회로 이관하는 과정을 수반한다(김태정, 2019). 이 과정에서 지역사회 주체와 연계 협력이 요구되고, 핵심적으로 역할을 하는 주체가 마을교육활동가다. 마을교육활동가는 현장에서 마을활동가, 마을교사, 마을강사, 마을방과후 교사, 마을돌봄 선생님 등으로 다양한 명칭[8]으로 불리면서 마을연계교육과정, 자유학기제, 마을학교 등 학교 안팎에서 마을교육활동에 참여하고 있다.

마을교육활동가를 마을교육공동체나 혁신교육지구 사업의 핵심 주체로 인식하면서 이들의 참여와 실천의 중요성을 여러 연구(박현선, 2020;

8 김태정(2019)은 마을교육활동가의 명칭이 현장마다 각각 역할과 위치로 다르지만, 궁극적으로 교육혁신과 마을교육공동체를 지향하면서 마을교육력을 높이고자 하는 점에서 '마을교육활동가'로 지칭할 수 있다고 했다.

양병찬 외, 2021; 임혜경, 2020; 최은미·백학영·변애경, 2021)에서 강조하고 있다. 그러나 관 주도의 사업 추진, 민·관·학 협력체제에서 민의 실질적인 권한이나 역할 미비, 관과 활동가(민)와의 소통 및 연계 부족, 마을교육활동가의 낮은 수준의 참여는 그동안 혁신교육지구 사업이 민·관·학 거버넌스를 중요시하지만 실제로는 관 주도로 추진되어 온 경향이 크다는 사실을 보여준다. 또한 마을교육활동가와 같은 민의 권한이나 역할, 연계, 소통 측면에서는 아직 미흡한 점을 확인할 수 있다. 이러한 문제들이 해결되지 않으면 마을교육공동체 지속가능성과 활성화는 담보할 수 없게 된다. 따라서 마을교육활동가가 주체로서 사업 추진에 주도적 역할을 하면서 활동할 수 있도록 적극 지원해야 할 것이다.

이를 위해 가장 먼저 마을교육활동가의 활동 요구를 잘 파악하는 것이 필요하다. 가능한 한 많은 수의 폭넓은 마을교육활동가들의 요구와 의견을 확인하는 것은 민·관·학 교육 거버넌스의 성숙과 확장 측면에서 매우 중요하다. 또한 활동가의 활동 요구를 기반으로 지자체나 교육(지원)청에서 정책이나 사업을 수립할 때 실효성이 높아질 수 있다.

그동안 마을활동가의 요구는 설문조사의 통계분석이나 인터뷰의 질적분석 방법론 중심으로 분석되었다. 설문조사에 의한 통계분석은 조사자가 작성한 정해진 문항 범위에서 통계 수치를 내므로 실제 활동가들로부터 도출된 요구가 아니라는 것이 아쉬운 점이다. 그래서 대체로 요구 분석은 질적 분석으로 이루어지는 경우가 많은데, 이 또한 조사 사례 수가 많지 않은 것이 아쉬운 점이다. 많은 마을교육활동가들의 이야기를 일일이 질적으로 파악하는 작업은 엄청난 시간과 노력이 필요하기에 실행이 쉽지 않다는 문제가 있다.

이에 방대한 텍스트(담화)들을 분석하여 의미 있는 주요 개념이나 맥락을 추출해주는 정량적 기법으로서 '텍스트 네트워크 분석(TNA)'이 좋은 대안이 될 수 있다고 보았다. 이 방법은 언어 텍스트로 표현된 메시지에서 의미를 나타낼 만한 개념을 단어 형태로 추출하고, 그들 간의 동시출현과 같은 연관관계를 토대로 네트워크를 구성하여, 텍스트의 의미적 내용을 분석하는 네트워크 기반의 내용분석 방법이다(이수상, 2017). 본 장에서는 텍스트 네트워크 분석 방법을 활용하여 가능한 많은 마을교육활동가들의 활동 요구와 지원과제를 파악하고자 한다.

2.

TNA를 활용한 마을교육활동가 활동 요구 분석

조사 대상자는 2019년 충남 마을교육활동가 양성과정(충남교육청 주관)에 참여한 13개 지역(기초자치단체 시, 군 기준) 마을교육활동가 263명이다. 양성과정 중 2019년 8월 16일~11월 1일까지 지역별로 워크숍을 진행했다. 워크숍 주요 내용은 '마을교육공동체 활동이 지역에서 활성화되기 위해 필요한 것은 무엇이며, 해결해야 할 과제는 무엇인가'였다. 워크숍은 집담회 방식으로 했고, 전체 진행자를 두고 6명씩 그룹을 지어 그룹별 호스트를 두었다. 그리고 활동가들의 동의를 얻어 그룹별로 녹음하여 생성된 담화 데이터(비정형 텍스트 데이터)로 텍스트 네트워크 분석을 했다.

가. 주요 키워드: 마을, 교육, 교사, 학교, 사람, 필요, 공동체, 공간, 아이, 활동

빈도와 중심성(Centrality) 분석을 통해 담화의 주요 개념을 확인했다. 먼저 빈도분석 결과 정제어 총 1775개 단어(중복 미포함)가 추출되었고, 그중에서 상위 20개 키워드(빈도수 219 이상)를 확인했다(《표 12》). 빈도가 높은 키워드는 '마을(876), 교육(559), 교사(547), 학교(438), 공동체(401), 사람(401), 필요(401), 활동(365), 공간(340), 아이(334), 프로그램(334), 소통(334), 주민(316), 사업(299), 지원(299), 확보(279), 활동가(264), 참여(243), 관심(219), 지속(219)' 순으로 나타났다.

다음 중심성 분석 결과, 연결중심성은 '마을, 교육, 교사, 학교, 사람, 필요, 공동체, 공간, 아이, 활동' 등의 키워드가 높은 순으로 산출되었고, 매개중심성은 '마을, 교사, 교육, 사람, 사업, 공간, 필요, 학교, 공동체' 등의 키워드가 높은 순으로 나타났다.

〈표 12〉 키워드 빈도 및 중심성 순위

순위	빈도		연결중심성		매개중심성	
1	마을	876	마을	0.72463	마을	0.24005
2	교육	559	교육	0.46376	교사	0.08707
3	교사	547	교사	0.44927	교육	0.06979
4	학교	438	학교	0.36231	사람	0.03844
5	공동체	401	사람	0.33333	사업	0.03662
6	사람	401	필요	0.33333	공간	0.03540
7	필요	401	공동체	0.33333	필요	0.03514
8	활동	365	공간	0.30434	학교	0.03474
9	공간	340	아이	0.28985	공동체	0.02960
10	아이	334	활동	0.27536	아이	0.02507
11	프로그램	334	프로그램	0.27536	프로그램	0.02477
12	소통	334	주민	0.27536	주민	0.02039
13	주민	316	소통	0.26086	참여	0.01948
14	사업	299	지원	0.24637	활동	0.01889
15	지원	299	사업	0.24637	부족	0.01867
16	확보	279	활동가	0.23188	소통	0.01763
17	활동가	264	지역	0.21739	지원	0.01716
18	참여	243	확보	0.20289	활동가	0.01616
19	관심	219	참여	0.18840	지속	0.01482
20	지속	219	지속	0.18840	관심	0.01240

위 키워드 분석 결과를 종합하면, 전체 키워드 중 '마을', '교육', '교사', '학교', '사람', '필요', '공동체', '공간', '아이', '활동'이라는 단어가 많이 나타나면서 주요 키워드를 확인했다.

그러나 주요 키워드 중 '교육(2위)', '교사(3위)'는 빈도, 연결중심성, 매개중심성 모두 상위에 해당하여 텍스트 전체의 개념에서 가장 중요한 단어인데, 해석상 다중 해석의 여지가 있다. 연결 관계상 '마을교육-학교교육', '마을교사-학교교사'로 해석될 수 있기 때문이다. 이처럼 해석의 여지가 있어서 에고 네트워크 분석을 통해 해당 단어의 연결 구조를 확인하여 정확한 의미를 파악했다. 확인 결과, [그림 20], [그림 21]과 같이 가장 중심성이 높은 키워드 '마을'과 키워드 '교육, 교사'가 직접적으로 높은 가중치(연결선 두께로 표현)로 연결되어 있어 여기서 주로 논의되는 '교육, 교사'는 '마을교육, 마을교사'로 해석할 수 있다. 참고로 '학교'의 에고 네트워크 분석을 하지 않았지만 교육과 교사 에고 네트워크 구조도에서 '학교'도 마을과 직접 연결성이 높은 것으로 확인할 수 있어, 여기서도 학교는 '마을학교'로 해석할 수 있다.

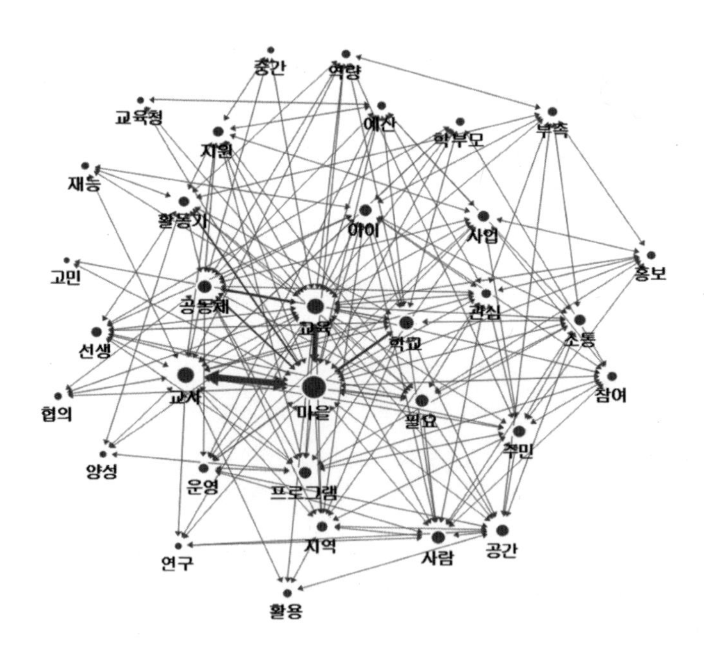

[그림 20] '교육' 에고 네트워크 구조도

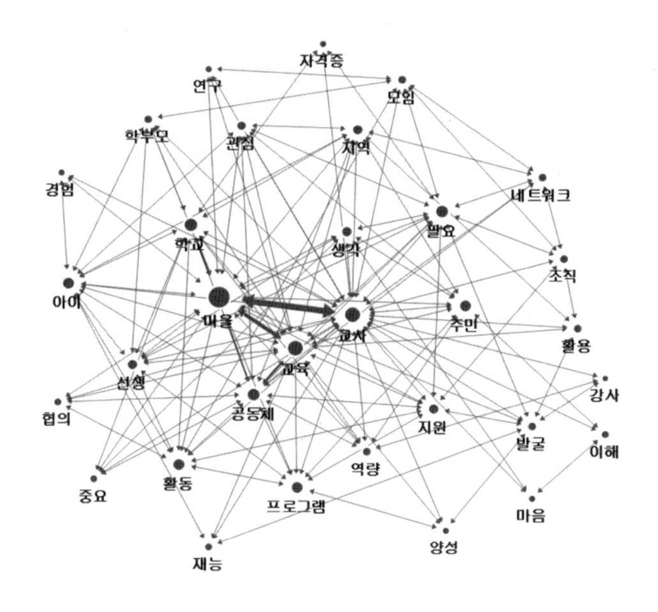

[그림 21] '교사' 에고 네트워크 구조도

주요 키워드를 중심으로 마을교육활동가 담화의 중심 논의를 도출하면 '마을교육공동체 활동에서 사람(아이, 마을교사, 주민, 활동가, 학부모), 활동(사업, 프로그램), 공간(교육과 소통 공간)과 관련해서 지속적인 지원, 확보, 관심, 참여, 소통이 필요하다'로 해석할 수 있다.

나. 하위주제

다음은 담화의 군집 분석을 통해 담화의 하위주제들을 도출했다. 분석 결과 6개 군집(클러스터)으로 나뉘었고, best 모듈성 값이 0.197로 나와 군집화(클러스터링)가 잘 되었음을 확인했다([그림 22] 참조).

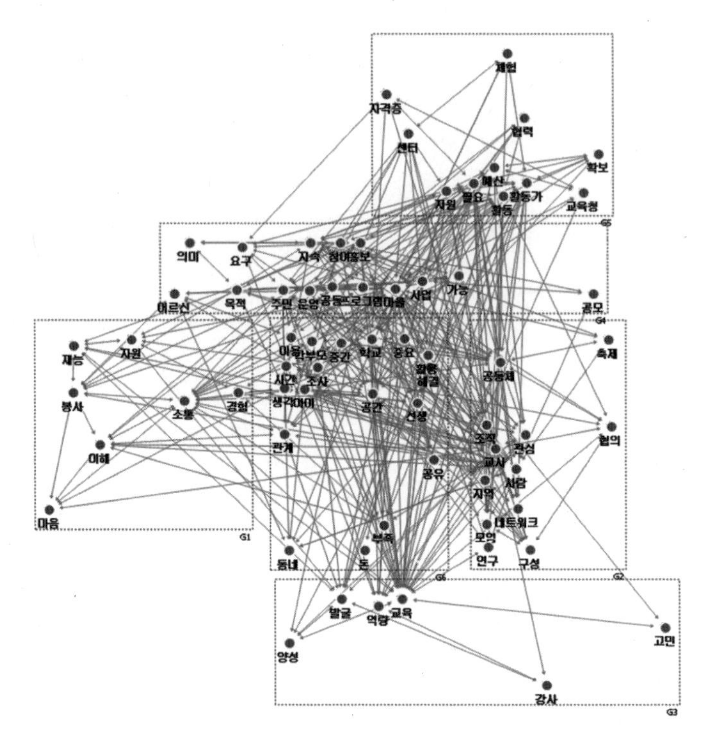

[그림 22] 담화 군집 분석 구조도

[그림 22]의 담화 군집 분석 시각화를 통해 분류된 각 6개 그룹 내 키워드와 키워드 간 연결구조 관계에 따라 하위주제들을 파악했다. 그 내용을 아래 〈표 13〉으로 정리하여 제시했다.

〈표 13〉 하위주제 도출

그룹	키워드	하위주제
G1	자원, 재능, 봉사, 소통, 경험, 마음, 이해	1) 재능 있으면서 봉사할 수 있는 자원 2) 재능기부나 봉사 경험 3) 이해하고 소통하는 마음
G2	지역, 사람, 조직, 공동체, 교사, 네트워크, 연구, 모임, 협의, 구성, 관심	4) 마을교사 협의회 및 연구 모임 구성 5) 지역 공동체의 네트워크 조직 6) 사람들의 지역에 대한 관심
G3	교육, 강사, 고민, 역량, 발굴, 양성	7) 역량 있는 마을강사 발굴 고민 8) 마을강사 양성 및 역량 교육
G4	마을, 사업, 주민, 공동, 공모, 프로그램, 운영, 의미, 요구, 목적, 홍보, 어르신, 참여, 가능, 지속	9) 요구에 맞는 마을 사업 및 프로그램 개발·운영 10) 공모 사업의 지속가능성 11) 마을 사업에 주민(동네 어르신) 참여 12) (마을교육공동체) 사업의 목적과 의미 홍보
G5	활동, 예산, 활동가, 센터, 지원, 협력, 체험, 필요, 자격증, 교육청, 확보	13) 체험 활동을 위한 협력 14) 교육청 예산 확보 15) 활동 지원 센터 필요 16) (마을교육)활동가 자격증 필요
G6	공간, 공유, 부족, 동네, 관계, 학교, 학부모, 조사, 활용, 중간, 생각, 아이, 선생, 이용, 시간, 해결, 중요	17) 동네 공유 공간 부족 18) 동네 공간의 조사 19) 학교 공간 이용 및 활용 20) 아이나 학부모, 동네 선생님을 위한 공간

담화의 하위 주제는 주로 마을교육공동체 사업 추진에서 필요하거나 해결 과제에 해당하는 내용들로 총 20개가 확인되었다(〈표 13〉 참조). 주요 내용들이 '협의회 및 네트워크 구성, 지역 특색 교육프로그램 개발·운영, 역량 있는 활동가 발굴, 마을 공유 공간, 중간지원조직(센터), 행정의 지속적인 사업 추진과 예산 지원, 학교와 지역의 소통과 협력, 주민 관심과 참여, 홍보' 등으로 확인되었다.

다. '요구 및 과제'

키워드 중에서 '요구와 과제'와 관련한 단어의 에고 네트워크 분석을 통해 요구와 과제에 대한 내용을 확인했다. 이를 위해 앞의 〈표 12〉 키워드 순위에서 상위 20순위 내 키워드 중 '필요, 지원, 확보' 키워드를 선택해서 에고 네트워크 분석을 했고, 시각화한 결과는 [그림 23], [그림 24], [그림 25]와 같다.

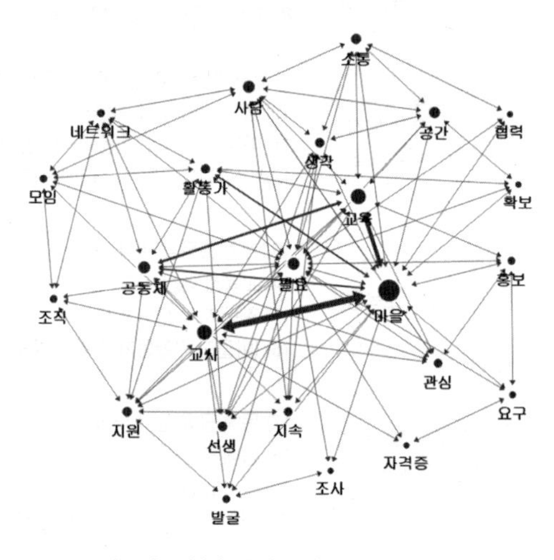

[그림 23] '필요' 에고 네트워크 구조도

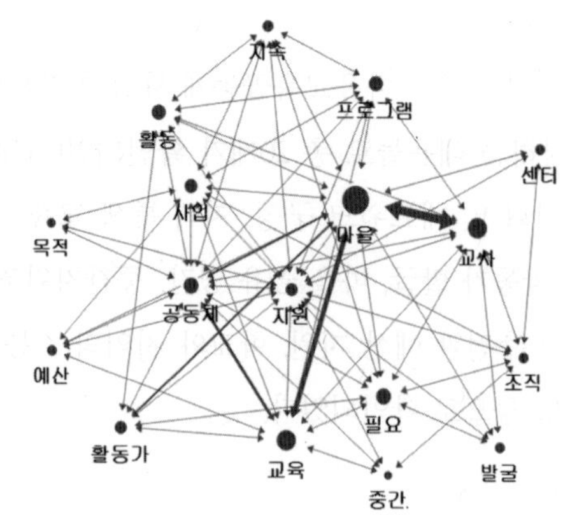

[그림 24] '지원' 에고 네트워크 구조도

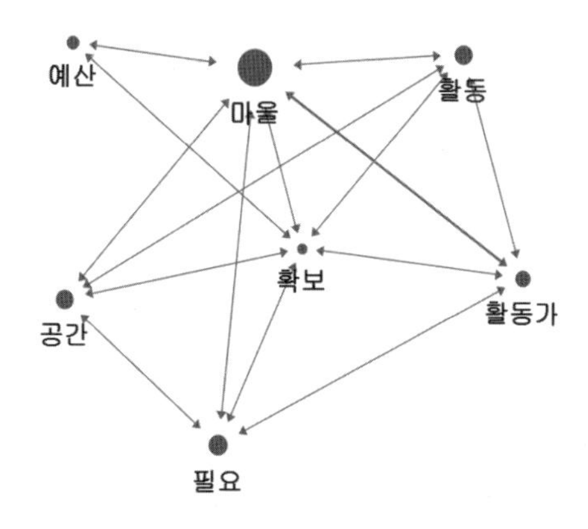

[그림 25] '확보' 에고 네트워크 구조도

첫째, 키워드 '필요'와 직접 연결된 단어는 '마을, 교육, 교사, 공간, 활동가, 사람, 소통, 공동체, 네트워크, 관심, 지원, 발굴, 조직, 홍보, 모임, 협력, 지속, 조사'로 나타났다. 연결가중치가 높은 키워드로 '마을-교사, 마을-교육, 마을-교육-공동체'로 확인되면서 '마을교사, 마을교육, 마을교육공동체'와 연결하여 '사람, 공간, 소통, 네트워크, 관심, 협력, 지원, 조직, 모임, 발굴, 지속, 홍보, 조사'가 '필요한 것'으로 의미를 형성시킬 수 있다.

둘째, 키워드 '지원'과 직접 연결된 키워드는 '마을, 공동체, 교육, 사업, 프로그램, 활동, 활동가, 예산, 교사, 발굴, 조직, 중간, 센터, 지속, 필요'로 나타났다. 가중치가 높게 나타난 키워드 '마을교사, 마을교육, 마을교육공동체'과 연결하여 '사업, 프로그램, 활동, (중간)조직, 센터, 예산, 지속, 발굴'이 '지원할 것'으로 의미를 형성시킬 수 있다.

셋째, 키워드 '확보'와 직접 연결된 키워드는 '마을, 공간, 활동, 활동가, 예산'으로 나타났다. 가중치가 높은 '마을'과 연결하여 '공간, 활동가, 활동, 예산'이 '확보할 것'으로 의미를 형성시킬 수 있다.

위의 에고 네트워크 분석 결과를 종합하여 의미 형성을 결과를 정리하면 〈표 14〉와 같다.

〈표 14〉 키워드 '필요', '지원', '확보'의 의미 형성 결과

키워드	연결어	의미 형성
필요	사람, 공간, 소통, 네트워크, 관심, 협력, 지원, 조직, 모임, 발굴, 지속, 홍보, 조사	1) 사람 발굴 필요 2) 사람 관심과 협력 필요 3) 네트워크 필요 4) 모임이나 조직 필요 5) 공간 필요 6) 소통 필요 7) 홍보 필요 8) 지속 필요
지원	사업, 프로그램, 활동, 조직, 센터, 예산, 지속, 발굴	9) 활동(사업, 프로그램, 예산) 지원 10) 센터(조직) 지원 11) 발굴 지원 12) 예산 지원 13) 지속 지원
확보	마을, 활동, 공간, 활동가, 예산	14) 마을활동가 확보 15) 활동 확보 16) 공간 확보 17) 예산 확보

'요구'와 '과제'로는 총 17개에 해당하는 내용들이 도출되면서(〈표 14〉 참조), 주요 내용은 '마을교사, 마을교육, 마을교육공동체'를 위해 마을활동가 발굴 및 확보, 사람들의 관심과 협력 필요, 네트워크 필요, 모임이나 조직 필요, 공간 확보, 예산 확보 및 지원, 활동(사업, 프로그램) 지원, 소통 필요 등으로 확인되었다.

3.

마을교육활동가 지원의 과제

주체의 역량 개발

'사람'과 관련해서 마을교육활동가를 적극 발굴 양성하고 역량을 강화하여 교육주체로 세워질 수 있도록 지원해야 한다. 먼저 왜 마을교육공동체가 요구되는지, 마을교육공동체를 통해 무엇을 도모할지에 대해 충분한 공감대를 형성하는 것부터 시작해야 하고, 역량 강화를 위한 교육 및 학습을 지원할 필요가 있다. 활동가들의 마을교육에 대한 이해 수준과 역량에 따라 사업이나 활동 내용이 양적이나 질적으로 달라질 수 있기 때문이다. 그리고 교육자원의 구축 차원에서도 마을교육활동가를 발굴 육성하는 것 자체만으로 마을교육자원의 연계망 형성 과정에 해당(김태정, 2019)하기 때문에 중요하다. 무엇보다 이렇게 주체로 세워진 마을교육활동가들이 민·관·학의 연대와 협력으로 파트너로서 역할을 할 수 있도록 의사결정구조에 참여하여 지역교육 기획·운영·평가를 할 수 있어야 한다.

유의미한 활동 경험

'활동'과 관련해서 마을교육활동가의 유의미한 활동 경험이 쌓이도록 지역교육사업을 지원해야 한다. 마을교육활동가에게 활동 경험이 마을교육공동체에 대한 이해나 참여 수준을 높이고(양병찬 외, 2021), 마을교육활동가의 성장과 활동지속가능성에 영향을 미치는 것(이정숙·박진영, 2020; 최은미·백학영·변애영, 2021)으로 나타났다. 따라서 활동이 활발하게 이루어질 수 있도록 지역교육사업을 지원하는 것이 중요한데, 사업은 마을의 자원을 중심으로 마을주민 주도 사업으로 진행(이기원 외, 2016) 되어야 한다. 또한 지역의 활용을 넘어서서 지역 문제를 해결하는 사업이어야 하고, 이때 지역 특화 과제를 어떻게 구성하고 실천할지에 대한, 즉 지역(마을)의 문제 해결과 성장을 촉진하는 사업 구상에 대한 고민이 구체화될 필요가 있다. 행정기관(지자체 또는 교육청)에서도 함께 참여하여 지역 과제들이 사업으로 구상되어 안정적으로 운영될 수 있도록 행정적 지원이나 예산 확보 등 지원 노력이 필요하다.

공유 공간 마련

'공간'과 관련해서 마을 활동의 중요한 거점으로서 마을 공간을 마련할 수 있도록 지원해야 한다. 마을 공간은 함께 모이는 공간으로 공유공간이라고도 부를 수 있는데, 이는 협력적 활동을 자연스럽게 만들고 활동을 지속적이고 안정적으로 진행할 수 있게 한다. 마을 공간을 마련하는 방식에서 직접 공간 조성이 어려울 경우 지역 내 유관 분야들의 사업을 통해 발굴·운영되는 공간을 교육(학습) 및 소통 공간으로 연결하는 형태로 접근하거나, 마을 안 유휴공간이나 공공시설을 마을교육 플랫폼으로 적극 활용하는 방식(양병찬 외, 2019)을 생각해볼 수 있다.

활동 요구 파악 및 상시 지원체계 마련

활동가들의 활동 요구를 늘 면밀히 파악하고 지원할 수 있는 지원체계를 마련할 필요가 있다. 마을교육활동가의 활동 요구는 지역이나 활동 상황에 따라 다르게 나타나며, 무엇보다 일반적으로 활동가들이 활동의 안정성이나 지속성 측면에서 매우 취약한 상황(김태정, 2019)이기 때문에 활동 요구를 늘 파악할 필요가 있다. 이를 위해 중간지원조직을 만들고, 중간지원조직은 직접 사업을 수행하는 것이 아닌 활동가 지원, 네트워크 조직, 소통 창구, 자원 연결통로, 역량 지원 등의 역할 수행을 통해 활동가들의 활동을 지원해야 한다.

빈곤지역 마을교육공동체 참여실천연구

1.

빈곤 아동·청소년을 위한 지역사회의 교육실천

1997년 IMF 금융위기 이후 소득불평등이 심화했고, 그로 인해 교육, 주거, 일자리 등 다양한 분야의 양극화 현상을 가져왔다. 이러한 양극화는 '부와 지위의 세습', '빈곤의 대물림'에 대한 우려를 더욱 커지게 했다. 한국 사회에서 과거에는 교육이 사회계층 이동에 중요한 역할을 한 것으로 인식되었으나 최근에는 오히려 사회계층 세습을 매개하는 기능을 하고 있다(이혜영 외, 2006). 교육을 통한 저소득층의 빈곤 해소 문제는 더욱 어려워졌고, 오히려 자녀에게 빈곤이 대물림되는 빈곤의 악순환에 빠지게 되었다(김효진, 2008; 김희성, 2002).

이러한 사회 양극화에 따른 교육불평등, 교육격차 문제에 지역사회가 적극적으로 대응하여 전개해 온 지역 교육실천 사례들을 찾아볼 수 있다(김경애, 김정원, 2007; 김지선, 양병찬, 2019; 성기정, 양병찬, 2019; 지희숙, 2009). 이 사례들의 공통점은 열악한 지역 아동·청소년의 생활과 교육을 위해 지역사회 구성원들이 지역교육네트워크 또는 지역교육공동체를 형성하여 협동적 지원을 하는 것이다. 무엇보다 빈곤이라는 지역 현안을 지역 당사자들이 지역과제로 인식하여 자발적으로 해결하려는 과정에 주목할 필요가 있다. 최근 한국 사회에 급속하게 확산하는 마을교육공동체 현상도 이 같은 맥락의 흐름으로 이해할 수 있다. 결국 교육이 학교만의 과제가 아니라 지역사회의 모든 영역이 함께 해결해야 할 과제라는 의미를 함축하고 있다(양병찬, 2018: 125). "한 아이를 키우는 데는 온 마을이 필요하다"라는 말이 자주 언급되는 것처럼 마을이 교육적으로 큰 의미가 있음이 인정되고 있다(심성보, 2021:6). 이처럼 '우리 마을 문제는 우리가 해결한다'는 입장에서 지역 당사자들을 중심으로 문제를 해결해나가려는 움직임이 활발해지고 있다.

이 장에서도 빈곤지역 교육문제에 지역 당사자들이 나서서 문제를 인식하고 해결해갔던 광주광역시 월산동 지역에 주목했다. 광주광역시 월산동은 구도심 빈곤 지역으로 조용히 늙어가는 마을로, 주로 노인층, 이혼 가정, 조손 가정이 많다. 지역 학교는 대부분 교육복지사업 학교이며 복지 대상 아이들 중 80% 이상이 결손가정 아이들이다(화월주, 2017). 아이들은 생활, 안전, 돌봄, 심리정서, 교육 문제 등 총체적인 사각지대에 놓여 있다.

[그림 26] 좁은 골목, 노후주택

[그림 27] 유흥업소 밀집

이러한 열악한 지역에서 아이들의 성장과 발달을 위해 2009년부터 '지역교육네트워크 화월주(이하 화월주)'[9]가 결성되어 교육복지활동을 해오고 있다. 화월주는 사업성 단순 프로그램 지원만으로는 빈곤 아동청소년들의 정상적인 성장·발달을 견인하기에는 한계가 있다고 판단하여 아이들 일상생활과 밀착된 교육활동(골목학교, 마을축제 등) 지원으로 진화해갔다.

그렇지만 이 또한 기관단체 실무자나 활동가의 임파워먼트

9 이 단체가 주로 활동하는 지역인 화정동(花亭洞), 월산동(月山洞), 주월동(珠月洞)' 3개 동의 앞 자를 따서 화·월·주(花月珠)로 이름 지었다.

(empowerment)만으로는 한계가 있음을 인식하여 지역교육 문제에 지역주민이 함께해야 한다는 문제의식을 갖게 되었다. 이들의 고민은 화월주 사무국과 기관실무자 중심이 아닌 마을주민이 주체가 되어 마을교육실천이 가능할 수 있도록 마을교육공동체를 구축하는 것이었다.

이를 위해 연구자와 실천가들이 함께 연구를 수행하여 문제를 해결해가는 '참여실천연구(PAR: Participatory Action Research)'가 제안되었다. 왜냐하면 지역의 필요와 지역주민이 주체가 되어 연구의 아젠다(agenda)를 규정하기 때문에 지역에 의미 있는 변화를 가져올 가능성이 높고, 지역주민이 연구 대상이 아니라 연구 주체가 되어서 연구 과정에 일정 정도의 권한을 갖게 됨에 따라 임파워먼트 가능성이 높을 것(윤택림, 2004: 263)이라 판단했기 때문이다.

본 장에서는 빈곤지역 아동·청소년의 정상적인 성장·발달을 위해 지역사회 구성원들의 교육적 참여 실천 양상을 참여실천연구의 전 과정과 결과로 정리하고 실천과정에서 나타나는 특징을 파악하고자 한다. 이를 통해 지역사회 주도 마을교육공동체 구축의 가능성을 확인함과 동시에 지역의 빈곤 문제에 대응하는 지역교육실천을 살펴볼 수 있을 것이다.

2.

타 지역 교육공동체의 참여실천활동

빈곤 지역에서 지역 아동·청소년들의 건강한 성장과 교육 지원을 위해 지역주민이나 지역 활동가들이 주체가 되어 교육공동체를 형성한 실천들이 확산하고 있으며, 이에 대한 연구들도 다양하게 전개되고 있다. 구체적인 사례로 서울 노원 지역의 '노원나란히교육네트워크'(김경애, 김정원, 2007; 김지선, 양병찬, 2019), 부산 반송 지역의 '희망세상'(윤혜정, 2008; 지희숙, 2009), 청주 지역의 '일하는 사람들'(성기정, 양병찬, 2019) 등이 있다. 이들의 실천과 관련 연구들을 살펴보자.

서울 노원 지역 '노원나란히교육네트워크'

서울 노원 지역은 경제 개발에 따른 산업화·도시화, 재개발의 여파로 만들어진 서울의 전형적인 도시 변두리 지역이다. 이 지역에서 20여 년 동안 전개되어 온 '노원나란히교육네트워크' 실천을 살펴보자. 이 지역에는 1980년대 대단위 서민 아파트 단지가 조성(전체 주택의 80.7%)되면서 지역 내 소득 격차도 매우 큰 편이다. 2003년 교육복지투자우선지원사업 시범지역이었던 노원구는 1990년대부터 빈곤지역 운동을 해온 실천가들이 교육복지사업에 주도적으로 참여했다(김지선, 양병찬, 2019). 지역 빈곤 아동·청소년 문제를 지역 전체가 나서야 하는 '지역 과제'로 인식하고, 아이들의 돌봄과 교육활동에 필요한 사람을 찾고 연결하고 관계를 형성하며 관계망을 확장시켜 가면서 함께하는 주체들이 늘어나고, 실천가들의 활동의 밀도 또한 높아졌다(김경애, 김정원, 2007). 공부방연합회로부터 시작된 '노원나란히교육네트워크'는 민간 주체들의 높아진 역량이 지역에서 발휘되면서 관과의 결합에서도 동등한 수준의 민관거버넌스가 공고히 이어지고 있다(김지선, 양병찬, 2019). 노원지역은 활동의 지속가능성을 위해 지역 빈곤 아이들의 교육과 돌봄문제를 정책에 의존하지 않는다. 지역 내부 역량으로 재정을 만들어내고, 아이들을 일상적으로 돌보는 주민들을 주체로 만들고 조직화하여 지역 활동을 지속가능하게 하고자 한다.

부산 반송 지역의 '희망세상'

부산 반송 지역은 한국전쟁 시기 피난민 집단이주지로 마을이 형성되었고, 쓰레기 매립장 등 혐오시설이 위치한 빈곤 지역에 속한다. 이곳에서도 20년 전 결성된 '희망세상'(1992년 '반송을 사랑하는 사람들'로 시작)이라는 주민 주도의 중심 단체가 있다. 그곳에서 자라 의대에 진학했다가 고향으로 돌아와 개업한 의사에 의해 제안되어 활동이 시작된 단체는 지역 아동·청소년의 교육환경에 문제 제기를 시작했다. 반송동 지역주민이 말하는 열악한 지역교육 여건은 다음과 같다. 문화공간 부족, 빈곤가정이 많아서 아이 교육과 돌봄의 어려움, 학교시설 및 교육환경 열악, 지역에 대한 교사의 낮은 자긍심, 영구임대 아파트 밀집지역의 지역 슬럼화 진행, 지역에 대한 주민의 낮은 자부심, 가족폭력 및 아동 학대 등이다. 이러한 지역에 2003년 교육복지사업이 추진되면서 지역사회 복지·시민단체나 지역주민의 참여가 활발하게 이루어졌고 여러 성과를 낳았다. 그러다가 교육복지사업 중단 위기에 닥쳤지만 지역주민은 사업이 중단되더라도 지역사회의 교육복지 안전망을 만들고 소외 아이들에 대한 교육서비스는 지속되어야 함에 의견을 모았다. 지역의 자생적 교육복지공동체의 필요성이 적극 제기되면서 지역사회 교육공동체 구현으로 취약계층의 삶의 질을 개선하고자 했다(지희숙, 2009). 지역의 여러 활동가와 주민들이 지역사회 빈곤아동 문제의 심각성을 인식하고 아이들의 총체적 삶의 질 개선을 위해 지역사회가 함께 노력하기로 합의했다는 점에서 의미가 크다.

청주 지역 '일하는 사람들'

청주 지역 청년 단체인 '일하는 사람들' 사례도 주목받고 있다. 1990년대 초에 설립된 사회적협동조합 '일하는 사람들'(당시는 '사회교육센터 일하는 사람들'로 활동을 시작함)은 청주시와 청원군의 국민임대아파트 지역을 중심으로 지역 교육문화복지 활동을 전개하고 있다. 임대아파트 거주자 중 대다수가 수급자, 차상위계층, 한부모가정, 저소득 맞벌이 가정, 노인 세대 등 사회적 배려 대상이었다. 지역 내에서 이러한 임대아파트 거주자에 대한 차별적 인식이나 부정적 시각 등이 있었고, 특히 아이들의 교육 문제와 주민의 문화 형성과정 전반에서 사회적 배제가 심각한 상황이었다. 이에 '일하는 사람들' 공동체는 지역주민이 지역 내 교육, 복지, 문화 사업의 주체가 되어 교육자치·지역자치를 실현하고 마을공동체 문화를 창조하는 것을 목적으로 사회적 협동조합을 설립했다.

이는 생활 속에서의 격차와 불평등 문제는 마을주민의 실천과 참여로 바꿀 수 있다는 믿음이 깔려있는 것이다. 이들은 우선 가까운 공간에 작은도서관을 조성하여 책 읽기와 강좌 개설을 하면서 모이기 시작했고, 지역의 과제에 대해 논의했다. 이러한 지역사회교육 실천 활동을 내부자적 시선으로 분석한 참여적 연구(성기정, 양병찬, 2019)는 그 실천에 함께한 주민들의 성장과 지역사회의 긍정적인 변화과정을 탐색했다. 이 연구는 참여실천연구법을 활용하여 주민의 교육, 문화, 복지, 자치 활동의 영역을 넘어 궁극적으로는 마을의 과제를 실천적으로 변화시키는 주민들의 힘에 주목하고 있다.

위 실천 사례들에서 확인할 수 있는 것은, 빈곤 지역과 아동청소년 문제를 지역 스스로 자신들의 과제로 인식하고, 마을주민의 참여와 실천으로 문제를 해결하고자 하는 믿음에서 활동을 전개한 것이다. 그 과정에서 지역의 다양한 사람들을 발굴하고 조직화하여 지역주민들이 활동 주체로 나서면서 지역 내부 역량과 지역 공동체의 자생력을 키워 지역의 지속가능성 발전을 고민하며 내발적 발전을 도모하고 있다. 이와 관련하여 그동안의 지역사회교육 관련 연구들 역시 지역사회의 실제적 변화보다는 이론의 발견에 관심을 가져왔고, 현장의 입장보다는 연구자 입장에서 상황을 분석하거나 단편적 실험 결과를 밝히는 데 머무는 한계가 지적되어 왔다. 이에 대한 반성으로, 종래 연구 대상이었던 취약 집단을 연구에 주체적으로 참여시켜 참여자가 모두 수긍하는 이론도 실증적으로 밝혀내고 실제 변화도 가져오게 하는 학습상황을 창출해 내려는 것이 '참여연구'라 보고 있다(Hall, 1978을 인용한 정지웅, 2012: 88). 앞서 검토한 연구들 역시 연구자 중심에서 현장 중심으로, 외부자 관점에서 내부자 관점으로 점차 옮겨가는 경향을 보인다.

3.

참여실천연구 사례

지역 교육과제에 대한 주민들의 주체적 참여를 중심으로 실천과정에 주목하고자 방법론으로 참여실천연구를 사용했다. 참여실천연구는 참여연구와 실천연구의 특징이 혼합되어 실천 과정과 현실의 유용성, 당사자 참여를 통한 연구자와의 상호작용 등을 특징으로 한다고 볼 수 있다. 참여실천연구의 핵심요소는 참여(P), 실천(A), 연구(R)다. 특히 참여(P)는 이 연구 방법의 핵심 요소로, 연구에 참여한 사람들은 연구 대상이 아닌 '연구참여자'이며, 참여자들은 그들의 당면한 문제 해결을 위해 연구 전 과정에 참여한다. 실천(A)은 연구를 통해 문제 개선이나 변화를 만들어내는 것이다. 연구(R)는 주로 이론 정립보다는 문제를 해결하기 위한 실천과정을 수행함으로써 그 과정에서 생성되는 자료 수집 및 기록, 의미 해석에 집중하는 것이다(이규선, 2017).

이러한 참여실천연구의 세 가지 핵심 요소(참여, 실천, 연구)를 준거로 삼고 국제성인교육협회(ICAE: International Association for Adult Education)에서 제시하는 참여연구 수행과정 10단계[10]를 참고하여 연구 과정을 '연구계획 협의 및 참여연구팀 구성, 마을문제 규정 및 논의, 마을교육계획 수립, 마을교육활동 수행'으로 정리했다. 그리고 수행과정의 결과로서 학습결과를 확인했다.

10 국제성인교육협회(ICAE)에서 제시한 참여연구 수행과정 10단계는 다음과 같다. ① 문제 추출, ② 연구대상자(실천가)와 연구자 간의 합의, ③ 소집단위원회(연구 전담) 구성, ④ 연구계획서 작성, ⑤ 자료 수집, ⑥ 자료 분석, ⑦ 문제 해결을 위한 협의, ⑧ 실천계획(참여계획) 작성, ⑨ 개발계획 수행, ⑩ 학습사항의 정리(정지웅, 2012: 91-92).

가. 참여실천연구 기획 배경과 참여연구팀 구성

화월주는 마을 속 아동청소년 성장·발달을 위해 조직된 각 마을협의체가 마을 안에서 자생력을 갖고 마을교육공동체로 성장해 가기를 기대했다. 그래서 마을별(동별) 주민들의 참여를 유도하고 공동체성을 회복하기 위한 공동체 활동과 마을에서 교육적 지원과 돌봄을 위한 마을교육계획을 수립하여 실천했다. 이러한 활동으로 마을주민들이 협의체의 존재와 활동에 대해 인식하게 되고 여러 주민과 협력하게 되었다. 그러나 참여와 협력 수준이 행사에 참석하거나 봉사하는 정도로, 마을 과제에 대해 함께 논의하거나 협의체에 들어와서 주체로서 활동하지는 못하는 실정이었다. 주도적으로 마을사업을 기획·운영하기 어렵거나, 마을주민과 연계·소통의 어려움, 갈등 등 여러 문제가 드러난 상황이었으며, 특히 '주민의 주체적 참여와 실천'이 고민거리였다.

> 아이들 생활권 범위에서의 밀착한 지원이 필요하다고 생각했고, 또 기존 외부 기관 실무자나 저희가 기획하고 세팅해주는 방식이 아닌 마을 단위에서 주도적으로 기획하고 활동할 수 있도록 마을협의체를 구성한 건데… 실제로 마을주민들이 주도적으로 사업을 기획하거나 운영하지 못하고 저희에게 여전히 기대고 있죠. 게다가 서로 소통도 잘 안 되고 … 적극적으로 참여하지도 않고요. (화월주사무국장)

이러한 어려움 해결을 위해 화월주는 자체적으로 회의, 워크숍, 공동체 활동을 해왔으나 문제 해결은 쉽지 않았다. 그러던 중, 전부터 화월주와 '회원, 참여관찰, 컨설팅, 평가' 등 다양한 계기로 지속적인 관계를 맺고 있던 대학 연구진과 이러한 현안과 문제에 대해 논의하게 되었다. 그리고 이는 문제 해결을 위한 화월주 당사자 연구의 필요성으로 이어졌다. 그래서 직면한 문제의 해결을 위해 실천가들과 연구자들이 함께 참여하는 '참여실천연구 프로젝트'를 진행하게 되었다.

화월주의 7개 마을협의체 중 월산동 협의체를 연구참여자로 선정했고, 연구 수행을 위해 '참여연구팀'을 구성했다. 참여연구팀은 월산동마을교육활동가협의회 20명(주민센터장, 학교장, 지역평생교육관장, 학교 교사, 교육복지사, 주민센터 담당자, 지역아동센터장, 자율방범대, 새마을부녀회, 학부모회장, 주민자치위원회 부위원장 등), 화월주 사무국 2명, K대학교 연구진 2명 등, 총 24명으로 구성했다. 효과적인 연구 진행을 위해 각각 '연구참여자(마을협의체), 연구조정자(사무국), 연구자(대학 연구진)'로 역할을 분담했다. 세 주체 간 파트너십을 구축하여 참여실천연구를 시작했다.

나. 참여실천연구 과정

(1) 연구계획 협의 및 참여연구팀 구성

중간 조정자 역할의 사무국과 대학 연구진이 전체 연구 계획틀을 세웠고, 이에 대해 월산동 마을협의체에 연구 계획 및 진행 방법을 설명하고 협의, 합의했다. 처음에 연구 계획을 협의하고 논의했던 월산동 마을협의체 구성원은 대체로 배움터 실무자 중심이었던 구성원 즉 지역아동센터장이나 교육복지사, 상담사, 학부모 등이었다. 연구참여자(협의체)가 주도적으로 마을 문제 논의, 마을교육계획 수립, 실천 활동을 수행하도록 했다. 연구조정자(사무국)는 마을협의체 각각에 코디네이터를 파견하여 회의나 활동 과정에서 나온 논의, 문제, 과제, 활동들을 기록·정리하고, 이들의 실천을 지원·조정했다. 연구자(대학 연구진)는 컨설팅, 워크숍, 세미나 등으로, 이들의 문제와 활동을 진단하고 방향을 설정하는 데 지원했다. 연구참여자(마을협의체)의 실천과정(마을교육활동)에서 연구조정자와 연구자의 컨설팅, 지원, 세미나, 워크숍, 참여관찰 등이 동시에 수행되었다.

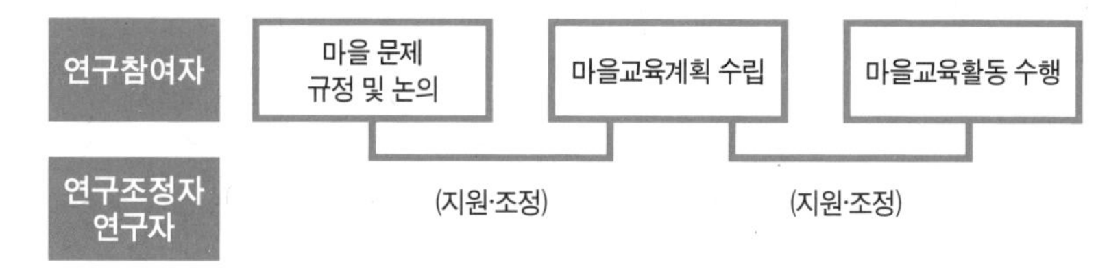

[그림 28] 참여연구팀 역할 분담

[그림 29] 연구계획 협의 및 설명

[그림 30] 컨설팅 지원

(2) 마을 문제 규정 및 논의

첫 시작에서 우리는 협의체와 그간의 마을 활동과 문제, 어려움에 대해 자유롭게 이야기하면서, '마을 현황과 문제를 공유'했다. 마을 현황과 문제를 공유했을 때, 월산동 협의체에서 도출된 문제는 '화월주 협력사업 위주 프로그램 운영, 마을주민 연계 어려움'으로 확인되었다.

월산동 협의체는 그동안 화월주 협력사업인 골목학교 프로그램(화월주 가는 날-목공 프로그램)과 가족여행 프로그램을 운영하는 등, 주로 화월주 사업 내 교육활동을 진행해왔다. 협의체가 주도적으로 마을 특색 교육활동을 기획·운영하기를 기대했지만 그렇지 못하고 화월주 사무국에 의존하면서 화월주 프로그램만 운영하는 한계를 보였다. 마을주민과 연계·협력하기 어려워 마을 특색 교육활동을 기획·운영하는 데 어려움이 있기 때문이다. 월산동의 경우 마을주민 또는 주민조직과의 연계·협력 문제를 해결해야 했다. 오래된 동네라 보수적인 성향이 강하고, 마을 내

이해관계가 서로 다른 주민조직들이 오랫동안 존재하면서 마을 내에서 복잡한 권력관계를 형성하고 있었다. 배움터 실무자(지역아동센터장, 학교교육복지사, 학부모 등) 중심으로 이루어진 협의체의 역량으로 이처럼 마을에서 오랫동안 힘을 지닌 주민조직과 연계하기에는 어려움이 있음을 확인했다.

> 저도 주민자치위원 활동을 꽤 오래 했고 … (중략) … 약간 보수적인 성향이 굉장히 강하고요. 본인들 단체는 본인들만 해야 하는 … (중략) 이쪽 얘기 들으면 저쪽이 싫어해요. 그쪽 얘기하면 이쪽이 싫어하고. 결합하기가 참 힘들죠.(월산동협의회대표)

> 마을 정치군요. (중략) 회장님 말씀 듣고 나니까 전형적인, 보수적인 지역이 대체로 지닌 특성이고, 아동·청소년의 목소리가 지역에서 안 드러나게 되어있는 상황인 것 같아요.(연구자)

한편으로 월산동 협의체 내부 문제도 발견되었다. 월산동은 그동안 협의체 주체들이 세워지지 않은 상황에서 핵심 리더(지역아동센터장) 중심으로 사업 진행에만 급급했다. 그래서 현재와 같은 문제에 민감하게 대응하지 못했고, 협의체 구성원들이 문제들을 제대로 인지하고 있지도 않았다. 연구자는 연구참여자들에게 우선 협의체가 지금의 문제에 대해 구성원들과 충분히 논의하고 공유하는 시간을 갖고, 구성원들 간 역할을 재분담·조정하며, 활동가 충원 등을 통한 조직을 재정비할 것을 제안했다. 또한 마을 내 기관·단체나 주민조직과의 결합을 천천히 지속적으로 시도할 필요가 있음을 강조했다. 그리고 1년 단위 사업적 접근이 아닌 마을교육공동체로서 지속적인 마을 교육활동이 이루어지기 위해서는 단계적·장기적 마을 교육 플랜이 만들어져야 함을 조언했다.

이처럼 우리의 활동을 돌아보고 서로 간의 이야기 속에 도출된 현황과 문제를 공유하고 인식하게 하는 것은 매우 중요했다. 이후로도 정기 회의를 통해 문제나 과제에 대해 공유하고 논의하게 했다.

(3) 마을교육계획 수립

그동안 단기 대응식 교육활동(1년 사업)으로 진행해왔음에 대한 문제를 인식하고 장기적인 마을교육공동체 대안·계획 수립이 필요하다고 보았다. 이를 위해 '마을교육공동체 비전 수립 워크숍'을 제안했고, 총 3회에 걸쳐 진행했다.

[그림 31] 비전수립워크숍 1

[그림 32] 비전수립워크숍 2

첫 번째 워크숍에서는 마을교육공동체 비전을 세우기 위해 모였지만 마을, 마을공동체, 마을교육공동체에 대한 기본적인 이해를 위한 공동학습부터 시작했다. 타 지역 마을교육공동체 사례, 우리 지역 마을교육공동체 사례와 기본계획 등을 중심으로 학습하고 의견을 나눴다.

두 번째는 월산동 마을교육공동체 계획 수립을 위해 '우리 아이들의 행복한 성장을 위해 무엇이 필요한가', '우리 아이들의 성장을 위해 제거되어야 할 것은 무엇인가', '우리가 가진 자원은 무엇인가', '무엇을 해볼 수 있고, 무엇을 해야 하는가'에 대해 브레인 라이팅 방식으로 워크숍을 진행했고, 이를 기반으로 단계적 계획(2016~2020년)을 세워보았다.

세 번째는 1, 2차 워크숍 결과를 연구자와 공유하며 컨설팅을 진행했다. 연구자는 중장기 마을교육계획이 너무 이상적이고 현실화하기에 조금 어렵다는 의견을 주었고, 단계적으로 실현가능한 수준의 마을교육활동 계획으로 조정할 필요가 있음을 조언했다.

> 계획은 잘 세웠어요. 그런데 계획이 너무 원대했어요. 현실성이 없는 거죠. 그러니까 엄두가 안 나는 거야. 무엇부터 할까? 이제 저기처럼 작게 사업을 할 수 있도록 내년에는 좀 좁혀서, 그리고 후년을 생각하면서 가면 좋을 것 같다.(연구자)

[그림 33] 비전수립워크숍 결과물 1

[그림 34] 비전수립워크숍 결과물 2

[그림 35] 비전수립워크숍 결과물 3

[그림 36] 비전수립워크숍 결과물 4

연구자는 세 번에 걸쳐 진행된 워크숍 결과를 통해 '실현가능한 수준의 마을교육활동 계획으로 재조정하기, 지역의 역량 있는 마을주민이나 활동가로 협의회 조직을 재구성하기', 두 가지 활동 수행을 제안했다. 몇 주 후 연구참여자들은 실현가능한 수준의 마을교육활동 계획을 세웠다. 주요 내용은 '새로운 마을교육활동가 협의회 조직 구성하기, 마을 청소년공간 조성하기, 청소년 마을교육프로그램(마을학교) 운영하기' 였다. 연구자와 연구참여자는 계획에 따라 마을교육활동을 수행하기로 했다.

(4) 마을교육활동 수행

참여연구팀은 마을교육계획에 따라 '주체, 공간, 프로그램'으로 영역을 나눠 구체적으로 추진해가기로 했다. 먼저 기존 배움터 실무자 중심 구성원에서 마을에서 역량 있는 구성원으로 구성원의 영역을 확장시켜 조직을 재편하기로 했다. 그리고 마을 청소년 공간을 조성하고, 아동청소년 마을교육프로그램을 기획·운영하는 것으로 실천 내용을 정했다.

새로운 조직 만들기: **'월산동마을교육활동가협의회'**

월산동 협의체는 '지역아동센터장과 교육복지사, 상담사' 등 배움터 기관 실무자 중심으로 이루어진 "아동청소년 교육복지협의체" 성격이 강했는데, 마을주민이나 주민조직과의 원활한 연계·소통을 위해 조직을 새롭게 만드는 것이 제안되었다. 무엇보다 마을과 학교에서 역량 있는 구성원들이 새로운 구성원으로 참여하는 것을 목표로 하여 마을과 학교의 대표 격이 되는 구성원들 중심으로 설득 작업을 하기도 했다. 대체로 좋은 뜻에 함께해주는 구성원들이 많았다. 새로운 조직에는 '주민센터장, 초·중학교장, 평생학습관장, 주민자치회장, 새마을부녀회장, 자율방범대장, 학교 교사, 지역아동센터장' 등 마을과 학교의 다양한 구성원들이 함께 참여하게 되면서 '월산동 마을교육활동가 협의회'가 만들어지게 되었다. 월 1회 이상 정기회의를 열며, 민주적인 협의 구조를 통해 각 구성원의 역량에 맞는 적절한 역할 분담이 이루어졌다. 특히 사업 추진이나 활동 과정에서 자신의 여러 위치나 관계들을 적극적으로 활용하여 실질적인 도움을 주거나 문제를 해결하는 역량이 뛰어났다.

[그림 37] 월산동 교육복지 협의체

[그림 38] 월산마을교육활동가협의회

마을 청소년공간 조성하기: **'친구네 집'**

마을 청소년공간 조성은 '마을 내 갈 만한 곳이 없는 청소년들이 편하게 쉬면서 자유롭게 드나들 수 있는 거점 공간을 만들 수 없을까?'라는 고민에서 시작되었다. 열악한 지역 환경으로 청소년을 위한 공간이 없다 보니 청소년을 위한 쉼, 놀이, 배움, 활동 휴식 등을 위한 전용공간이 필요했다. 공간 조성은 청소년이 공간 기획, 디자인, 배치, 공사, 운영에 이르기까지 모든 과정에 아이디어를 내고 참여하는 방식으로 이루어졌다.

① **청소년 공간 조성팀 구성:** 공간 조성은 협의회의 '청소년 공간 조성팀'을 중심으로 청소년이 주도하고 마을 어른이 도와주는 방식으로 이루어졌다.

② **장소 선정 및 예산 확보:** 공간 조성을 위해 우선 장소 선정과 확보가 중요했다. 학교와 가까운 지역평생교육관의 협조로 공간을 확보했다. 평생교육관 내 2층 공간(18평 규모)을 흔쾌히 내어주었다. 그리고 공간 리모델링을 위해 시청의 공모사업(마을커뮤니티공간 조성사업)에 참여하여 예산을 확보했다. 공간 확보가 가능했던 것은 협의회가 적극적으로 지역 공간을 물색하고 기관을 설득한 덕분이다.

[그림 39] 장소 확보

③ **학생 설문조사:** 지역 중학교 재학생(300여 명) 대상으로 공간 조성을 위한 '청소년 공간의 원하는 배치와 원하는 활동'에 대해 의견을 조사하여 학생들의 의견을 적극 수렴했다.

[그림 40] 청소년 설문조사

④ **디자인스쿨:** 어떻게, 어떤 공간을 만들 것인가에 대해 학생, 교직원, 마을주민 등이 참여하여 아이디어를 내고 의견을 반영하는 방식으로 진행하기 위해 '디자인스쿨'을 운영했다. 디자인스쿨은 선진기관 탐방 1회, 디자인 워크숍 4회로 진행되었다. 특히 디자인 워크숍의 경우 학생, 교직원, 마을주민 등 다양한 교육주체가 참여했고, 건축 및 인테리어 전문가가 진행했다. 공간 디자인부터 배치나 운영 등은 당사자인 청소년들이 참여하면서 진행되었다.

[그림 41] 청소년 참여 디자인워크숍 1

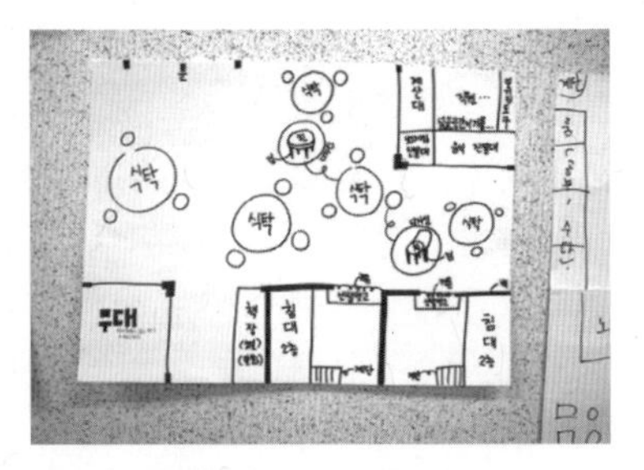

[그림 42] 청소년 참여 디자인워크숍 2

⑤ **설계안 확정 및 시공(완공):** 디자인업체의 최종 설계 시안을 협의회에서 승인·확정하고 공사 계약을 체결했다. 공사가 시작되면서 청소년들도 벽 타일 붙이기, 청소하기 등의 과정에 참여했다. 공간 이름은 공모전을 통해 '친구네 집'으로 정해졌다.

[그림 43] 설계도면 확정

[그림 44] 청소년 시공 참여

⑥ **청소년 공간 운영:** '친구네 집'은 월산동 지역 청소년과 마을주민의 공동공간으로, 청소년에게는 식사, 놀이, 휴식 등의 공간으로, 주민들에게는 만나고 소통하는 공간으로 활용되고 있다. 방과후 이전(오후 3시)에는 주민이, 방과 후나 주말에는 청소년이 주로 사용한다.

[그림 45] 청소년공간 '친구네집'

[그림 46] 청소년공간 '친구네집' 운영

청소년 마을교육프로그램 운영하기: **'달뫼마을 달팽이학교'**

프로그램을 통해 학교 교사와 마을주민, 학생과 마을주민이 어떻게 만날 수 있을까를 고민했다. 아이들의 삶 속에서 자연스럽게 교육이 이루어지고 관계가 형성되는 교육이 가능하도록 교육프로그램을 구상했다. 이를 위해 마을과 학교 구성원들이 수차례 만나서 회의하고 협의 과정을 거쳤다. 그래서 나온 것이 학교와 마을 연계 교육활동으로, 지역 초등학교와 연계한 마을교육과정 '달팽이 전통사랑방'과 중학교 자유학기제와 연계한 진로체험프로그램 '꿈찾는 달팽이'를 기획·운영했다.

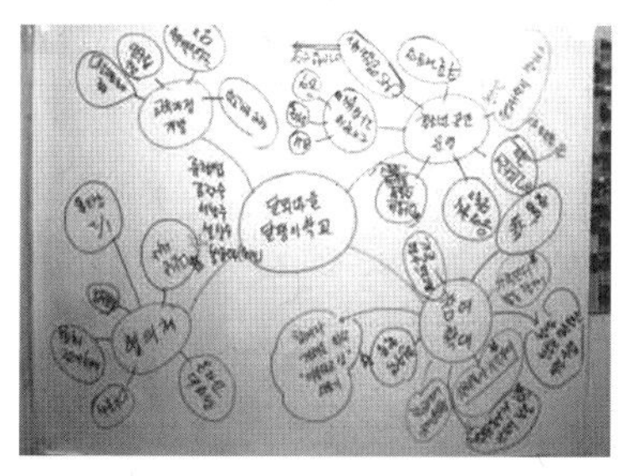

[그림 47] 달뫼마을 달팽이학교 기획 1

[그림 48] 달뫼마을 달팽이학교 기획 2

[그림 49] 달뫼마을 달팽이학교

'달팽이 전통사랑방'은 마을주민들이 마을 교사가 되어 학교 교사와 협력하여 정규교육과정이나 방과후 과정을 운영하는 프로그램이다. 송편 만들기, 전래놀이(사방치기, 항새뱁새 등), 건강운동회 등과 같이 마을 교사들이 잘하면서 아이들과 함께할 수 있는 활동들로 구상했다. 마을주민들의 역량을 교육 자원으로 활용하면서 마을 아이들을 만나고 소통하는 장이 되고 있다.

[그림50] 달팽이전통사랑방

[그림51] 달팽이가족타악단

[그림52] 달뫼청소년축제

그리고 '꿈찾는 달팽이'는 지역 중학교의 자유학기제와 연계하여 마을의 다양한 직업군과 작업장을 체험해보는 진로교육프로그램이라 할 수 있다. 마을 내 다양한 사업장을 마을배움터로 발굴 지정하고 마을주민들을 멘토로 위촉하면서 마을 학생들이 마을의 직업군을 만나고 실제로 체험하도록 구상했다. 특히 마을주민들의 삶의 생생한 이야기를 듣게 되면서 자기 삶의 맥락에서 삶과 진로를 고민할 수 있도록 했다. 이와 같은 마을배움터 프로그램이 가능했던 것은 마을(마을교육활동가협의회)이 지역의 마을배움터와 마을 멘토를 잘 발굴하고, 학교는 이를 자유학기제와 연계하며 학교교육과정의 교육활동으로 연결하여 기획·운영한 마을과 학교 간 협력의 결과라고 볼 수 있다.

[그림53] 꿈찾는 달팽이_멘토 위촉

[그림54] 꿈찾는 달팽이_마을배움터 현판

[그림55] 꿈찾는 달팽이_방송국

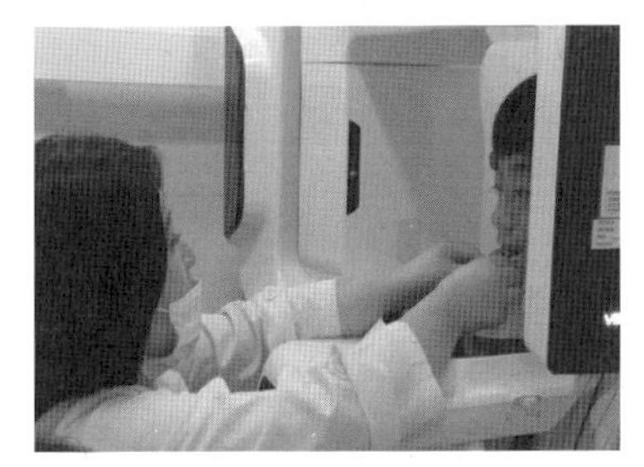

[그림56] 꿈찾는 달팽이_치과

다. 학습 결과 확인

(1) 참여 주체들의 다양성과 확대

월산동 마을협의체가 월산동마을교육활동가협의회로 조직을 개편하면서 많은 변화 양상을 보여주는 것은 '참여 주체들의 다양성과 확대'다. 기존 마을협의체는 배움터 기관 실무자(지역아동센터장, 학교 교육복지사, 학부모 등) 중심이었다. 조직 개편 이후 학교(초·중 교사, 학부모), 공공기관(주민센터, 평생교육관, 복지관, 시청, 교육청 등), 주민조직(주민자치위원회, 통장협의회, 자율방범대, 바르게살기협의회, 새마을부녀회), 지역단체(지역아동센터, 화월주지역교육네트워크), 마을사업장(카센터, 치과, 공방, 꽃집, 은행, 약국 등), 대학교 등 교육공동체 구성원으로 함께하기 쉽지 않은 이질적이고 다양한 구성원들이 참여하여 관계를 형성하는 점이 특징적이다.

각 구성원의 배경과 전문성은 동일하지 않지만, 월산동 마을교육공동체 공동의 목적과 가치(우리 동네 아이들을 잘 키워보자!)의 공유를 통해, 오히려 구성원의 다양성은 상호 성장에 기대를 갖게 했다. 실천 과정에서 구성원들은 마을교육활동을 잘 운영하기 위해 각 영역의 전문성(예를 들면, 주민조직은 주민활동가 참여 독려, 학교는 학생과 교사 연계, 공공기관은 장소 지원, 행정기관은 예산 지원 등)을 적극 연계 협력하는 방식으로 시너지 효과가 극대화됨을 확인할 수 있었다.

(2) 주민참여 플랫폼이자 협의구조 기반 마련

월산동 마을교육공동체에는 학교, 공공기관, 주민조직, 민간단체, 사업장, 일반 주민 등 다양한 구성원들이 참여하고 있다. 이러한 구성원들이 교육적 참여나 활동을 하고 싶을 때 어떻게 준비하고 누구와 함께할 수 있는지, 학교와 지역에 어떻게 연결할 수 있는지 등 막연할 때가 있다. 또한 자발적이고 수평적 관계 속에서 협력을 도모하거나 유지하려면 같은 권한을 배분받고 의견 교류, 합의, 의사결정을 위한 장치가 필요했다.

이를 위해 월산동 마을교육공동체는 '월산동 마을교육활동가협의회'를 구성하여 운영하고 있다. 마을 내 민·관·학 각 영역에서 대표를 맡는 '공동대표 체제'를 갖추고 있으며, 다양한 구성원들이 위원으로 포함되어 있다. 협의회에서 정기적으로 개최하는 '정기회의'는 활동이나 사업을 위해 필요한 의견을 교류(대화, 소통)하거나 조정, 합의, 의사결정 역할을 하고 있다. 또한 협의회는 마을 내 주민참여 플랫폼으로, 학교와 지역 구성원들이 하나의 네트워크에서 학습과 실천을 위해 연대하고 참여할 수 있는 발판 역할을 한다.

(3) 학교와 마을 매개체인 마을학교(달팽이학교) 운영

마을교육공동체 형성을 위해 진행된 비전 수립 워크숍과 전문가컨설팅의 담화에서는 "우리 아이들의 행복한 성장을 위해 무엇이 필요한가?, 무엇을 해볼 수 있을 것인가?"가 핵심 논제였다. 이는 아이들을 위한 마을 교육활동과 공간의 필요성으로 강하게 드러났다. 특히 활동에 대한 고민이 많았으며, 활동의 구체화는 마을과 학교를 연결시키는 마을학교로 나타났다. 마을학교(달뫼마을 달팽이학교)를 통해 학교와 적극 연계하여 마을교육활동을 추진했다. 초등학교와 연계하여 추진하는 마을교육과정 '달팽이 전통사랑방'과 중학교 자유학기제와 연계한 진로체험 프로그램 '꿈찾는 달팽이'가 대표적이다.

월산동 마을교육공동체에서 실제로 학교 교사와 마을주민, 학생과 마을주민이 만남으로써 마을과 학교가 어떻게 연결되는지를 잘 보여주는 것은 '마을교육과정'이었다. 특색 있는 프로그램을 학교와 공동 기획하고 마을주민들의 역량을 교육 자원으로 적극 활용함으로써 학생들에게 다양한 교육적 경험을 제공하게 되었다. 마을교육과정을 통해 마을에 묻혀 있던 주민을 마을 교사로 발굴해 내고, 학교교육과정을 이해하고, 마을교육과정을 함께 설계하고 실행하도록 프로그램화된 것이다. 이를 통해 학교와 마을 교사들이 협력하여 학생들의 교육에 적극적으로 관여하며 마을주민들이 자기 마을에 사는 아이들을 직접 만나는 장이 되고 있다. 특히 중학교 자유학기제와 연계한 마을진로프로젝트는 기존 진로교육과 다른 새로운 진로교육의 가능성을 확인해볼 수 있다. 내가 사는 마을의 다양한 직업군을 만나고 직업장을 체험해 봄으로써 삶의 맥락 가운데 진로를 고민할 수 있도록 하고 있다. 특히 마을 어른이자 선배로서 주민들은 자신들의 삶의 이야기를 나누면서 아이들과 진로를 고민했다.

(4) 마을 공유 공간 마련

마을 청소년 거점 공간 마련은 '놀 곳이 부족한 청소년들이 자유롭게 드나들고 지역주민이 친숙하게 이용할 수 있는 공간을 만들 수 없을까?'라는 고민에서 시작되었고, 이는 마을에서 자주 거론되는 교육 의제였다. 열악한 마을 환경에서 청소년들이 길거리나 놀이터 주변을 맴도는 경우가 많고 지역주민들도 식당 외에는 만날 곳도 만만치 않았다. 그래서 청소년과 지역민들이 놀 만한 곳, 쉴 만한 곳, 서로 만날 수 있는 아지트 같은 곳이 필요하다고 보았다. 마을교육공동체 활동에서 마을 공간의 중요성에 대해 이승훈(2020)은 마을 청소년 공간을 통해 어린이와 일반 주민들이 세대 구분 없이 어울리며 상생의 에너지를 낼 수 있다는 점에서 중요함을 강조했고, 주영순(2021)은 청소년 활동 연구를 통해 청소년들이 모일 수 있는 거점으로서 공간이 있는 것이 활동 활성화에 크게 작용했다는 점을 밝혔다. 이처럼 지역에서 공유 공간 마련은 중요하다.

월산동 마을협의체의 공간 조성 방식과 과정에 주목할 필요가 있는데, 청소년이 공간 기획, 디자인, 배치, 공간, 운영의 모든 과정에 아이디어를 내고 참여하면서 이루어졌다. 청소년이 주도하고 마을 어른이 도와주는 방식으로 공간을 이용하는 당사자들이 함께 만들어갔다는 점에서 의미가 있다.

4.

마을주민의 주체적 형성과 마을교육공동체 구축

본 장에서는 빈곤지역 아동·청소년의 건강한 성장은 지역사회 구성원들이 주체가 되어 빈곤 아동·청소년 문제를 지역 과제로 인식하고 함께 해결해갈 때 가능하다고 보았다. 따라서 우리 과제를 우리 스스로 고민하고 궁리하여 실천 활동에 적용하고자 '참여실천연구'를 진행했다. 연구 전반에서 당사자들의 역할이 강조되며 과제 논의 과정에서 자신들의 행동 결정이 중요했다. 월산동 마을협의체 프로젝트를 통해 지역사회 실천(마을교육 활동)과 협의·소통 구조인 '집단협의'나 '지역학습모임(워크숍 등)' 과정에서 참여자들의 의식 변화와 역량의 성장을 수반하는 지역사회학습이 일어나고 있음을 확인할 수 있었다. 실제 '월산동마을교육활동가협의회'라는 협의·소통 구조를 조직했고, 워크숍, 세미나, 컨설팅 등을 통해 지역 교육 문제를 논의하고 학습했다. 이를 기반으로 학교 교사와 마을활동가들의 협동을 통해 마을교육과정을 개발·운영했고, 마을 공유공간이자 청소년 거점 공간을 마련했다. 이처럼 주민들의 실천과 배움을 통해 지역 아이들의 성장 기반을 만들어가는 마을교육생태계를 구축해가고 있다.

화월주의 마을협의체 실천 과정에서 몇 가지 특징적인 점을 살펴보면 첫째, 지역(마을)에 대한 지향이 강하게 드러난다. 초기부터 지역 현황을 파악하고, 요구에 귀 기울이며, 마을 속으로 들어가는 작업을 시도했다. 마을 연계 프로그램을 운영하며, 마을협의체 구성을 통해 마을 주체를 세우고, 마을 공간을 조성하고자 한 것이다. 둘째, 활동은 주체들이 함께 논의하고 공유, 합의하는 과정에서 시작했다. 지역의 다양한 주체들이 서로 다른 이해와 입장에서 비전을 공유하며 함께한다는 것은 쉽지 않은데, 이런 과정을 통해 이해와 공감대를 형성하고 있다. 셋째, 중간지원자인 화월주 사무국의 독특한 역량과 역할이다. 그동안 화월주 교육 실천의 실제적 역할을 하며 리드해 온 것은 사무국의 국장을 비롯한 코디네이터들이었다. 그들이 네트워크를 조성해서 교육복지 활동을 할 때나 마을협의체를 구상하여 조직할 때, 마을교육공동체 활동을 지원할 때를 보면 큰 그림(틀)과 기반을 조성하기 위해 주도적으로 리드한 다음, 활동 당사자인 주민을 주체로 세워놓고 권한과 역할을 넘긴다. 이는 모든 활동 주체는 당사자가 되어야 한다는 신념에서 비롯된 것으로 볼 수 있다. 넷째, 이들의 실천에서 자기 또는 상호 간 반성적 실천의 모습을 확인할 수 있었다. 자신들의 실천을 돌아보고, 진단하고, 고민하며 다시 실천하는 것이다. 이처럼 경험과 해석을 나누는 것은 학습이 일어나게 하는 수단이 된다는 점에서 의미가 있다.

화월주는 월산동 마을협의체의 참여실천연구 프로젝트를 통해 마을교육공동체 형성을 위한 실천을 시도했다. 이러한 실험적 시도로 지역사회의 다양한 구성원들이 주체로 참여하면서 마을교육공동체 구축 가능성을 확인했지만, 자생력을 갖춘 공동체로서 지속가능성 문제는 풀어가야 할 과제다. 김용련(2019: 73)은 교육공동체가 추구해야 할 가치로 '느슨한 연대, 주체 간 탈중심성, 구성원의 자발성, 자치를 위한 책임감, 학습을 통한 지속가능성'을 제시했다. 월산동 마을교육공동체는 이러한 가치를 추구하면서 지역에서 교육공동체로서 계속 배움과 실천을 해나가야 할 것이다. 무엇보다 '학습'을 통한 지속가능성에 주목하면서 특히 구성원 간 공동학습, 실천학습의 일상화가 향후 과제라고 볼 수 있다. 결국 개인으로는 달성하기 어렵고 구성원들이 함께 만들어가는, 즉 집단지성의 힘을 발휘하는 것이 마을교육공동체에서 요구된다.

지역교육자치형 도시의 새로운 거버넌스

1.

교육자치를 위한 거버넌스

마을교육공동체 실천 과정에서는 학교와 지역의 연계 강화를 강조한다. 지역과 연계된 학교로 거듭나려면 교육 주체인 주민과 학교, 아동, 행정 등의 활발한 교류가 필수적이다(양병찬, 2018). 이러한 교육 주체들의 연대는 지역공동체와 교육이 융합된 것으로, "지역주민들이 함께 모여 자신들의 학습 방향, 내용, 목적에 대한 통제와 영향을 행사하는 공동체(Hugo, 2002)"를 의미한다. 여기서 주목할 것이 '통제'와 '영향'을 행사하는 것인데, 이는 우리 교육을 우리 스스로 통제할 수 있는 교육자치의 힘을 만들어야 한다는 의미다. 교육청 중심의 교육자치는 한 지역사회에서 완결된 행정자치를 이루지 못해서 많은 곤란한 상황에 봉착하고 있다. 최근 지방자치단체 차원에서 직면한 여러 모순을 마을교육공동체 사업으로 이를 돌파하려고 하고 있다. 여기서는 행정단체 자치의 한계를 넘기 위한 주민자치적 차원의 교육 거버넌스를 논의해 보자.

교육 거버넌스는 민과 관의 주체들이 교육을 함께 고민하고 궁리하면서 학교와 지역의 좋은 교육 여건을 만들어가는 움직임이다. 김민조는 이를 "교육이라는 공동 문제를 해결하기 위한 참여 주체들 간의 사회적 조정 방식"(김민조, 2014)이라고 정의했다. 이는 교육을 지역의 중요한 과제로 인식하면서 주민과 당사자들이 주체적으로 참여하여 중요 사항을 결정하게 된다. 다시 말해 교육에 대한 주체적 결정권이 생기는 것이다. 최근 지방정부의 교육지원 사업이 확대되면서 그 결정 권한과 관련하여 새로운 주체 형성과 기획 방식, 사업 추진 전략의 필요성이 제기되고 있다. 교육청과 지방자치단체 간 행정 협력을 뛰어넘는 주민들의 적극적 참여와 주체적 결정을 요구할 때가 된 것이다.

지금까지 교육 거버넌스가 기초지자체(시·군·구)와 교육지원청 간 협력체계 구축을 강조했다면, 앞으로의 교육 거버넌스는 주민이 주체가 되고 학교가 참여하는 풀뿌리 교육자치가 필요할 것이다. 이를 통해 공동체로서 마을은 주민의 요구와 지역사회의 필요를 찾아내어 지역사회 스스로 이를 극복할 방안을 강구하는 자생적 구조를 만들어야 한다. 개별 마을 하나하나가 배움을 기반으로 한 공동체를 형성하게 되면, 결국 이들이 연계·융합하여 도시 전체의 학습공동체를 형성하는 초석이 놓이는 것이다. 최근 교육자치의 새로운 모델에 대해 궁리하고 실천하는 경기도 시흥시, 전라남도 순천시의 실천 사례를 살펴보고자 한다. 이 도시들은 자칭 '지역교육자치도시'를 내세우면서 지역 고유의 도전을 시도한다. 민·관·학 거버넌스를 구축하며, 그 과정에서 공론장 운영, 주민의 주체적인 개입, 마을교육과정 운영 등 공통적인 성공 요소들을 갖추고 있다. 두 도시는 교육부 지정 평생학습도시이며, 광역 교육청과 협력하는 혁신교육지구사업을 추진하는 도시들이다.

2.

새로운 교육자치의 두 사례

가. 경기도 시흥시: 시청과 교육지원청의 협력 사례

출발 배경: 교육 때문에 떠나는 도시

시흥시는 수도권 서남부에 위치한 인구 57만여 명의 대단위 산업단지가 있는 도시로, 오랫동안 교육으로 가슴앓이를 했다. 인근 도시의 입시 명문고로 진학하기 위해 성적이 좋은 학생들은 지역을 떠났고, 남는 학생들만이 지역의 고등학교에 진학하고 있었다. 그래서 2000년대 초 "돈이 얼마든지 들어도 명문고 하나 유치하고 싶다."는 당시 시장의 요구에 저자는 "이것은 학교의 역량 문제가 아니라 주민의 불안한 마음의 문제이며, 악순환(지역 학교 불신 → 우수 학생 인근 도시 유출 → 낮은 학업성취도 → 다시 지역 학교 불신)의 고리를 끊어야 한다"고 주장했다. 주민의 생각을 바꿔야 하고 시흥시의 재정 투자가 필요한 상황이었다.

그 후 시장이 교체되면서, 지역 시민들의 평생학습 기회를 확대하기 위한 정책으로 교육부 지정 평생학습도시 사업(2006)에 참여하게 되었고, 2007년부터 생활권 단위의 평생학습마을 프로젝트(유네스코 평생학습 선정 사업)를 추진했다. 이어서 2011년 그동안 "단 한 명의 아이도 소외되지 않는 교육"을 목표로 정기적인 연구 모임을 해온 지역의 혁신학교 교사들과 "교육 때문에 떠나지 않는 교육도시"를 만들겠다는 시정 목표를 가진 시장[11]이 연대하여 경기도 혁신교육지구 사업을 추진하기 시작했다.

교육부 평생학습도시 사업과 혁신교육지구 사업 등에 간접적으로 조언하고 참여하면서 목격한 시흥의 변화는 놀라운 것이었다. 평생학습원으로 교육자치와 평생교육의 조직을 강화하고 우수한 공무원들을 장기 배치하면서 도시의 정책적 관심을 계속 강화한 것이 중요한 요인이었다. 그로부터 5년마다 단계별로 교육지구 사업 계획과 실천을 추진하여 현재 3단계 사업을 추진 중이다. 10년 이상 충실한 학교 교육과 함께 교육도시로서 지역 단위에서 학교 수업과 돌봄, 평생교육을 통합적으로 연계하여 지역 교육력 강화를 목표로 하고 있다.

행정 이원화 극복: 실무협의회와 교육자치협력센터

'교육도시 시흥'을 목표로 시청과 교육지원청이 교육행정과 일반 행정 간 행정 칸막이를 없애며 다양한 교육사업을 공유하고 협력하고자 '실무협의회'를 운영했다. 협의회에는 시청 관계부서 24개 팀(교육자치, 평생교육, 체육진흥, 청년청소년, 아동돌봄, 여성보육, 문화예술, 농업정책, 환경정책 등) 담당자와 교육지원청의 초등교육과와 중등교육과 담당자 등이 참석했다. 협의회를 통해 시청과 교육지원청의 각 부서는 기관별로 시행하는 교육사업을 정리·재분류함으로써 중복된 부분을 조정하고, 통합 가능한 부분을 합치는 합의를 거쳐 사업 효율성을 높이는 데 주력했다.

11 이 두 사업에 기반을 놓은 3선 시장은 "도로 1킬로미터 건설에 드는 경비를 사람에게 투자하겠다."는 의지를 갖고 시흥을 새로운 교육도시로 만들어가는 데 노력했다. 교육시장이라 불릴 만했다.

[그림 57] 시청-교육지원청 실무협의회

출처: 브릿지경제(2022.06.09. https://www.viva100.com/20220609010001802)

[그림 58] 시흥교육자치 정책연구모임

출처: 시흥시청 제공

이와 함께 시청의 많은 부서가 지역 아동청소년들의 지역 내 다양한 교육 체험 활동을 가능하게 하기 위해 개별 학교가 희망하면 교육 서비스를 원스톱으로 제공하는 온라인 플랫폼을 구축했다. 이러한 플랫폼 구축으로 지역사회 교육 프로그램의 비약적인 양적 팽창과 학교의 만족도를 높였다. 관-관 협력을 위해 중간지원조직으로서 '시흥교육자치협력센터(처음에는 "행복교육지원센터"라고 함)'를 두었다. 해당 센터는 시청 내 교육자치과 교육자치협력센터라는 조직으로 시 직영 형태로 운영되고 있는데, 타 지역 혁신교육지구들이 중간지원조직이 필요하다는 인식에 큰 영향을 미쳤다. 시청과 교육청의 인력, 재정, 사업을 결합하여 공동 기획하고 운영하고자 센터에 시청-교육지원청 인력이 함께 근무하고 있다. 초기에 공교육 지원을 위해 설치되었다면 현재는 '지역교육' 전체를 통합 지원하는 플랫폼으로 역할을 하고 있다.

[그림 59] 시흥행복교육지원센터

출처 :시흥행복교육지원센터 홈페이지(https://happyedu.siheung.go.kr/www/contents.do?key=9)

시장은 "교육회의가 결정한 사항을 효율적으로 지원하기 위해 시흥교육자치협력센터(이하 '센터'라 한다)를 설치한다."(제10조 1항)라고 규정되어 있는데, 센터는 다음과 같은 역할을 한다. 1. 교육회 운영 활성화 지원, 2. 마을교육자치회 및 마을교육주체별 활동·연수 지원, 3. 마을교육과정 개발 연구, 지역 인프라 조사 및 구축, 4. 혁신교육지구와 마을교육공동체 관련 사업, 5. 센터 온라인 플랫폼 운영 및 활성화, 6. 학생 맞춤형 진로체험 및 자유학년제, 고교학점제 연계 지원, 7. 관내 교육복지, 돌봄, 위기지원 연계, 8. 창의체험, 평생교육, 대학협력 연계, 9. 시흥교육 브랜드 발굴 및 육성, 10. 교육자치 제반 사업의 성과 관리를 위한 연구·평가, 11. 그 밖에 센터 사업을 위해 시장이 필요하다고 인정하는 사항으로 기초자치단체 차원의 교육지원 사업 전반을 지원하는 업무를 수행하게 되어 있다.

혁신교육포럼 열린공론장

초기에는 위에서 언급한 시청과 교육지원청의 행정 협력 구조가 기본이 되어 개별 학교들의 프로그램을 지원하는 구조를 만들어갔다. 이후 민·관·학 거버넌스 구조로 전환하기 위해 2021년 4월 '시흥혁신교육포럼'을 발족했다. 이 포럼은 지역의 교육 현안을 발굴하고 해결방안을 모색하는 지역교육협의체로 운영되어 교육 공론장으로서 역할을 한다. 교직원, 학부모, 학생, 마을활동가, 교육지원청, 시청 등 지역 교육에 관심 있는 관계자나 활동가 등 민·관·학의 다양한 구성원들이 14개 분과를 구성하여 활동하고 있다. 혁신교육포럼의 분과에는 혁신교육지구를 비롯하여 교육과정, 교육행정혁신, 기후환경, 돌봄협력, 미래교육공간, 마을교육연구, 마을교육자치, 위기지원교육복지, 진로직업대학, 학교예술교육, 학교혁신, 학부모자치, 학생자치 등의 분과가 있으며, 500여 명이 넘는 위원들로 구성되어 있다.

[그림 60] 시흥교육포럼(2021년)

출처: 시흥시청 제공

[그림 61] 시흥시교육포럼(2022년)

출처: 시흥시청 제공

조례를 통한 교육자치의 제도화: 시흥교육회의와 마을교육자치회

시흥교육자치지원조례에서는 교육자치 제반 사업의 통합적인 민·관·학 거버넌스 활동을 위해 권역별 마을교육자치회가 참여하는 '시흥교육회의'를 구성하게 하고 있다. 그 외 교육의회가 결정한 사항을 효율적으로 지원하기 위해 시흥교육자치협력센터를 설치하도록 규정하고 있다. 시흥시는 10년 이상 쌓여온 혁신교육지구 경험과 마을 기반 평생학습 등을 밑거름 삼아 2018년부터 '마을교육자치회'를 시도했다. 시흥에서 마을교육자치회는 학교 안팎의 사람들이 마을의 교육 관련 현안들을 협의하는 조직에서 출발했다. 교육자치지원조례에서 마을교육자치회는 "마을에서 생활하고 활동하는 교육주체들로 구성되어 교육의제 형성, 마을교육계획 수립, 마을교육과정 발굴 및 시행 등의 활동을 통해 풀뿌리 교육자치를 실현하는 기구"라고 규정한다. 그 기능으로 마을의 모든 교육자원, 교육공간, 교육프로그램과 유기적 협력관계를 형성하여 마을의 교육역량 극대화를 목표로 하는 마을교육계획을 수립하려 하며, 결정 사항은 자체적으로 실행하거나 시흥교육자치협력센터가 운영하는 거점센터에서 실행하도록 하고 있다.

나. 전라남도 순천시: 교육 공론장을 통한 민관 협치

출발 배경: 전통적 교육도시의 새로운 전환

순천은 전라남도 동남권의 전통 도시로, 유네스코 세계 문화유산으로 지정된 세계 최대의 바다 습지 지역(순천만)이 있는 문화와 생태의 도시로 유명하다. 전통적으로 명문고들이 많아 주변 도시에서 학생들이 유입되고 이들을 서울의 명문대로 보내던, 전통적인 학력 중심의 교육 도시였다. 2000년대 초부터 작은 도서관 설치 운동과 교육부의 평생학습도시 사업 등 교육 관련 사업에 관심이 많은 지역이었다. 그러나 최근 전국적으로 확산하는 지역 인구 감소에 대한 위기의식과 함께 '교육을 통한 지역 발전'이라는 전략을 내세우고 '새로운' 교육도시 사업을 추진하고 있다. 그 계기는 시민단체들이 시장 선거 과정에서 '마을학교' 사업을 제안하면서다. 혁신교육지구 사업으로는 2018년 전남교육청 순천혁신교육지구로 지정되었고, 2019년에는 교육부의 풀뿌리 교육자치 협력체계 구축 지원사업을 진행하면서 마을교육공동체 구축을 위한 지역 내 기반 구축과 지역교육활동이 이루어졌다. 이후 2020~22년 교육부 미래형교육자치협력지구 사업을 통해 교육자치도시로서 전국 모델이 되고 있다.

개방적 정담회, 공론장

교육 거버넌스의 출발은 지역의 교육 과제에 대해 시민의 목소리를 듣는 일상적이고 개방적인 교육공론장이 필요하다. 순천은 느슨한 교육문제 논의 구조를 만들고 민·관·학이 한 달에 한 번 교육의 주제를 토론하는 '정담회'를 운영하고 있다. 이 열린 공론장은 시민 누구나 참여할 수 있으며 민·관·학의 구성원들이 '시민' 자격으로 격이 없이 만나고 논의하는 원탁 토론이다. 지역의 다양한 교육 주체들이 소통하고 교류하며 지역의 교육문제를 논의하고 함께 대안을 찾아가는 협력적 관계를 만들어내고 실천할 수 있는 것이다. 교육 의제를 더 이상 '민원 형태'로 문제 제기하는 방식을 넘어서 참여하여 발언하고 책임지는 '건강한 교육시민'으로 성장하는 것이 이 장치의 성과다.

[그림 62] 순천 '정담회'

출처: 순천풀뿌리교육자치협력센터 제공

매월 1회 모이는 정담회는 초기 '학교 교육'에 주제를 한정했으나 최근에는 '지역 교육'의 전반적인 문제에 적극적 참여하는 계기를 마련했다. 여기서 논의하는 주제는 다양하다. 교사와 환경운동가, 마을활동가들의 협동적 교육과정 개발[동강(東江)마을교육과정]을 비롯하여, 지역 교육자원(교육경비 등)의 효율적 활용을 위한 지역의 협의 과정, 직면한 현안에 공동 대응(코로나 사태를 마을과 함께 극복) 등으로 이어지면서 실천과 배움으로 함께하는 주민들이 아동·청소년들의 성장 기반을 만들어 가는 교육생태계를 구축하고 있다. 정담회에 적극적으로 참여하는 교사 한 분이 "지역사회에서는 한 번도 경험하지 못한 방식이고 의미 있어요. 교사 입장에서 교육과 관련해서 교육기관도, 학교도 이보다 더 많은 이야기를 해본 적 없거든요"라고 평가한다. 즉, 교육 문제는 복잡하고 해법도 구체적으로 나와야 하기에 일상적으로 논의하고 토론하고 대안을 찾아서 실행하려면 상시적 공론장은 필수적이다.

행정 협력협의회와 중간지원조직

순천시는 지역 교육공론장인 정담회에서 논의되고 제안된 시민들의 의견을 행정이나 지역교육 정책에 어떻게 반영할지 논의하고자 '실무협의회'를 구성, 운영하고 있다. 실무협의회는 정담회 이후 수일 내에 개최하고 순천시와 교육지원청 관계부서 담당자 및 풀뿌리교육자치협력센터가 참여하여 정담회의 의견을 구체화하거나 공동 협력사업으로 발전시키고자 노력한다. 관과 민을 연결하는 중간지원 조직으로 사업단 형태의 '풀뿌리교육자치협력센터'가 운영되는데, 민간 교육 활동가들이 고용되어 중개 역할을 했다. 이후 그 민간 교육 활동가들이 결성한 협동조합에서 민간 위탁하는 방식으로 사업이 운영되지만, 그간 관과의 밀접한 협업을 전제로 한 조직인 '풀뿌리교육자치협력센터'를 통해 다양한 사안에서의 협업이 제안되면서 일반자치와 교육자치의 새로운 관계를 도모하는 행정 협력을 가능하게 하고 있다. 이를 민관 협력 방식이라는 의미로 '제3섹터 방식'이라 이름 붙여서, 행정과 함께 기획하고 주민들의 교육적 요구를 받아들이는 역할을 하고 있다.

민간 활동가들이 센터에서 근무하는데, 예산 편성 집행은 시청과 교육지원청이 센터로 재원을 보내고 센터에서 별도로 예산을 편성하여 집행하는 방식으로 운영된다. 주요 활동내용은 민·관·학이 함께하는 지역교육력회복실천공동체 운영, 청소년 주도 프로젝트 추진, 마을교육과정 개발 및 보급(생태교육과정, 마을교과서 제작 등), 마을교육 역량 개발(마을학교 컨설팅, 마을교사 역량강화교육) 등 다양한 활동을 추진하면서 지자체-교육청-학교-마을을 잇는 중간다리 역할을 하고 있다.

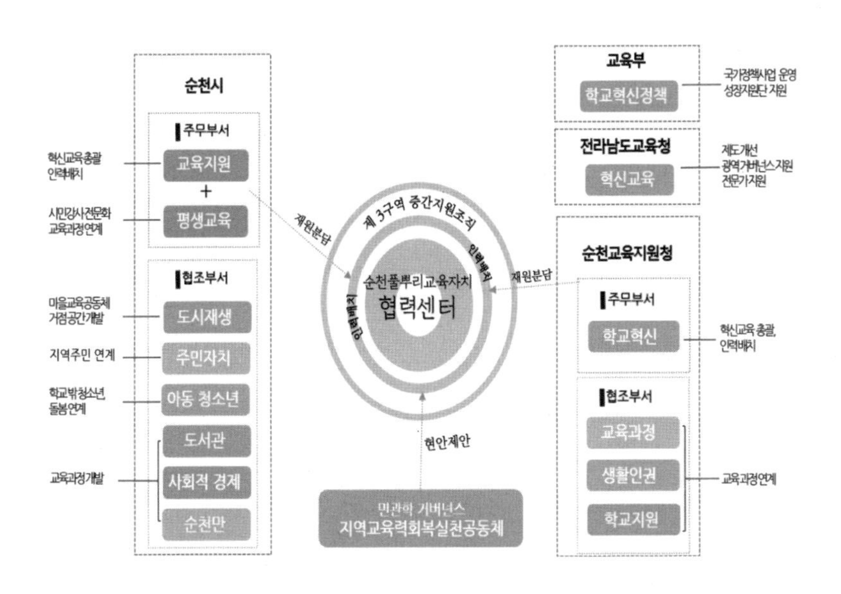

[그림 63] 순천풀뿌리교육자치협력센터

출처: 순천풀뿌리교육자치협력센터 제공

교육지원경비에 대한 공적 결정

앞에서 언급했듯이 많은 지방자치단체가 지방소멸을 막기 위해서는 교육을 살려야 하며 이를 위해 교육에 대한 재정 투자가 중요하다고 생각한다. 교육경비지원조례로 규정하여 학교 급식, 교육 정보화, 특성화 교육과정 운영 지원, 지역주민을 위한 교육 프로그램, 체육·문화공간 설치 등에 필요한 경비를 지원하고 있다. 인구가 감소하고 지역 재원 등이 열악한 지방자치단체일수록 상대적으로 더 많은 투자를 하고 있다. 현재 지자체의 교육투자는 아직 방향을 제대로 잡지 못하고 있으며, 개별 학교의 시설 요구나 방과후학교, 문화예술교육, 원어민 강사 지원 등 사업의 양적 증가로 이어지고 있다. 프로그램들만 늘어나고 학생들은 여기저기 동원되게 된다. 지역 교육에 대한 지원이 확대되고 있지만 지역 나름의 고유한 교육 경로 구축과 주체 형성은 아직 이루어지지 못한 상황이다. 지역의 다양한 주체들(주민, 학부모, 단체 등)이 개입하는 틀을 제시하고 이에 대한 자주성과 독립성, 연계성을 만들어가는 지역 기반 교육 구조를 상상할 필요가 있다.

순천시의 경우는 교육경비지원조례에 대해 방향 모색을 위한 포럼 등 수차례의 논의 과정을 거쳤다. 여기서 "소수 아이들이 아니라 다수 아이들이 혜택받는" 쪽으로 큰 방향을 정했다. 이후 시청에서 주관한 관련 공청회에서 지역 교장단이 공식적으로 반대 의견을 냈는데, 학교가 시청으로부터 지원받는 교육경비 부문에 지역사회는 관여하지 말라는 것이었다. 이에 대해 행정과 주민, 교사 등 다양한 주체들은 지역에서 합의하여 교육경비를 사용하는 것이 좋겠다는 의견을 내면서 대립했다. 그동안 학교 교장의 입장만 반영되던 관행적 집행 방식에 대해 지역사회가 공론적 구조에서 논의할 것을 요구하면서 생기는 당연한 파열음이었다. 이처럼 교육이 개별 학교의 책임을 넘어 지역사회의 공적 책임으로 전환을 요구하기 시작하고 있다.

[그림 64] 순천시 교육경비 지원방향 모색 포럼

출처: 순천풀뿌리교육자치협력센터 제공

조례를 통한 교육자치 기반 구축

시 차원의 마을교육공동체 활성화 조례를 제정(2021.6.3.)했는데, 그 기본이념으로 "마을교육공동체 활성화는 지역사회의 공공성·공동체성·자발성과 참여자들의 민주적 의사결정으로 교육자치 기반 구축을 기본이념으로 한다."라고 규정하여 민주적 참여를 교육자치 기반으로 강조한다. 그 조례에서 '교육민회'로 규정된 순천의 마을교육자치회는 "학생, 학부모, 교사, 공무원, 지역활동가, 시의원 등 순천시민 누구나 교육과 관련하여 자유롭게 제안하고 참여하는 열린 모임"을 의미한다(3조 5항). 이는 앞서 언급한 '정담회'라는 지역사회 내 느슨한 회의체에서 출발한 것이지만, 구체적인 활동 영역인 생활권 마을 수준에서의 교육의제를 논의할 민·관·학 교육협의체 구성·운영의 필요에서 나온 것이다.

시장은 "순천시의 지역사회의 교육적 연계를 통하여 학교 교육과정을 지원하고 창의적인 미래인재를 육성하기 위해 순천교육자치협력센터를 설치하여 운영할 수 있다(제4조)."라고 하여 앞서 언급한 중간지원조직으로 교육자치협력센터의 설치 및 운영에 대해서도 조례에 그 조직의 존재와 역할을 규정하고 있다. 그 기능은 ① 지역사회 교육인프라 발굴 및 지역교육 네트워크 구축, ② 민·관·학 거버넌스 운영, ③ 마을교육공동체 육성 지원, ④ 마을학교(배움터) 조성, ⑤ 교육민회 운영, ⑥ 마을교육활동가 육성, 운영 ⑦ 순천형 역사, 생태, 문화기반 특색 교육과정 개발, ⑧ 청소년 자치, 자기주도 프로젝트, 민주시민 교육, ⑨ 마을교육공동체 프로그램 모니터링 및 컨설팅, ⑩ 농촌유학사업 지원 등이다. 최근 전남교육청의 사업으로 출발한 농촌유학사업을 포함해 그동안 마을교육공동체 사업에서 만들어져 축적된 모든 경험을 지원할 수 있는 조직으로 기능하게 했다.

3.

혁신교육지구 실천 과정에서 교육 거버넌스의 도전

이상에서 교육자치를 지향하는 두 혁신교육지구의 실천 사례들의 협력적 교육 정책과 실천 활동에서 교육 거버넌스의 시도를 검토했다. 이러한 교육 거버넌스의 실천 과정에서 모색하는 풀뿌리 교육자치의 가능성과 의미를 다음과 같이 논의해보겠다.

가. 자원 동원에서 지역사회 임파워먼트

'학교를 위한' 지역 자원 동원

한국에서는 '교육공동체'라는 용어를 오랫동안 사용해 왔지만, 이는 교사와 학생, 그리고 학부모의 관계를 중심으로 하는 '학교 구성원의 공동체'로 제한적인 의미에서 사용되어 왔다. 이러한 사고방식은 그동안의 제도권 교육 중심 사고 체계와 연결되어 있다. 교육청의 혁신교육지구 정책에도 그런 관성은 여전히 녹아 있었다. '마을교육공동체'라고 부르면서도 실제는 '학교를 위해' 지역의 인적·물적 자원을 동원하는 것을 의미하는 학교 중심으로 지역사회교육을 강조해왔다. 이는 근대 학교의 교육 독점을 지목한 일리치Illich(1970)의 문제 상황에 우리 사회가 여전히 갇혀 있음을 반증하는 것이다. 학교와 지역의 파트너십을 통한 학습 네트워크로의 확산 경향이 있음에도 학교 중심 교육관을 벗어나기란 쉽지 않은 것이 현실이다.

주민의 지역사회 실천

앞의 사례들에서 검토한 선구적 실천은 지역 교육의 구조를 자원 중심에서 주체 중심으로 변화시키는 시도를 했다. 이 마을교육공동체운동의 실천에서는 지역사회교육과 지역사회 실천(Action)의 관계에 방점을 두는데, 이는 지역사회 문제 해결에 주목하면서 대안적 기관과 조직을 만들어내는 것을 모색했다(Lovett. et. al., 1983: 38). 프레이리가 강조한 것처럼 이들은, 지역사회 활동은 교육적 과정 그 자체(Freire, 1970)임을 의식하고 있었다. 이 과정에서 주민들은 지역사회의 광범위한 문제에 대해 주체적 의식화를 통해 지역 문제를 해결하는 기회를 가졌던 것이다. 이처럼 교육자치라는 것은 제도로 성립되는 것이기 전에 탑다운의 행정 권한을 주민들 스스로 논의하고 고민하며 기획해가는 지역사회교육 운동의 저변에서 제 역할을 할 수 있는 것이다. 지적한 바와 같이 한국은 오랜 중앙집권적 전통으로 인하여 교육 문제를 교육부나 교육청 같은 행정에서 독점하던 구조였다. 풀뿌리 주민들의 실천적 활동은 이런 전통에 대한 새로운 자치적 도전이라고 할 수 있지 않을까?

임파워먼트

여기서는 주민들이 지역사회 실천을 통해 임파워먼트 되어가는 과정에 주목해야 한다. 임파워먼트는 개인이 자기 삶에 대한 통제력을 얻는 과정이다(Luttrell et al., 2009; Zimmerman, 2000). 이에 대해 Rappaport(1987: 121)는 개인의 삶에 대한 '자기결정권'과 자신이 속한 지역사회에 대한 민주적 참여로 제시했다. 전자의 경우 개인의 선택과 책임에 초점을 맞췄다면, 후자의 경우에는 지역사회에서 개인의 참여와 행위에 중점을 둔다.

유네스코UNESCO는 '변화'와 밀접하게 관련되어 있음을 강조한다. 임파워먼트에 대해 "개인의 삶과 환경에 변화를 가져오는 것으로 보고 있다. 개인들/커뮤니티들이 자신의 삶과 사회의 질을 변화시키고 향상시키기 위해 지식, 도구 및 기술을 만들고, 적절하고, 공유하는 학습 과정에 참여하는 방식. 권한 부여를 통해 개인은 변화를 관리하고 적응할 뿐만 아니라 삶과 환경의 변화에 기여하거나 생성한다."(UNESCO, n.d. as cited from Mohajar & Earnest, 2009: 425)고 정의한다.

나. 임파워먼트를 위한 풀뿌리 교육자치의 실천 구조

교육 공론장, 공공 영역

이러한 마을교육공동체 실천 사례는 교육 공공 영역에서 지역주민들의 지역사회 실천이 풀뿌리 교육 자치 과정에서 자연스럽게 얽혀 있음을 보여준다. '교육민회'는 일상의 교육공동체에 대해 배우기 위한 모임으로 시작되었지만, 특정 교육 시간이 없더라도 다양한 교육 주체들 간 경험학습의 장이었다. 마을교육공동체의 활동에서 교육민회는 하버마스Habermas의 의사소통 행동 이론에 따라 지역사회의 교육 문제를 함께 논의할 수 있는 공공 영역의 역할을 한다. 마을교육공동체에서는 지역주민들이 학교와 지역사회를 강하게 연결하는 교육 협력을 위해 정기적으로 회의를 연다. 비록 그 회의가 여전히 다양한 교육기관 간 경험학습의 장이었지만. 공공 영역은 "시민들이 모여 사회적 위기와 이슈를 통해 대화하는 비공식적인 장"으로 정의되며, 시민 사회는 "우리가 살아가는 국가나 기업에 의해 직접적으로 통제되지 않는 조직과 협회"로 정의된다, 그리고 생활 세계는 "우리가 세상을 보고 다른 사람에게 우리의 이해를 전달하는 방식을 구조화하는 무의식적 이해의 집합체"로 정의된다(Brookfield, 2004: 219-220).

이 마을교육공동체 사례는 지역주민들의 교육공론장에서의 지역 실천과 평생학습이 자연스럽게 풀뿌리 지역개발 과정에 연결되었다. 마을교육공동체 활동에서 교육회의는, 하버마스의 의사소통행위 이론에 따르면, 지역사회에서 교육의 과제를 함께 토론할 수 있게 되었다. 실제 순천 지역에서의 교육 모임은 지역의 다양한 구성원들이 정기적 교육 협력 모임을 가지면서 학교와 마을이 연계한 교육사업을 추진해가고 있다. 마을교육공동체에 대해 학습하는 모임으로 시작했지만, 특정한 공식적인 학습 시간이 없던 때에도 공공영역으로서 교육 모임은 여전히 다양한 교육주체 사이에서의 경험학습(배움)이 일어나는 장이었다.

자기결정 구조, 마을교육자치회

마을교육자치회는 마을교육공동체 실천의 자치적 의사결정 구조를 만드는 것으로, 교사와 주민·행정이 협력하는 공적 논의의 장을 만드는 것이다. 이는 교육 자원의 네트워크를 목적으로 지역사회교육의 연계 사업에 대한 구상을 비롯하여 실행·평가 과정에서의 협동 과정을 의미하는 것이다. 이는 전통적인 지역사회학교 운동에서 학교에 동원된 학부모의 학교 참여와는 차별화된다. 이러한 종합적인 자기 결정 구조는 지역 교육 문제에서 다양한 교육 주체들이 지역 문제와 학교 문제에 대한 공동 의사결정을 통해 상호 협력하여 책임을 공유하는 교육생태계를 구축한다. 마을의 성장을 위해서는 그들이 가진 다양한 인적·물적 자원들을 중심으로 주민들의 삶과 마을의 과제가 교육적 과제로 연계되어야 한다. 주민들 스스로의 공동 학습 과정을 통해 마을에 대한 이해와 고민을 나누어가는 공동체를 형성했을 때, 마을은 성장과 발전을 지속해 갈 수 있을 것이다.

교육플랫폼으로서의 중간지원조직

학교와 지역, 교사들과 주민들의 소통과 함께 실제 협동을 가능케 하는 구조가 필요하다. 기초자치단체에서 아동·청소년 사무와 교육지원청의 학교 지원 업무 중에서 지역사회 자원을 연계해야 하는 업무가 계속 늘고 있다. 오랫동안 교육지원청과 시청 간에 분리되어 온 관행을 바로잡기 위해서는 실제적 협력이 일어나기에 적합한 중간지지대에 협업 공간이 필요하다. 이 중간지원조직에는 마을교육지원 외에도 주민·학부모교육 지원, 아동·청소년 방과후 활동 지원 업무가 이루어진다. 이 지원체계는 교육지원청과 시청의 분절적 행정 체계로 인한 이중 투자 방지나 종합적인 행정 추진에 실용적 효과를 가져왔다. 이를 통해 지역 차원의 교육자치가 새로운 가능성을 보이고 있다. 위에서 논의한 대안적 교육자치 모형과 함께 교육 플랫폼 전략으로 제안된 '교육 중간지원 조직'은 지역 고유의 방식을 통해 새로운 실천으로 이어지고 있다. 공무원이나 교사만이 아니라 민간 전문가들도 함께 일하면서 지역과 학교를 연결하는 '중개자' 역할을 하는 장치가 만들어지는 방식을 취했다. 대부분의 혁신교육지구에 중간 지원 조직의 필요성에 대해 인식시키고 다른 지역에도 이 '애매한' 장치가 만들어지는 실험이 진행되고 있다.

다. 밑으로부터의 교육혁신

교육개혁 아젠더로서 마을교육공동체

혁신교육 정책은 고질적 문제인 입시 중심 경쟁교육 관행에 맞서기 위해 진보적 교육청에서 발신된 교육개혁의 아젠더다. 이와 함께 마을교육공동체는 경쟁적 교육 환경에 대항하는 대안적 교육 구조와 새로운 교육 문화를 만드는 데 애쓰고 있다. 앞에서 살펴본 바와 같이 많은 혁신교육도시가 지역교육회의를 만들어 '지역으로부터의 교육혁신'을 주창한다. 이는 국가 차원의 경쟁적인 신자유주의적 교육개혁에 대한 '밑으로부터'의 저항으로, 협력적인 지역 교육을 목표로 하여 변혁적 변화를 이끌어내는 시도였다. 이는 영국 커뮤니티교육의 역사적 맥락을 분석하면서 파악했던 당시의 정치적 장면과 상당히 유사한 상황이라 할 수 있다.

지역사회교육은 공교육 내에서 더 나아가 자본주의 복지국가 안에서 급진적인 혁신을 지지하는 문화를 만듦과 동시에 더 높은 효율성과 민주주의 그리고 더 많은 소비자 주권을 약속할 수 있으므로 공교육의 이중위기로 인해 생긴 공백을 채워야 하며, 채울 수 있다(Allen, et. al., 1987: 272).

지역으로부터의 교육개혁 마을교육공동체란 교육 자원 동원이나 네트워크에 머무르지 않고 우리 스스로가 교육 결정권과 전체적 교육구조, 패러다임 등 한국 교육 자치의 근본적 전환을 요구하는 출발이 되고 있다. 이러한 변혁적 변화의 방향은 학교 완결형 교육을 넘어서 지역사회와 연결된 네트워크형 교육구조로 전환해야 함을 강조한다. 교육은 학교에서 아동·청소년을 공부시키는 것으로 끝나지 않고, 주민들이 스스로의 삶과 지역의 발전을 위한 자기 결정력을 갖는 행위자들의 배움으로 확장되어야 한다.

이상에서 교육자치를 지향하는 도시들이 교육 정책과 실천에서 지향하는 교육 거버넌스로의 시도를 검토했다. 이러한 논의와 실천 과정을 다음과 같이 요약해서 정리할 수 있을 것이다.

〈표 15〉 혁신교육지구들의 교육 거버넌스 관련 시도

구분	시흥	순천
도시 여건 (전국 평균 42.8세)	인구 566,734명(38.6세) 대단위 산업단지	인구 284,015명(42.9세) 생태도시
교육 여건	교육 때문에 떠나던 도시(학교 96개) 평생학습도시(2006)	'전통 교육도시'(학교 139개) 평생학습도시(2003)
슬로건	교육자치도시 (대한민국 교육자치 1번지)	교육자치도시 (교육이 분모가 되는 도시)
거버넌스 형태	관-관 협력	민관협치
중간지원조직	행복교육지원센터	풀뿌리교육자치협력센터

교육 공론장 (교육민회)	혁신교육포럼(14개 분과) 우리마을 교육수다방	정담회(시 단위) 모닥모닥 이야기모임
학교에서의 지역 발신	학교 안 동네 브리핑	청소년정책마켓
마을교육자치회	밑으로부터의 요구	위로부터의 제안
평생교육과의 연계 사업	평생학습마을 사업	평생학습사업과의 포괄적 연계
교육자치 조례	시흥시 교육자치지원조례 (2021.12.9)	순천시 마을교육공동체 활성화조례 (2021.6.30)
행정 조직 (담당)	평생학습원(국 단위) 교육자치과(행복교육지원센터팀, 마을교육협력팀, 관학협력팀)	평생교육과 평생학습기획팀 (마을교육공동체 조성사업, 교육 거버넌스 구축 운영)

4.

풀뿌리 교육자치를 위한 새로운 가능성

최근 지자체의 교육투자나 혁신교육지구와 같은 협치 사업들은 한국적 상황에서 만들어진 '궁여지책'이다. 우리나라의 교육자치는 광역 단위의 교육감 중심 자치 체계를 지니고 있다. 따라서 기초자치단체 차원의 교육적 이해관계나 열망을 해소할 수 있는 교육자치 장치가 없다. 교육에 대한 책임이 지역사회에 있음은 그 결정 권한도 지역사회에 있어야 함을 의미한다. 주민들 스스로의 공동 학습 과정을 통해 마을에 대한 이해와 고민을 나누어가는 공동체를 형성할 때, 마을은 성장과 발전을 지속해 갈 수 있을 것이다.

한국 교육의 혁신 의제로 대두된 혁신교육지구사업과 풀뿌리 마을교육공동체운동의 상호작용을 통해 주민의 교육 주체화로 진화해가고 있다. 우선 혁신교육지구 사업은 지역 단위의 교육 기획으로, 중간지원조직이나 행정 조직에서 유관 사업 간 통합 조정 등의 현장을 위한 행정 효율화를 도모하고 있다. 기존 방과후학교나 진로체험, 학생상담체계와의 연계성을 지향하면서 조직을 재편할 수 있다. 결국 혁신교육지구는 다양한 지역-교육 관계에서 발생하는 다양한 사업의 재구조화를 통해 지역의 교육생태계를 활성화하기 위한 구조를 새롭게 만들어가고 있다.

혁신교육지구 사업이라는 도시의 교육계획 구상과 마을교육공동체 운동을 기반으로 한 주민들의 사회적 실천을 통해 지역마다 독특한 풀뿌리 교육 거버넌스의 실체를 만들어가고 있다. 앞의 두 선진 사례들을 보면, 기초자치 단위가 교육적으로도 스스로의 기획을 통해 예산 및 인사 계획을 직접 운영할 수 있는 독자적인 자치력을 지니면서 지역의 맥락에 맞는 교육 구상을 추진함을 알 수 있다. 특히 마을교육공동체 운동 가운데 생성된 마을교육자치회라는 자치적 성장 장치는 경쟁교육을 조장하는 중앙집권적 교육체제로 인하여 학교와 단절되어 있는 지구 내 교육시스템을 재구성하려는 의지가 있다. 마을교육공동체의 확산은 기존 학교와 지역사회 파트너십이라는 기능적 관계 형성을 넘어서 교육 관련 통치 구조를 밑으로부터 구축해갈 가능성을 발견했다. 이를 통해 교육자치가 풀뿌리 주민의 개입을 통한 상향식 의사결정 과정과 협력 경험을 통해 거버넌스의 구조로 생성되는 지역사회교육의 새로운 도전 과제로서 한국 마을교육공동체 운동의 진화 가능성을 확인했다.

마을교육공동체 실천 이야기

1.

학교와 마을이 만나는 다양한 교차점

마을 입장에서 학교를 들어가기가 쉽지 않은 일이다. 학교 입장에서도 마을과 협력하려 해도 어떻게 시작해야 하는지 막연하다. 마을이라는 주체가 명확하지 않으니 말이다. 학교는 어떻게 노크해야 할까. 그리고 마을은 어디에 있으며 누구와 만나야 할까. 마을교육공동체들의 다양한 실천이 이런 질문에 답하고 있다.

학교 문 두드리기

학교는 그렇게 녹록한 곳이 아니다. 그동안 학교가 지역에 담을 치고 지내온 세월이 길고, 교직원들은 외부인들(주민을 이렇게 통칭하는 것은 문제가 있지만)을 꺼리게 된다. 먼저, 충남 아산시 송악마을교육공동체의 실천 사례를 살펴보자. 지역아동센터에서 지역 아이들에 대해 공동 돌봄 경험이 있는 충남 아산시 송악면 사람들은 마을 초등학교의 문도 두들겨보았다. 활용되지 않던 학교 도서관 공간에서 학부모들이 자원봉사를 하겠다는 제안이었는데 받아들여지지 않았다. 안전 문제를 내세워 교장선생님이 반대한 것이다. 이는 많은 학교에서 흔하게 벌어지는 일이다. 그러나 송악 주민들은 프로그램을 가지고 학년이 바뀔 때마다 찾아갔고, 결국 교장선생님이 바뀌고 나서야 도서관 문이 열렸다. 그 후 학교 도서관은 교사들과 주민 활동가들이 학교 일을 상의하고 공동 기획하는 거점 공간이 되어갔다.

또 다른 실천의 예는 강원도교육청의 마을교육공동체 지원사업에 참여했던 홍천군 동면의 마을교육공동체 '새끼줄'이다. 학부모들이 중심이 되어 만든 단체로, 지역 초등학교의 도서관을 거점으로 마을의 주민강사들과 학교를 연결해서 다양한 프로그램을 운영하며 마을 교육의 기반을 다져갔다. 많은 학교가 학교 도서관 운영에 곤란을 겪고 있기에 학교 입장에서도 지역 입장에서도 서로의 이해관계가 맞았고 협력이 가능했던 공간이다.

마을교육의 거점 공간

일본의 경우는 학교구 단위로 있는 공민관(한국의 '평생학습관'에 해당)이라는 공적 사회교육시설이 지역교육을 담당한다. 후쿠오카시의 경우는 소학교구 단위로 소학교 하나에 공민관이 하나씩 있는데, 방학이나 주말에 지역 아동·청소년을 담당하는 역할도 하고 있다. 아이들이 모인 아지트 같은 공유공간도 좋고, 주민들이 모여 학습하는 평생학습관(센터)도 좋다. 요코하마시의 사회교육시설은 '커뮤니티 하우스'[12]라고 하는데, 빈 교실을 활용하는 것에서 출발했다. 시설은 주민들의 학습·집회 기능을 비롯하여, 세대 간 교류 기능을 하고, 지역의 요구와 시설 정비 상황에 따라 도서관 기능, 아동육성 기능, 주방 기능, 공예 기능 등을 갖추는 경우도 있다. 중학생과 주민들이 함께하는 활동도 있는데, 중학생들이 지역 축제를 돕기도 하고, 중학생들이 강사가 되어 노인들을 위해 보이스피싱 예방 강좌를 운영하기도 한다.

이러한 사례를 참고하며 우리나라도 학교 주변 공공시설(특히 교육시

12 1988년 요코하마시 평생학습 기본구상에 기초하여 1990년부터 도심에서 생겨나기 시작하던 초·중학교의 여유 교실을 활용하여 학교시설 활용형 커뮤니티 스쿨 7개를 설치하면서 시작되었고, 이후 학교 밖에도 유사 시설 설치로 인해 '커뮤니티 하우스'로 명칭을 바꾸었다. 이 사회교육시설의 핵심은 아동·청소년과 지역주민들을 학습활동에 참여하도록 개방하는 것이다. 이후 학교시설의 신·증축 등과 병행해 정비하는 학교시설 활용형/ 청소년 도서관 등의 기존시설 전환형/ 다른 공공시설과 합쳐서 정비하는 공공시설 병설형/ 용도폐기된 공공시설 활용 등의 시설 정비형 등으로 다양해지고 있다.

설)에서 일본 사례와 같은 역할을 하는 것이 필요하다. 평생교육시설의 경우도 성인만이 아니라 아동·청소년들이 함께 배움의 관계를 만들어가면서 공유공간으로 활용되어야 한다. 또한 마을 내 특정 공간을 청소년들의 아지트로 만들어가는 마을교육공동체들의 실천을 확인할 수 있다. 대표적으로 홍성군 홍동면 마을교육공동체 '햇살배움터교육네트워크'가 주도하여 만든 'ㅋㅋ만화방'이라는 공간이 있다. 마을교육활동가는 이 공간을 다음과 같이 설명한다. "만화책을 읽을 수도 있고, 보드게임을 할 수도 있고, 자고 갈 수도 있고, 모임을 할 수도 있고, 공부를 할 수도 있는 곳이에요. 어른들이 뭘 제시하지 말자는 게 이 공간의 첫 번째 원칙입니다. 가능하면 잔소리 말자, 멍 때릴 수 있는 공간, 쉼터 같은 공간으로 만들자는 뜻이죠." 햇살배움터교육네트워크는 '마을교육수다방'이라는 자리를 마련했다. 해당 공간은 청소년들에게 필요한 것이 무엇인지 대화를 나누는 자리에서 제안하여 만든, 청소년들을 위한 공유공간이다. 청소년들이 모이고 활동 거점으로 활용할 수 있는 마을교육의 거점들을 더 많이 만들기 위해 궁리해야 한다.

유관 공공사업과의 연계

지역과 학교의 협력은 유관 공공사업과의 연계를 기반으로 해야 한다. 지역에는 학교 외에도 교육·문화·복지 등과 관련된 공적 활동이 많기에 이러한 공공사업과 학교의 연계를 통해 공적 자원을 적극 활용하는 것이 필요하다. 예를 들면, 청소년수련원을 비롯하여 문화예술교육지원센터, 전문상담기관, 지역아동센터 등과 관련된 사업들, 세대 간 교류를 위한 평생교육사업, 사회적 기업, 협동조합 등 다양한 체계와 사업 간의 연계화를 모색할 수 있다. 대표적으로 호주의 학습도시 마운트 애블린은 지역사회교육센터를 학생의 방과후교육활동과 주민들의 성인교육센터, 타운홀미팅 공간으로 복합적으로 활용한다. 한국 이천시의 경우도 20여 년 전부터 모든 읍면동 단위로 '주민자치학습센터(타 지역 주민자치센터)'를 설치하여 전문인력(평생교육사)을 고용하고 학교와의 연계 사업(방과후학교 프로그램이나 기획 사업 등)을 통해 아동 및 주민 교육 프로그램을 공동 운영한다. 이처럼 하나의 교육생태계가 구축되기 위해 여러 공적 활동이 지역 안에서 구조적으로 연결되어야 한다.

2.

함께 만드는 마을교육과정

인간은 우연히 생활 속에서 만나는 어떤 (결정적) 사람의 삶과 활동, 직업 속에서 자신의 관심을 발견한다. 이를 계기로 자신의 삶의 길을 출발하며 그와 관련한 지속적인 자극과 격려를 통해 성장하게 된다. 그런데 오늘날 한국 교육 시스템은 이러한 교육의 생애적이며 지역적인 경로를 만들어가고 있는가? 학교로 쏟아지는 수많은 정책과 사업들은 지역의 자발적인 대응력을 압도해버리고 있다. 지역은 저마다의 특성을 살리면서 발전해야 한다. 학생들을 위한 교육과 생활 지원(진로, 문화 등)도 지역 나름의 대응 방식을 찾아야 한다. 마을과 함께하는 학교가 필요한 이유다. 그동안 "교육은 학교에서"라는 학교 완결형 교육에 익숙한 우리가 어떻게 새로운 교육공간으로 지역사회를 인식하고 네트워크형 교육구조로 전환할 수 있을지 함께 이야기해보고 싶다.

삶의 힘을 키우는 교육

> 나는 곧 18세가 된다. 하지만 세금, 집세, 보험 등에 대해 아는 바가 없다. 그러나 시를 분석하는 데는 능하다. 그것도 4개국 언어로…(남정호, 2015, 시사人 385호).

학교 공부는 잘하는데 일상에서 할 줄 아는 것은 아무것도 없다는 하소연이다. 독일 교육계를 논쟁에 휩싸이게 만든 쾰른 김나지움(진학형 고교)에 다니는 학생의 트위터 글이다. 학교 교육이 삶의 힘을 키우지 못하고 있다는 것을 학생 당사자가 폭로한 사건이다. 한국 교육도 마찬가지 아닌가. 교육은 학생들에게 불확실하고 급변하는 미래를 살아갈 힘을 줘야 한다. 정보나 지식은 언제든 접할 수 있는 시대다. 더욱이 배워야 할 지식들은 시대마다 바뀌고 있다. 새로운 시대의 교육은 학생들에게 생각하는 법, 삶을 살아가는 방법, 계속 무언가에 대응하는 법을 가르쳐야 한다. 한 가지를 통달하는 것을 넘어서 더 넓게 볼 수 있는 힘을 길러주고, 함께 살아가는 힘을 키워줘야 한다. 이런 의미에서 마을 기반 교육과정은 일상성과 생활 과제 속에서 전개되는 과정이다.

주민과 교사들의 협동으로 만든 마을교육과정

마을교육공동체 활동에서 주목할 것은, 학교와 지역사회 협력의 결과물로 마을교육과정을 개발하여 운영하는 데 주력하는 것이다. 지역의 역사와 생태, 문화 등 다양한 지역적 자원을 마을교육과정으로 개발하는 과정에 학교 교사와 지역의 주제 전문가, 마을교육 활동가 등이 함께 참여하여 만든 협동적 결과물이다. 끊임없는 토론 속에 만들어진 마을교육과정은 지역의 소중한 역사문화와 자연생태자원뿐만 아니라 지역에 살고 있는 다양한 사람들을 만나고 그들이 만들어가는 다양한 공동체를 만나는 과정에서 지역에 뿌리내리는 공동체 학습이 이루어지는 것이다.

대표적으로 순천의 지역 내 생태활동가들과 주민, 교사들이 함께 만든 '동천마을교육과정'이 있다. 광주 광산구에 견학 가서 본 생태교육 실천에 영감을 받은 순천풀뿌리교육자치협력센터의 제안에 따라, 환경과 생명을 지키는 교사모임, 순천지속가능발전협의회, 순천그린해설가협회, 놀이 문화교육공동체 '노마야노올자' 등의 여러 단체가 20차례 이상 모임을 통한 공동 기획과 학습의 결과로 동천마을교육과정이 개발되었다. 마을교육과정 개발은 참여자들에게 함께 만들어가는 과정에서의 효능감을 함께 경험하게 했다. 이러한 협력 경험이 축적되어 순천형 지역화교육과정 개발로 이어가고 있다. 물론 학교 교사와 마을 활동가 간에 전문성 갈등이 일기도 하지만, 공동으로 지역 지식의 가치를 만든 성공 경험은 순천만습지교육과정이나 철도마을교육과정, 여순사건이라는 역사적 사건의 현재화 작업 등으로 이어지고 있다. 그동안 학교의 교육과정은 지역 특성과 상관없이 일률적으로 제공되었고, 교사들 역시 지역에 대해 알지 못하기 때문에 학교에서의 학습은 맥락적 경험이 반영되지 못했다. 순천의 사례와 같이 이제 마을(커뮤니티) 기반 교육과정을 어떻게 누구와 함께 협력하여 만들어갈 것인가? 마을교육과정 협력 구조를 실험하는 지역들이 늘고 있다.

[그림 65] 동천마을교육과정 교재

출처: 공주대지방교육정책개발원(2021). 2020미래형교육자치협력지구 우수사례집. p.32.

[그림 66] 동천마을교육과정 TF

출처: 공주대지방교육정책개발원(2021). 2020미래형교육자치협력지구 우수사례집. p.29.

[그림 67] 동천마을교육과정 수업 현장

출처: 공주대지방교육정책개발원(2021). 2020미래형교육자치협력지구 우수사례집. p.30.

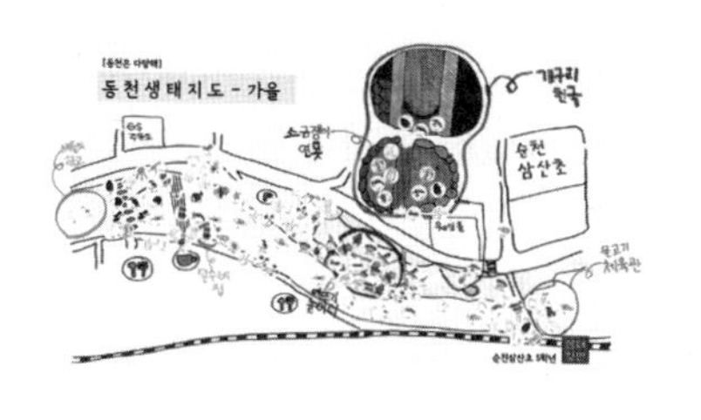

[그림 68] 동천생태지도

출처: 순천풀뿌리교육자치협력센터 제공

프로젝트 기반 학습

학생들의 다양한 교육적 경험들은 어떻게 심화될 수 있을까. 학생들의 교육은 단순히 프로그램이나 강좌를 통한 이벤트적 경험이 아니라 자신이 원하는 것을 탐색하는 여행이다. 따라서 특정 관심을 중심으로 모인 동료들과 함께 '프로젝트 기반 학습(Project based Learning)' 방식으로 배움이 구성되어야 한다. 중등 단계의 자유학년제나 고교학점제는 학생들의 진로 찾기를 위한 정책 사업이다. 그러나 강좌만 늘리는 식으로 가는 것은 그들의 역량을 지원하는 데 한계가 있다. 진로 탐색이란 자신에게 다양한 인생의 레파토리가 있다는 것을 확인하는 과정이다. 진로는 개별적인 관심이기도 하지만, 또래와의 경쟁과 협력을 통한 협동적 과제인 것이다. 지식과 정보를 넘어 깊이 있는 생활의 지혜와 실천적 경험을 위한 액션러닝(Action Learning) 접근이 필요하다.

이에 경기도 '몽실학교'에서 진행하는 1년 단위의 프로젝트 학습을 참고할 필요가 있다. '몽실학교'는 청소년차지배움터로, 학생·청소년들이 자신들이 희망하는 주제를 함께 설정하고 1년 동안 그룹을 나누어서 토론과 상호 학습을 통해 학생주도프로젝트를 진행해간다. 길잡이 교사라는 마을교육활동가들이 촉진자 역할을 하지만 기본적으로는 청소년들 스스로 삶의 주인이 되어 상상력으로 만들어가고 있다. 프로젝트 기반의 직업체험 활동의 경우 직업체험만큼 삶을 배우고 관계망을 만드는 것이 중요하다. 여기서 마을의 교육활동 매개자를 통해 지역의 직업인을 멘토로 발굴하고 연결하여, 직업 현장이 배움터가 될 수 있도록 직업인과 사업장에 새로운 지원 체제를 강구할 필요가 있다.

3.

지역 교육을 위한 자기결정 구조

마을교육공동체란 교육자원을 동원하여 더 많은 교육프로그램을 제공하거나 효율적인 교육사업을 추진하는 데 머물러서는 안 된다. 우리 스스로가 교육 결정권과 전체적 교육구조, 패러다임 등 교육 자치의 근본적 전환을 요구한다. 이러한 변혁적 변화의 방향은 학교 완결형 교육을 넘어서 지역사회와 연결된 네트워크형 교육구조로 전환해야 함을 강조한다.

교육공론장

우선 지역의 교육 과제에 대해 시민의 목소리를 듣는 일상적이고 개방적인 교육공론장이 필요하다. 이는 순천시의 정담회(情談會)나 구로의 온마을교육회의, 제천의 300인 소통토론회, 광산구 교육포럼 등과 같이 민·관·학의 구성원들이 시민 차원에서 격의 없이 만나고 논의하는 공공의 장을 의미한다. 지역의 다양한 교육 주체들이 소통하고 교류하며 지역의 교육 문제를 논의하고 함께 대안을 찾아가는 협력적 관계를 만들어내고 실천할 수 있는 것이다. 참여 주체의 다양성을 확보하기 위해 민·관·학이 균형 있게 배치되도록 구성해야 한다. 순천의 경우는 느슨한 교육문제 논의 구조를 만들고 누구나 참여하여 매달 한 번 함께 교육 과제를 토론하는 '정담회'를 운영한다. 여기서 지역 생태활동가들과 주민, 교사들이 함께 만든 마을교육과정도 나오고, 학교 공간 재구조화나 교육지원경비 조례 개정 등의 의견도 나오게 된다. 초기에는 학교 교육에 한정해서 논의하다가 최근 '지역교육' 전반에 걸친 문제로 확대되었다. 정담회의 의의는 교육 의제를 '민원의 형태'로 문제 제기하던 방식에서 참여하여 발언하고 책임지는 '건강한 시민'으로 변화했다는 데 있다. 정담회에 적극적으로 참여하는 교사 한 분이 "이거 자체는 지역사회에서는 한 번도 경험하지 못한 방식이고 의미가 있어요. 교사 입장에서 교육기관도, 학교도 교육과 관련해서 이보다 많은 이야기를 해본 적이 없거든요"라고 평가한다. 즉, 교육 문제는 복잡하고 해법도 구체적으로 나와야 하기에 일상적으로 논의하고 토론하고 대안을 찾아서 실행하려면 상시적 공론장은 필수적이다.

마을교육자치회

최근 마을교육공동체 실천을 위한 의사결정 구조로 마을교육자치회를 만들어서 교사와 주민, 행정이 협력하는 공적 논의 테이블로 활용하고 있다. 이는 학교장 리더십에만 의존하여 학교 운영이 좌우되는 상황을 극복하고 지역 전체의 교육적 의지를 견지할 수 있다는 장점이 있다. 순천시는 마을교육자치회를 "순천시민 누구나 교육과 관련하여 자유롭게 제안하고 참여하는 열린 모임"으로 정의했다. 다양한 이해관계자들이 교육의제로 함께 모이던 경험을 제도화한 것이다. 이에 비해 시흥시의 경우는 교육자치지원조례에서 마을교육자치회가 "마을에서 생활하고 활동하는 교육주체들로 구성되어 교육의제 형성, 마을교육계획 수립, 마을교육과정 발굴 및 시행 등의 활동을 통해 풀뿌리 교육자치를 실현하는 기구"라고 규정하고 그 기능으로 마을의 모든 교육자원, 교육공간, 교육프로그램과 유기적 협력관계를 형성하고, 마을교육계획을 세우는 등, 조금 더 공식적인 편이다.

교육자치회는 지자체와 교육청의 관련 부처와 학교, 주민 협의체의 연계 사업을 구상, 계획, 실행함으로써 학교로부터 동원된 학부모의 학교 참여와는 다른 특성을 보였다. 이처럼 지역의 교육적 논의 구조가 있는 것은 지역의 교육 과제에 대한 커뮤니티의 지속적인 관점 유지와 역할 담당의 힘을 지닌다. 주민자치회 재편이라는 최근 상황은 풀뿌리 교육자치의 의사결정 구조를 만들어 갈 수 있는 좋은 환경이다. 이미 많은 마을(충남 홍성군 홍동면 교육분과, 경기도 이천시 평생학습분과, 서울 성북구 종암동 교육아동청소년분과, 울산 북구 농소3동 교육분과, 대전 대덕구 송촌동 교육청소년분과 등)에서 주민회의 혁신과 관련하여 주민자치회 내부에 '교육 분과'를 두어 지역 교육 의제를 제기하고, 아동·청소년을 비롯한 주민 교육 전체를 기획, 운영, 평가할 수 있는 구조를 만들어 가고 있다.

교육지원경비에 대한 공적 결정

최근 지방자치단체들이 지역 활력을 위해서는 교육이 살아야 한다는 기조가 확산하면서 교육투자가 비약적으로 늘고 있다. 교육경비지원조례로 규정하여 학교 급식시설·설비사업·교육정보화사업, 교육과정 운영 지원, 지역주민을 위한 교육과정 운영, 학교에 체육·문화공간 설치 등에 사용되는 경비를 지원하게 되는데, 지자체 예산의 3~8%까지 규정하고 있다. 인구가 줄고 지역 재원 등이 열세인 지방자치단체일수록 상대적으로 더 많은 투자를 하고 있다. 물론 이 교육투자는 아직 방향을 정확하게 잡지 못하고 있으며, 개별 학교의 시설 요구나 방과후학교, 문화예술교육, 원어민강사 지원 등 사업의 양적 증가로 이어지고 있다. 예산 증가는 프로그램들만 늘게 되고 학생들은 여기저기 동원된다. 지역의 지원 구조를 만들지 못한 상황에서 지역 나름의 교육 경로 구축과 주체 형성은 쉽지 않다. 지역의 다양한 주체들(주민, 학부모, 단체 등)이 개입하는 틀을 제시하고 이에 대한 자주성과 독립성, 연계성을 만들어가는 지역 기반 교육 구조를 구상해야 한다.

4. 지속가능한 구조 만들기

정책 단위에 대한 고민: '학구(學區)'의 소환

마을교육공동체에 관한 논의의 장에 가면, '마을'이라는 용어의 적절성이 늘 논란이 되고 있다. 교육청 혁신교육지구 사업에서 마을교육공동체란 학교와 지역 연계 사업을 의미하는 것으로, 특정 범위를 정하고 학교가 그 범위 내의 자원을 활용하는 것으로 인식하는 경우가 많다. 따라서 마을의 범위를 결정하는 것은 중요하다. 도시화된 지역에서는 마을보다는 '동네'라고 표현하는 것이 적절하지 않느냐는 주장도 있지만, 공간적이고 사회적 의미를 동시에 지닌 '마을'이라는 한국 고유의 개념의 사회적 관계성(양병찬, 2018)을 강조하는 것이다.

마을을 사업 주체로 본다면 범위를 명확히 해야 한다. 시흥시에서 교육자치 논의를 주도했던 주경영(2019: 91)은 "교육에 관한 주민조직을 염두에 둔다면 학군을 기준"으로 중학교 범위의 학군 규모가 적절하고 이를 기반으로 마을교육자치회를 구성하자고 주장했다. 같은 포럼에서 양병찬(2019: 120)은 행정적 책임(예산과 인적 확충 포함)으로서는 그 권한이 있는 기초자치단체 차원으로, 교육적 의사결정과 논의 구조의 범위는 중학교 단위의 학구(學區)를 제안했다. 이는 주민자치회의 자치 경계와도 거의 일치한다. '주민자치회'의 실질적인 자치 모델이 논의되는 현 시점에서 자치적 공동체로서의 마을(Swaraj)을 전제로 오늘날 한국의 지역개발과 지역교육의 관계성에 대해 지속적으로 논의할 필요가 있다.

교육(통합)플랫폼으로서의 학습센터 구상

기초자치단체에서 아동·청소년 사무와 교육지원청의 학교 지원 업무 중에서 지역사회 자원을 연계해야 하는 업무가 계속 늘고 있다. 그러나 지자체와 협력하여 학교 밖의 교육지원을 종합적으로 할 수 있는 구조가 갖춰지지 않은 게 사실이다. 마을과 협력 사업을 한다 해도 명시적인 조직이 없는지라, 지역별로 행복교육지원센터(시흥시-교육지원청), 방과후교육지원센터(도봉구청), 자기주도학습지원센터(노원구청, 마을이 학교다), 교육통합지원센터(완주군 중간지원조직), 창의인재육성재단(오산시 재단) 등으로 다양한 명칭과 성격을 띠고 운영되고 있다. 이를 통합하여 지역에 〈지역사회학습지원센터(가칭)〉를 만들어 그 조직을 하나의 통일된 시스템으로 구축하고 관련 전담 인력들이 공동 기획하며 역할을 분담해서 지역의 다양한 교육문제를 해결할 수 있도록 해야 할 것이다.

지역에는 다양한 교육시설뿐만 청소년 체육·문화 시설, 복지시설 및 프로그램 등이 있다. 이러한 기관과 프로그램들은 지역사회에 교육적·문화적 기회를 제공하고 이를 통해 지역의 역량을 강화한다는 공통의 목적을 지향하지만, 관리 주체가 다르다는 이유로 협력적 관계를 맺지 못하는 한계를 보인다. 특히 그 핵심 주체인 교육지원청과 시청의 실제적 협력이 일어나기 어려웠다. 오랫동안 분리되어 운영되던 관행을 바로잡는 것은 쉬운 일이 아니다. 시흥시 행복학습지원센터의 사례는 교육행정과 일반행정의 협력을 통해 마을교육공동체 사업의 기획자이며 네트워커로서의 역할을 충분히 하고 있음을 보여준다.

이 센터에서는 마을교육지원 외에도 주민·학부모교육 지원, 아동·청소년 방과후 활동 지원 업무가 이루어진다. 지속가능한 마을교육공동체 조성을 위해 주민과 학부모 대상 교육이 우선되어야 하기 때문이다. 이 지원체계는 다음과 같은 과제를 가지고 통합적인 마을교육공동체 사업을 추진하게 된다. 현재 '행복교육지원센터(중간 기구) = 행정 협력 체계' 논의는 교육지원청과 시청의 분절적 행정 체계로 인해 이중 투자 방지나 종합적인 행정 추진에 대단히 실용적 효과를 가져왔다. 이를 통해 시 차원 교육자치 논의의 진전이 가능했다고 할 수 있다. 위에서 논의한 자치 모형(학구 단위의 교육회민회 + 기초자치단위의 교육청)과 함께 플랫폼 전략으로 제안된 '지역사회교육지원센터'를 어떻게 현실적으로 만드느냐 하는 방안에 대한 새로운 전략이 요청된다.

학교와 지역의 협동을 연결하는 중간지원조직

학교와 지역(교사들과 주민들)의 소통을 돕기 위해 중개자도 필요하다. 시흥의 행복교육지원센터나 순천의 풀뿌리교육자치협력센터 등과 같이 교육지원청과 지자체가 지원체계를 하나로 통합해서 '○○센터'라는 협업 공간을 구축하고 있다. 시흥시 행복교육지원센터는 일반행정과 교육행정의 협업을 위해 하나의 공간에서 논의하고 의사결정을 하자는 취지로 협력사업을 추진했다. 순천도 민간 교육 전문가들로 구성된 풀뿌리교육자치협력센터가 관과 함께 일하면서 주민들과 소통하는 공간을 만들어 가는 방식을 취했다. 마을에 대한 정보가 부족한 교사들에게 교육자원을 소개해주고, 학교교육과정을 잘 모르는 마을주민들에게 학교교육과정을 설명해주며, 아이들의 교육이 학교를 벗어나 지역과 연결될 수 있도록 돕는 중간 매개자인 것이다. 이 지원체계는 교육지원청과 시청의 분절적 행정 체계로 나타나는 이중 투자를 방지하거나 종합적인 행정 추진에 대단히 실용적 효과를 가져왔다. 그 구성에 차이가 있지만 중간지원조직은 시·군의 일반자치와 교육지원청의 교육자치, 그리고 민간 각각의 역할을 토대로 파트너십이 잘 작동할 수 있도록 조율하는 역할이 중요하다.

마을교육공동체 활성화를 '민'이 주도할 수 있는 여건을 조성하고 민-주도, 관-지원의 거버넌스 체계를 구축하여 민 주도로 주민들과의 접촉기회 확대를 통해 마을교육공동체 활성화에 대한 주민들의 공감대를 형성하고 열린 지역공동체로서 지역주민들 간 소통의 플랫폼 공간으로 기능할 수 있을 것으로 기대된다. 이는 궁극적으로 교육이라는 생활 과제를 풀어가는 풀뿌리 주민자치의 경험을 통한 지역주민의 민주시민의식 향상 등 지역 민주주의 실현에 기여하며, 지역사회 주체들 간 네트워크 및 연계를 유도하며 파트너십을 구축할 수 있을 것이다. 결국 이 중간지원조직을 통한 상상력은 지역주민 주도로 혁신교육지구 내 현안에 대한 해결 과정을 통해 마을교육공동체의 지향을 공유하고 합의하는 교육자치 모델을 실험해보고 있다고 하겠다.

프로그램보다는 구조(플랫폼)가 중요

앞에서 살펴보았듯이 전국에서 혁신교육지구와 마을교육공동체라는 이름으로 여러 사업이 확산하고 있다. 그런데 행정과 학교 현장에서는 이를 또 다른 새로운 프로그램 사업으로 인식하고 더 많은 프로그램을 채우거나, 지레 겁을 먹고 이 사업에 반대하는 태도를 보인다. 이를 사업이라 이름 붙이는 것이 맞는가 하는 문제 제기부터 필요하다. 혁신교육지구 사업 추진이란 중간지원조직이나 행정 조직에서 행정(지자체와 교육지원청 등)의 유관사업 간 통합 조정을 의미하는 것이다. 기존 방과후학교나 진로체험, 학생상담체계와의 연계성을 지향하면서 조직을 재편해야 한다. 유관사업 전문 인력 통합 배치를 통한 사업 연계성도 강화되고 시·군·구 단위의 중간지원조직을 통해 학교와 마을 단위의 네트워크 지원, 주민의 주체화를 통한 거버넌스의 실제화를 이룰 수 있는 플랫폼을 재구축하는 것이다. 결국 혁신교육지구는 다양한 지역-교육의 관계에서 발생하는 다양한 사업들의 재구조화를 통한 지역의 교육 생태계 활성화를 위한 구조를 새롭게 만들어 가는 경향을 의미한다 하겠다.

5.

주민 주체들의 배움과 실천, 성장의 시너지 구조

마을교육공동체라는 활동 체계가 확대되면서 주민들의 지속적인 참여와 활동가들의 교육 역량에 주목하고 있다. 이들을 학교를 위해 동원되는 강사 자원 정도로 이해해서는 안 된다. 학부모를 포함한 주민들이 상호 배움과 공동 실천을 통해 마을교육공동체를 이루어가는 성장 구조를 만들어야 할 것이다.

상호 배움과 공동 실천

이제 '학교' 중심의 자원 동원을 넘어서 주민 상호 배움의 연결이 확장되는 교육 생태계를 위해 상호 배움과 공동 실천을 강조하고 싶다. 우선 서로 배우는(상호 배움) 주민의 존재를 의식할 필요가 있다. 배움은 개인적 측면에서의 내적 성장뿐만 아니라 공동 학습을 통한 공동체의 변화 속에서 성장 가능성을 찾을 수 있다. 주민 스스로가 주도하는 학습을 통해 구축하는 마을공동체는 지역 성장과 재생의 기반이 되며, 공동체 안에서 주민은 스스로 인생의 의미를 찾을 수 있다.

마을교육공동체의 주체인 주민들이 서로 만나고 토론하고 교류하고 학습하고 도모하는 공동체(커뮤니티) 실천이 진행되면서, 시민의 주체적 학습과정이 그 기저를 이루게 된다. 또한 마을학교나 동네배움터 등의 지역사회학습센터가 확장되는 가운데 학교를 비롯한 다양한 공유 공간의 개방으로 공간적 확장성이 촉진되고 교육 관련 다양한 활동 주체들의 일자리가 늘면서 교육을 중심으로 한 사회적 관계의 다양성을 위한 새로운 도전도 요청되고 있다.

학교와 지역의 협동을 통한 지속가능한 지역 만들기

마을교육공동체 운동/사업을 통해 지역은 학교로부터 제안된 교육에 대한 책임을 다하고자 교육 활동 지원 측면에서 자신의 역할을 정리해 가기 시작했다. 학교는 지역의 협조를 얻기 위해 지역과 대화하면서 새로운 관계 맺음에 노력해야 한다. 이 과정들이 주민들에게는 사회적 실천으로서의 학습으로, 지역 스스로 자신들의 교육적 이상을 합의하고 지역의 교육력을 재구축하며 지역의 교육 변혁을 시도할 수 있는 여건을 만드는 것이다.

주민은 마을의 주인공이다. 따라서 그 주민이 함께 만드는 공동 실천을 의식할 필요가 있다. 마을의 주인은 그 지역에서 살아가는 주민이기 때문에 마을의 성장과 미래는 그 안에서 삶을 영위하는 주민들에 의해 결정된다. 따라서 마을의 미래는 마을주민에서부터 구상이 시작되어야 한다. 더욱이 앞으로 지역의 주인공이 될 아동·청소년들이 자신들의 미래를 꿈꿀 수 있는 지속가능한 지역을 만들어야 할 것이다.

지속가능한 마을교육공동체의 창조

1.

주민의 사회적 실천으로서 마을교육공동체

지역소멸 위기 속에서도 지역교육 본연의 모습을 찾기 위해 추진되는 혁신교육지구 사업과 마을교육공동체 운동의 상승 작용에 대해 논의했다. 지방소멸이나 학교 통폐합 문제는 농촌 지역만의 문제가 아니라 도시 구도심까지 확대되고 있다. 정주 인구 감소와 함께 입학생 감소 속도는 기하급수적으로 빨라지고 있다. 이러한 문제에 대응하는 정부의 정책은 맥락성이나 다양성이 부족하며, 늘 늦고 거칠다. 이에 반해 지역은 맥락적이고 즉각적인 대응이 가능하기에 지역에 학교 지원을 요청하는 것이 당연한 현상일 것이다. 방과후교육을 비롯하여 돌봄교실, 진로체험, 문화예술교육, 교육복지 등 다양한 명칭으로 진행되는 사업들을 추진하는 학교로서는 지역의 자원을 동원해야 할 필요가 생기게 마련이다.

그러나 여기서 돌아볼 것이 있다. 학교를 위한 자원 동원이란 학교에 새로운 짐을 얹는 것이라는 사실이다. '학교를 위해' 하는 일인데 다시 학교의 부담이 생겨나는 모순이 생긴다. 이 모순적 행동은 학교 밖의 물적·인적 자원을 근대 학교의 방식으로 선별 동원한다는 데 있다. 이러한 방식은 언제나 학교가 먼저 발신하고 지역은 수동적으로 대응하게 된다. 학교는 계획을 짜고 주민들(학부모 포함)에게 참여해달라고 요청하는 식이다. 지역은 학교 맞춤형 지원이 쉽지 않으며, 학교 또한 사업의 행정 처리 업무 등으로 몸살을 앓게 된다. 이러한 방식으로는 지역은 주체성이 결여된 재능기부나 활동 지원에 머무르게 되고, 학교는 본연의 역할에 대한 의구심을 갖게 된다. 결국 학교와 지역의 관계를 통해 상호 성장은 기대하기 어려우며 지속적인 관계 유지도 어렵게 된다.

이제는 학교와 지역사회의 관계에서 새로운 방식으로의 전환이 필요하다. 지금과 같이 모든 것을 학교에 밀어 넣어 방만하게 학교가 감당하는 방식으로는 어떠한 교육적 효과도 기대할 수 없다. 학교는 더 수렴적으로, 지역은 더 확장적으로 학생들의 교육 경험을 더 깊이 그리고 더 넓게 만들어 가야 하지 않을까? 21세기 초연결 시대에 다양한 교육적 경험 가능성이 점점 풍부해지는 지역사회에서 학교와 지역의 관계성에 대한 구조적 전환이 필요하다. 이를 위해서는 다양한 지역사회의 교육자원을 시스템적으로 연결하는 교육 네트워크 구조를 구상해볼 수 있다. 이를 위해 자치적 공간으로서 지역은 지역의 자원을 스스로 기획하는 지역교육 구상에 의해 재편성해야 한다. 이러한 지역의 교육력을 극대화해가는 협동적·실천적 교육네트워크로 새로운 전환점이 만들어질 수 있으며, 지역의 다양한 자원과 주체들의 주체성, 자율성, 협력성, 생태성이라는 새로운 가능성이 발현될 수 있는 구조가 되리라 기대한다.

여기서 특히 주목할 것은, 마을교육공동체 형성 과정에서 요청되는 주민의 사회참여의 중요성이다. 마을교육공동체 사업은 지역주민의 주체적인 참여를 통한 학교 지원을 핵심 과제로 삼는다. 〈우리 아이들〉에서 푸트넘Putnum이 이야기한 선한 이웃과 아이들을 어떻게 만나게 할 것인가? 지역은 교육복지의 공간이다. 어른과 아이들이 함께 배우며 성장하는 배움의 공동체를 만들 수 있도록 교육복지 지원체제를 재구축할 필요가 있다. 한 도시의 교육생태계는 모든 주민의 생활 리듬에 맞는 지역사회적 돌봄과 교육에 의해 가능할 것이다. 아동·청소년만을 위한 지역 교육이 아니라 마을의 모든 주민이 배움을 통해 성장하고 지역의 과제(교육적 과제 포함)에 참여하는 사회적 실천으로서의 학습이 일어나서 지역의 시민으로서 역할을 하게 된다.

앞에서 지적한 바와 같이 출산장려금 같은 즉자적인 대응으로 인구

감소 상황을 바꿀 수는 없다. 장기적인 관점에서, 구조적이고 종합적인 시야에서 추진되어야 할 것이다. 특히 교육 문제는 출산과 출향(出鄕)을 매개하고 있다. 이 부분을 정책적으로 지원하는 것은 당장의 투자 정책의 한계를 넘어서 긴 호흡으로 추진되어야 하는 운동이다. 마을교육공동체 사업이 추진되고 있지만 그냥 마을 강사를 빨리 양성해서 성과를 내야 하는 것과 같이 '해치우듯 할' 마을 일은 없다. 운동 주체로 참여하는 주민들의 힘을 키워야 하며, 이때 주민의 성장을 위한 기다리는 과정과 그들 스스로 공적 자아와 만나는 시간과 과정으로서 주민의 평생학습이 결정적인 것이다. 또한 주민들은 마을만들기 과정에 참여하고 마을 일을 하는 실천 과정이 학습이고 주민들과의 협동 과정이 학습이라는 것을 인식할 수 있게 되어야 한다. "지역사회 개발의 핵심은 사람이 주체가 되는 것"이라고 주장한 프레이리Freire의 통찰은, 학교를 중심으로 확산하는 마을교육공동체 사업과 주민의 평생학습 간 긴밀한 협동이 충분하지 않은 한국 상황에서 중요한 과제를 제시한다.

2.

지속가능한 학교와 지역 협동을 위한 과제

학교와 지역사회의 연계에 기반한 지역교육공동체 형성을 위해 무엇보다 중요한 것은 지역사회 내부의 자발적인 힘이다. 지역과 학교가 상호 협력하여 지역사회 교육력을 높이기 위해 다면적이고 지속적인 면에서 협력하는 자생력을 갖추어야 하는 것이다. 대부분 사업의 문제는 재정지원이 끝나면 사업도 끝나버린다는 것이다. 혁신교육지구 사업이나 마을교육공동체 사업 역시 시범사업으로 시작되었지만 예산 확보 문제가 나타나는 등, 사업의 지속성을 담보할 수 있을지에 대한 문제점들이 나타나고 있다. 학교와 지역 연계는 미래형 학교 운영을 위한 하나의 축으로서 학교가 지역사회 중심 기관으로서의 새로운 정체성을 확보하고, 한편으로 학교 교육의 효과를 극대화하기 위해 지역사회의 각종 인적·물적 자원들을 어떻게 연계해갈지 구상하며 구체적인 시스템을 만드는데 목적이 있다.

과거 학교와 지역사회의 연계를 중심으로 시행되던 '지역사회학교'는 학부모들의 자발적인 참여를 통해 참여자를 모집하고 재정을 확보하며 어린이에서 노인에 이르기까지 다양한 프로그램들을 지역 특성에 맞게 운영했다. 여기에 시민단체의 리더십 훈련과 전문프로그램 지원 등이 결합되어 나름대로 시민 리더십을 키워가는 장으로서 학교가 중심이 되어왔다. 그러나 최근 학교에서의 사건·사고가 빈번하게 발생함으로써 이러한 자발적인 학부모 활동을 위축하게 만들고, 학부모들의 자발성과 주체성을 약화시키고 있다. 방과후 교육 활동이나 지역 연계 활동

역시, 국가 정책에 따라 수행하는 사업 관련 활동이 되면서 실적주의적·형식적인 활동이 되거나 일회성 이벤트에 머무는 등, 질적 성장을 하지 못하는 실정이다. 이에 학교와 지역의 연계·협동과 관련해서 다음과 같은 문제가 제기된다. 첫째, 어떻게 주민의 자발적 참여를 끌어내고 어떤 방식으로 이 사업을 실행해가야 하는가? 둘째, 지역과 학교의 유기적 관계를 어떻게 제도화할 것인가? 셋째, 학교 중심 지역사회 연계 유관 사업들 간 조정을 어떻게 할 것인가? 이러한 문제의식과 관련하여 몇 가지 제언을 덧붙이면 다음과 같다.

우선, 학교 안에서 점차 증대하는 비정규과정의 통합시스템으로서 '지역사회학교'를 만들어 가야 한다. 현재 학교 내에서 이루어지는 방과후학교사업을 비롯해 교육복지사업, 진로체험지원사업, 학부모지원사업 등 다양한 사업들이 교육부의 사업 추진 부서에 따라 개별적으로 추진되고 있다. 하지만 학교는 실천 현장이다. 하나의 공간인 학교에서 다양한 사업들이 부서, 사업 예산 등이 다르게 추진되어 별도의 담당자, 유기적으로 연계되지 못하는 사업 성과, 비효율적 예산 사용 등의 문제가 나타나고 있다. 따라서 이를 해결하기 위해 학교 중심 지역사회교육 유관 정책들 간의 효율적 연계를 통해 하나의 통합시스템을 만들어야 한다. 학교 단위에서도 이처럼 모든 활동을 통합하여 조정하고 추진할 시스템이 필요하다. 학교 내에서 이루어지는 비정규과정을 운영하고 이를 정규 교과과정과도 연계시키기 위한 시스템으로서 '지역과 함께하는 학교'는 매우 포괄적이고 다양한 활동을 포함할 수 있는 장점이 있다. 한 예로, 학교 평생교육에서 양성된 자원봉사자들을 학생들의 방과후학교 프로그램에 강사나 자원봉사자로 활동하게 함으로써 학교와 지역 내의 교육을 생산적으로 순환시키는 사업을 추진할 수 있을 것이다.

둘째, 도시와 농촌을 막론하고 지역사회의 교육력에 대한 교사들의 관심이 요청되고 있다. 지역의 교육적 자원을 학교 학생들에게 가져오고 학교의 교육적 자원을 주민들에게 제공하여 지역과 소통하는 학교의 주체로서 교사의 역할이 기대된다. 마을교육 활동이 학생들을 성장시키고, 나아가 지역사회의 역량과 공동체 의식을 높여 학교나 지역의 활력화에 효과적이라는 것을 정책 담당자와 학교 구성원들이 함께 인식하는 것이 중요하기 때문이다. 따라서 교원 연수과정 및 사범대학, 교육대학의 교과과정에 학교의 새로운 모습으로서 '지역과 함께하는 학교'가 제시되고 연구되어 앞으로 배출되는 교사들이 학교 운영에 대한 새로운 시각을 갖고 학교 현장으로 나올 수 있어야 한다.

셋째, 학교와 지역사회 연계를 위해서는 학교 시설 재구조화가 필요하다. 학교와 지역 연계 사업은 시설이나 설비를 학교 개방에 적합하게 정비할 수 있도록 해야 한다. 신설 학교 신축이나 기존 학교 재건축, 강당 신설 등의 경우 학교와 지역이 함께 사용하는 공간을 만들어내야 할 것이다. 이는 최근 학교 복합시설화 개념과 함께 '명목상' 논의는 되고 있지만, 실제적인 통합 연계는 이루어지지 않고 있다. 학교 복합시설화를 통해 만든 공간은 지역주민의 교육적 필요에 의해 적극 활용되어야 할 것이다. 계획 단계부터 그것이 고려된 설계와 운영에서 학부모·지역주민들과 학교·교육청 간 운영 약정을 첨부하여 주민 참여형 교육프로그램 개발, 관리, 운영이 이행되어야 할 것이다.

넷째, 재정 지원이 끝나도 교육청 단위나 학교 단위에서 지역과 협력관계가 유지되는 지속적인 시스템 마련이 필요하다. 특별교부금사업으로 추진되는 지역사회학교 관련 사업이 중앙 정부의 지원을 받는 동안 활성화되었다 해서 성공이라고 볼 수 없다. 지역 교육청 차원에서 자생성을 지녀야 하는 것이다. 현재 시도 교육청 차원에서 추진되는 마을교육공동체 사업도 마찬가지다. 사업에 선정되어 예산 투자와 조직적 지원을 통해 나름의 성과를 만들어내고 지역과 학교의 역할이 제자리를 찾는가 싶다가도 사업이 끝나면 다시 원점으로 돌아가 버린다. 따라서 사업의 지속적 성공을 위해서는 중앙 정부의 재정지원이 되는 기간에 사업의 지속적 유지 구조를 확립하는 것이 시급한 과제다. 즉, 학교 안에 정규교과과정 이외의 다양한 지역사회교육활동을 전담할 담당자 배치와 전담조직(학부모, 주민, 교직원을 포함한 조직)의 활성화, 재정 확보 계획의 훈련 같은 지속적인 '지역-학교 연계' 운영 시스템을 마련하는 데 시도 교육청은 에너지를 모아야 할 것이다. 또한 일정 기간 지원을 통해 거점학교가 되는 곳은 서서히 자립화를 유도하여 새로운 학교들이 참여할 기회를 주는 것도 바람직하다. 이를 위해 자립할 수 있는 사업 구조로서 전담 인력 배치와 운영비의 자립화(지역화), 주민들의 자발적 참여 등의 재생산 구조를 확립하는 것이 시급한 과제가 되고 있다.

다섯째, 마을교육공동체 활동이 국가 차원에서 제도화하려면 미국과 같이 '지역사회학교육성법' 제정이 필요하다. 현재의 지역사회와 학교 관련 규정은 교육기본법에 학교 개방에 관한 조항과 평생교육법에 학교 평생교육에 대한 조항이 있을 뿐이다. 학교가 지역의 연계와 협력을 위해 책무성이나 조직, 예산 등의 체계적인 법적 근거가 불충분한 것이 현실이다. 학교 입장에서는 학교와 지역사회 연계 관련 업무를 부가적 부담으로 인식할 뿐이다. 이를 해결하려면 학교에서의 비정규 활동이 활발하게 운영되고 정착되기 위한 지원시스템이 학교에 정착되어야 한다. 즉, 전담 인력, 전담 조직, 재정 확보, 시설, 인적 물적 자원 리스트 등 기존 학교 운영 시스템과 비슷한 규모의 영역이 움직여지기 위한 지원과 체제가 있어야 한다. 이를 위해 초·중등교육법 개정과 함께 '지역사회학교 진흥법'이 제정되어 모든 학교가 지역과 협력하는 것을 학교의 기본 역할로 인식하고, 정부 및 지방자치단체가 '지역과 함께하는 학교'를 지원할 수 있게 하는 행정적인 지원이 빠른 시일 내에 갖추어져야 한다. 이를 통해 방과후학교 사업이나 교육복지사업 등, 법적 기반이 없는 학교와 지역사회 연계 사업들에 대한 제도화를 확충해야 할 것이다.

3.

교육주체들의 상호 배움과 풀뿌리 교육자치의 가능성

마을교육공동체 실천은 주민들이 모여 문제를 제기하고 해법을 논의하는 공론장인 교육민회에서 비롯된다. 그렇게 다양한 교육 주체들이 만들어내는 지역교육의 운동력이 형성되어 다양한 사안에서의 협업을 제안하면서 일반자치와 교육자치의 새로운 관계를 도모하는 행정 협력으로 이어진다. 또한 교사와 마을활동가들의 협동적 교육과정 개발, 직면한 지역 현안에의 공동 대응 등의 구체적인 활동이 있다. 지역에서 주민들이 함께 지역 문제를 논의하고 공동 학습과 실천들이 지역 아동·청소년들의 성장 기반을 만들어 가는 지역교육생태계를 구축한 것이다.

마을교육공동체 운동은 새로운 교육적 관계들을 만들어내고 연결하고 있다. 학교와 마을의 만남, 학부모와 주민이 교육의 주체로 함께하는 활동, 마을교육과 평생교육의 만남, 마을교육활동가가 주민자치위원으로 결합하는 등, 교육 주체들의 다양한 만남이 이어지고 있다. 그중에서도 '주민'이 다양한 영역에서 교육의 주체로 성장하기 시작했는데, 여기에는 교육자치 역량을 키워내는 민·관·학 협업 체계와 활동가들의 의식적 노력이 촉진제로 작용한 것이다. 마을교육과정이 만들어지는 과정도 지역에 뿌리를 내린 다양한 마을공동체 활동가들의 역량이 마을교육과 만나면서 또 다른 교육 주체로 성장하며 마을교육력을 회복하는 방향으로 발전하고 있다.

공동체로서 지역은 주민의 요구와 지역사회의 필요를 찾아내어 지역사회 스스로 이를 극복할 방안을 강구하는 자생적 구조를 만들어가고 있다. 주민들 스스로의 기획과 공동 실천 과정에서의 배움을 통해 마을에 대한 이해와 고민을 나누어가는 공동체를 형성했을 때, 마을은 성장과 발전을 지속해 갈 수 있을 것이다. 교육은 학교에서 아동·청소년을 공부시키는 것으로 끝나지 않으며, 주민들이 스스로의 삶과 지역 발전을 위한 자기 결정력을 갖는 지역의 배움으로 확장되어야 한다. 지금 전국에 확산하는 마을교육공동체 운동의 흐름이 교육에 대한 우리의 결정권과 전체적 교육구조, 패러다임 등 한국 교육 전반의 전환을 요구하는 근본적인 출발이기를 희망한다.

원문 출처

1장 양병찬(2025). 지방소멸에 대항하는 마을교육공동체. 공주대 지방교육정책개발원 이슈페이퍼..

2장 양병찬(2019). 한국 '마을교육공동체' 현상의 확산과 진화: 지역개발과 지역교육의 관계 재구축의 관점에서. 한국교육사회학회. 학교-지역사회 연계의 교육사회학적 검토. 교육사회학회 학술대회 자료집, 1-30.

4, 10장 양병찬(2024). 함께 만드는 교육공동체: '당사자성'을 넘어 '공동성'으로. 학부모와 교사: 엇갈린 시선에서 마주보기(10장). 박영사.

5장 한혜정(2022). 혁신교육지구 심화모델로서 '미래교육지구'의 특징 탐색 - C미래교육지구 사례를 중심으로-. 열린교육연구, 30(5), 213-237.

6장 한혜정(2021). 사회연결망분석(SNA)을 통한 마을교육공동체의 연결관계와 구조적 특성 분석: 월산동 마을교육공동체 사례를 중심으로. 평생학습사회, 17(3), 125-156.

7장 한혜정(2022). 텍스트 네트워크 분석을 활용한 마을교육활동가의 활동 요구 분석. 인문사회21, 13(4), 1115-1127.

8장 한혜정, 양병찬(2022). 빈곤지역 마을교육공동체 형성을 위한 참여실천연구—지역교육네트워크 화월주의 '마을협의체 프로젝트'를 중심으로—. 미래교육연구, 12(4), 27-54.

- 간디(2006). 김태언(역). 마을이 세계를 구한다. 서울: 녹색평론(원전은 1962년 출판).
- 강민정(2015). 2015 서울형혁신교육지구 정책의 성과와 과제. 교육비평 36, 210-232.
- 강민정, 안선영, 박동국(2018). 혁신교육지구란 무엇인가 서울: 맘에드림.
- 강영택(2012). 학교와 지역사회의 파트너십에 대한 사례연구: 홍성군 홍동지역을 중심으로. 교육문제연구. 44.
- 강창동(1996). 한국 교육열의 사회학 특성에 관한 연구. 교육문제연구 8, 209-227.
- 경기도교육청(2020), 혁신교육지구 시즌Ⅲ 추진 기획계획(안).
- 경기도평생교육진흥원(2013). 내부자료.
- 교육부(2019). 혁신학교(지구) 질적 도약을 위한 혁신학교(지구) 지원 기본 계획(안). 교육부 학교혁신정책과 내부자료.
- 교육부(2020a). 2020년 혁신학교(지구) 지원 기본계획(안). 교육부 학교혁신정책과 내부자료.
- 교육부(2020b). 2021년 교육부 미래교육지구 신규 12개 선정. 교육부 보도자료(2020년 12월 18일).
- 교육부(2021). 2021년 미래교육지구 사업계획 안내. 교육부 학교혁신정책과 내부자료.
- 교육부(2022). 2022년 미래교육지구 사업계획 안내. 교육부 학교혁신정책과 내부자료.
- 교육부·한국교육개발원(2017). 지방교육재정분석 종합보고서.
- 구자인·유정규·곽동원·최태영(2011). 마을만들기, 진안군 10년의 경험과 시스템—더디가도 제대로 가는 길. 서울: 국토연구원.
- 김경근(1996). 한국사회의 인구학적 변동과 그 배경: 경제발전과 교육열의 영향을 중심으로. 교육사회학연구 6(1), 33-50.
- 김경애·류방란·김지하·김진희·박성호·이명진(2015). 학생 수 감소 시대

의 미래지향적 교육체제 조성 방안. 한국교육개발원.

- 김경애·김정원(2007). 교육지원체제로서 지역네트워크 형성과정에 대한 사례연구. 평생교육연구, 13(3), 117-142.
- 김기언(2013). 우리는 조금씩 나아간다: 협동조합운동으로서 교육공동체 벗. 교육비평 32호.
- 김기호·김도년·김세용·김은희·박소현·박재길·안현찬·이영범·이윤석·장옥연·허윤주·황희영.(2012). 우리, 마을만들기. 경기도 고양: 나무도시.
- 김동택(2014). 사회적 경제로서의 마을학교: 자급자족 원리의 제도화를 위해. 시민사회와 NGO 12(2), 37-70.
- 김미향(2020). 학교와 지역사회 간 연계·협력에 기반한 마을교육공동체의 개념 탐색. 평생학습사회 16(1), 27-52.
- 김민(2017). 국가가 책임지는 교육복지 실천전략: 프랑스 제3차 지역사회교육공동체 사례와의 비교. 제6차 KEDI 미래교육정책포럼. 한국교육복지의 방향과 실천 전략 탐색, 57-82.
- 김민조(2014). 혁신학교 교육 거버넌스의 특징과 과제. 교육비평 33호, 한울, 74-97.
- 김성열(2017). 학교와 지역사회의 관계: 역사적 변천과 전망. 한국방과후학회. 지역사회와 방과후학교: 실천과 과제, 3-18.
- 김신일(1998). 교육공동체 형성과 사회교육. 한국지역사회교육협의회. 교육공동체 형성과 사회교육. 제16차 사회교육심포지움 자료집, 7-16.
- 김영석(2018). 학교평생교육의 개념탐구 및 발전방향. 2018년도 한국평생교육학회 상반기 연차학술대회. 평생교육 생애경로와 영역의 재해석과 탐구, 49-73.
- 김용련(2015). 지역사회기반 교육공동체 구축 원리에 대한 탐색적 접근. 교육행정학연구 33(2).
- 김용련(2019). 마을교육공동체: 생태적 의미와 실천. 서울: 살림터.
- 김용련·양병찬·이부영·박상현·배현순·한혜정(2020). 지속가능한 마을교육공동체 구축을 위한 지방정부의 역할과 과제 연구. 혁신교육지방정부협의회.
- 김용련·양병찬·이진철(2018). 지속가능한 세종형 마을교육 방안 개발 연구. 세종시교육청, 한국외국어대학교 교육공동체연구센터.
- 김용학·김영진(2016). 사회연결망 분석. 서울: 박영사.

- 김은경·양병찬·이다현·한혜정·성기정(2020). 충북행복교육지구 성과(성장)분석 연구. 충청북도교육연구정보원.
- 김인희(2008). 지역교육안전망의 구축 조건 탐색—청주시 사례분석을 중심으로—. 교육행정학연구 26(2), 75-103.
- 김종서(1966). 지역사회학교의 실제. 서울: 현대교육총서출판사.
- 김종선·이희수(2015). 개념지도에 근거한 마을학교 정체성 연구. 평생교육학연구 21(2), 73-107.
- 김종엽·김영선·백혜영·위성남·이경란·정현곤·권복희(2014). 마을공동체 발전을 위한 마을활동가 성장, 지원프로그램 개발 연구. 세교연구소·마을인문학네트워크.
- 김지선·양병찬(2019). 노원교육복지네트워크의 거버넌스 실천. 평생교육학연구 25(4), 57-87.
- 김태정(2019). 혁신교육지구와 마을교육공동체는 어떻게 만들어지는가? 서울: 살림터.
- 김효진(2008). 빈곤이 아동에게 주는 영향 분석. 보건복지포럼 139, 33-42.
- 김희성(2002). 빈곤가정 청소년의 자립준비에 관한 연구: 임파워먼트의 매개효과를 중심으로. 박사학위논문. 이화여자대학교.
- 남정호(2015). 17세 소녀의 '두 문장', 독일을 달구다. 시사人 385호.
- 류방란·김경애(2011). 공정사회 실현을 위한 교육복지정책방안. 한국교육개발원.
- 마스다 히로야(2015). 지방소멸: 인구감소로 연쇄 붕괴하는 도시와 지방의 생존전략. 서울: 와이즈베리.
- 마을만들기전국네트워크(편)(2013). 마을만들기 중간지원: 마을만들기 지원센터의 전국적 현황과 전망. 경기도: 국토연구원.
- 박상옥(2010). 지역사회와 학습의 관계 탐색—지역사회 형성 및 발전과정으로서 학습활동—. 평생교육학연구 16(2), 145-164.
- 박성현·김정숙·장석준·소숙희·유진아·유경희(2017). 교육복지우선지원사업의 재구조화 방안. 서울특별시교육청교육연구정보원 교육정책연구소.
- 박승규·김선기(2016). 저출산고령화에 의한 지역소멸 보고. 한국지방행정연구원.

- 박승현(2005). '마을만들기' 시장적 세계화의 극복과 공동체적 지역화. 지방의제 21 박람회. 창원컨벤션센터.
- 박진도(2011). 순환과 공생의 지역만들기: 농촌지역의 내발적 발전의 이론과 실제. 서울: 교우사.
- 박현선(2020). 마을교사 학교와 마주하다. 이용운·박현선·김형숙·홍태숙·오형민(편). 혁신교육지구 현장을 가다. 서울: 살림터, 31-72.
- 배현순·이희수·이효영(2021), 마을교육공동체 운영 활성화 방안 연구: 부산 다행복교육지구사업을 중심으로, 열린교육연구 29(2), 87-107.
- 백병부·이혜정·서용선·심재휘(2019). 혁신교육지구 시즌 Ⅱ 성과 분석 및 시즌 Ⅲ 모델 개발 연구. 수탁 2019-07. 경기도·경기도교육연구원.
- 서덕희(2019). "적정규모 학교"라는 담론의 질서: 농촌 교육정책에 대한 비판적 담론분석. 교육사회학연구 29(2), 195-233.
- 서용선·김아영·김용련·서우철·안선영·이경석·임경수·최갑규·최탁·홍섭근·홍인기(2016). 마을교육공동체란 무엇인가? 서울: 살림터.
- 서용선·김용련·임경수·홍섭근·최갑규·최탁(2015). 마을교육공동체 개념 정립과 정책 방향 수립 연구. 경기도교육연구원.
- 서울특별시 노원구 마을학교지원센터 설치 및 운영 등에 관한 조례(2013. 4. 11 제정, 조례 제1033호).
- 서울특별시(2014). '주민이 주도하고 직접 운영하는「마을학교」사업 추진계획(2014. 4. 9 문건).
- 서울특별시교육청·서울특별시(2020), 2020 서울형혁신교육지구 운영계획.
- 성기정·양병찬(2019). 국민임대아파트 지역의 사회교육 실천과 마을공동체의 형성. 평생교육학연구, 25(3), 97-126.
- 손동원(2013). 사회네트워크 분석. 서울: 경문사.
- 심성보(2018). 한국 교육의 현실과 전망. 서울: 살림터.
- 심성보(2021). 코로나시대, 마을교육공동체운동과 생태적 교육학. 서울: 살림터.
- 심성보·김용련·김영택·김영철·이영란·박성희·정해진·하태욱·유성상·양병찬(2019). 마을교육공동체운동: 세계적 동향과 전망. 서울: 살림터.
- 심수현(2020). 구로 혁신교육지구의 한계와 가능성에 대한 질적사례연구: 민·관·학 협력적 거버넌스에 주목하여. 교육인류학연구, 23(2), 39-66.
- 양병찬(2007). 학습도시에서의 주민 교육공동체 운동의 전개. 한국평생

교육학회. 평생교육학연구 13(4). 173-201.
- 양병찬(2008). 농촌 학교와 지역의 협동을 통한 교육공동체의 형성—충남 홍동 지역 교육공동체의 사례를 중심으로—. 평생교육학연구 14(3), 129-151.
- 양병찬(2009). 농촌 지역 교육공동체의 주체 형성과정—청원교육문화연대의 사례를 중심으로. 평생교육학연구 15(4), 413- 429.
- 양병찬(2014ㄱ). 한국에서의 마을만들기와 평생교육의 새로운 협동 가능성—'지역교육공동체'의 진화와 확장을 중심으로—. 한국평생교육학회·일본사회교육학회 공동세미나 자료집.
- 양병찬(2014ㄴ). 지자체 마을만들기사업에서 '마을학교'의 평생교육적 의미: 서울시 마을공동체 만들기 사업을 중심으로. 국가평생교육진흥원. 한국평생교육2(1), 1-25.
- 양병찬(2014ㄷ). 혁신학교와 지역사회의 협동 : 지역사회에 뿌리내리는 혁신교육의 가능성 탐색. 교육비평 제33호. 98-120.
- 양병찬(2015ㄱ). 농촌의 교육공동체 운동. 서울: 교육아카데미.
- 양병찬(2015ㄴ). 마을만들기사업과 평생교육의 협동 가능성 탐색: 시흥시 '학습마을' 사업을 중심으로. 평생교육학연구 21(3), 1-23.
- 양병찬(2018). 한국 마을교육공동체 운동과 정책의 상호작용—학교와 지역의 관계 재구축 관점에서—. 평생교육학연구 24(3), 125-152.
- 양병찬(2019). 주민자치와 교육자치의 경계, 그리고 결합. 끝장토론 '교육, 혁신에서 자치로' 한국형 지방교육자치를 위한 시흥포럼, 2019 봄. 시흥시행복교육지원센터, 109-126.
- 양병찬(2020). 우리가 결정하는 지역의 교육계획, 순천 공동체의 상상력에서. 포스트코로나 교육대전환을 위한 제2차 권역별 포럼(호남권) 자료집, 39-43. 교육부·전남교육청·순천시.
- 양병찬·한혜정(2018). 화월주형 마을교육공동체 참여실천연구. 삼성꿈장학재단.
- 양병찬·김주선·이경아·황정훈(2008). 「지역과 함께하는 학교」 사업 운영 모형 개발 연구. 공주대학교 교육연구소.
- 양병찬·마상진·유정구·이진철·전광수(2012). 농어촌마을 활성화를 위한 교육 관련 제도 개선방안 연구. 농림수산식품부.
- 양병찬·이다현·한혜정(2016). 세종마을교육공동체 지원체제 구축방안

연구. 세종교육청.
- 양병찬·주성민·최운실·이희수·김득영·전도근(2003). 건강한 지역교육공동체 조성을 위한 지역사회학교 운영방안에 대한 연구. 공주대학교 교육연구소.
- 양병찬·김용련·이진철·조윤정·전광수·이유진(2019). 혁신교육지구 사례 분석을 통한 마을교육공동체 체제 구축 방안 연구. 교육부.
- 양병찬·전광수(2016). 지역교육공동체 창조를 위한 학교와 지역의 협동. 서울: 교육아카데미.
- 양병찬·박상옥·김은경·장정숙·이다현·한혜정·성기정(2021), 충북행복교육지구 중장기 발전전략 연구, 충청북도교육연구정보원.
- 양흥권(2006). 학교평생교육 운영모형 개발을 위한 시론. 평생교육학연구 12(2). 147-172.
- 양희준·박상옥(2016). '마을' 연계 학교 정책의 문제의식과 가능성 논의. 교육연구논총 37.2. 1-22.
- 양희준·최원석·김진희·박근영·박상옥·허준·이재준(2018). 학생 수 감소에 따른 농촌교육 실태 및 대응방안. 한국교육개발원 정책보고서.
- 오마이뉴스 특별취재팀(2013). 마을의 귀환—대안적 삶을 꿈꾸는 도시 공동체 현장을 가다. 서울: 오마이북.
- 오욱환(2008). 교육격차의 원인에 대한 직시: 학교를 넘어서 가족과 사회로. 교육사회학연구 18(3), 111-133.
- 오욱환(2014). 한국 교육의 전환 : 드라마에서 딜레마로. 서울: 교육과학사.
- 오재길(2017). 학부모의 교육주체성 강화 방안 탐색. 학부모연구 4(1), 57-74.
- 오혁진(2006). 지역공동체와 평생교육. 서울: 집문당.
- 유네스코 미래교육위원회(2022). 함께 그려보는 우리의 미래: 교육을 위한 새로운 사회계약. UNESCO 및 유네스코한국위원회.
- 유민선·강대중(2013). 마을공동체 형성·발전 과정에서 나타난 집단학습에 관한 탐색적 연구: 성미산마을 사례를 중심으로. 평생교육학연구 19(1). 143-173.
- 윤택림(2004). 문화와 역사 연구를 위한 질적 연구방법론. 서울: 아르케.
- 윤여각·김현섭·이화진·박현숙·이부영·양도길·김지연·최윤정·김혜정·이승훈·지희숙(2016). 평생교육의 눈으로 학교 읽기. 서울: 한국방송통신

대학교출판문화원.
- 이규선(2013). 자치의 힘을 키우는 지역의 학습거점 만들기—마을학교에서 싹트는 마을공동체—. 일본사회교육학회 창립 60주년 기념 국제심포지움 자료집. 일본사회교육학회.
- 이규선(2017). 평생학습마을만들기 참여실천연구: 시흥시 사례를 중심으로. 공주대학교 박사학위청구논문.
- 이기원·나정대·손상달·권순혜·국영주·조경자·김익록·이상녀·이호준(2016). 강원도형 마을교육공동체 운영실태 및 활성화 방안 연구. 강원도교육연구원.
- 이상호(2016) 한국의 지방소멸에 관한 7가지 분석. 한국고용정보원.
- 이성(2020). 혁신교육지구·마을교육공동체를 통해 본 교육자치와 평생학습체제와의 연결과 법적 근거 마련의 필요성. 한국직업능력개발원. 평생교육생태계와 연계한 학교교육법 개정방안 자료집, 3-13.
- 이수상(2017). 네트워크 분석방법론. 서울: 논형.
- 이승훈(2020). 서울학생 방과후활동을 새롭게 디자인하다: 학교를 품은 마을, 마을과 하나 되는 학교. 서울교육연구정보원. 교육포럼 자료집, 61-66.
- 이정숙·박진영(2020). 마을활동가의 성장과 평생학습과의 관계에 대한 인식 탐색. 평생교육·HRD연구 16(3), 63-94.
- 이종각(2011). 교육열을 알아야 한국교육이 보인다. 서울: 이담북스.
- 이종각(2014). 부모 학부모 교육열에 대한 새로운 생각 새로운 정책. 서울: 원미사.
- 이지혜·채재은, 2010. 지역교육네트워크의 진화과정 분석: 노원지역 사례를 중심으로. 평생교육학연구 16(3), 31-63.
- 이혜숙(2018). 서울형혁신교육지구 사업의 발전 전략. 서울연구원 정책리포트 249, 1-21.
- 이혜영·류방란·김경애·김경희·김민희(2011). 교육복지 통합적 지원체제 구축 방안 연구. 한국교육개발원 연구보고서.
- 이현(2013). 25살을 앞둔 청년 전교조, 제2의 도약이 필요하다. 교육비평 제32호, 21-33.
- 이호(2013). 한국사회 마을만들기의 전개와 발전. 마을만들기전국네트워크(편). 마을만들기 중간지원: 마을만들기지원센터의 전국적 현황

과 전망. 경기도: 국토연구원, 265-286.

- 정재철(2014). 지속가능복지, 최대고용-최대참여사회로 구현-부양비 중심의 저출산·고령화 위기론을 넘어. 민주정책연구원.
- 정지웅(2012). 평생교육에서의 참여연구의 기원과 발전. 평생교육학연구 18(4), 87-102.
- 정지웅편(2000). 약한자에게 활력을 주는 두 학문-지역사회개발과 사회교육. 서울: 교육과학사.
- 조명래(2003). 지역사회에의 도전: 도시공동체의 등장과 활성화. 한국도시연구소 편. 도시공동체론. 서울: 한울아카데미.
- 조한혜정(2007). 다시, 마을이다. 위험 사회에서 살아남기. 서울: 또 하나의 문화.
- 조한혜정(2012). 마을공동체 사례집을 펴내며. 서울특별시(편) 서울, 마을을 품다.
- 주영경(2019). 지방교육자치와 마을교육자치회. 시흥시행복교육지원센터. 끝장토론 '교육, 혁신에서 자치로' 한국형 지방교육자치를 위한 시흥포럼, 79-95.
- 주영순(2021). 청소년의 마을교육공동체 활동 참여에 대한 사례 연구. 학교와 수업연구 6(1), 45-72.
- 지희숙(2009). 지역네트워크 형성과정에 대한 사례연구: 부산 해운대구 반송지역을 중심으로. 평생교육학연구 15(4), 75-102.
- 진보교육연구소 비고츠키교육학실천연구모임(2015). 관계의 교육학, 비고츠키. 서울: 살림터.
- 최은미·백학영·변애경(2021). 혁신교육지구 마을교육활동가의 특성 및 활동지속가능성 연구. 학습자중심교과교육연구 21(11), 835-854.
- 최제민·김성현·박상연(2018). 글로벌 금융위기 이후 한국의 소득불평등 변화에 관한 연구. 한국경제학회. 경제학연구 제66-1호.
- 충청남도교육청(2022). 2022 충남마을교육공동체(행복교육지구) 활성화 지원 계획.
- 충청북도교육청(2021). 2021 충북행복교육지구 사업계획서.
- 통계청(2018). 2017년 초중고 사교육비조사 결과.
- 한국YMCA연맹(2001). 마을 전체가 배움터이다: 학습공동체를 위한 다양한 실험들.

- 한국교육개발원(2018). 충북 지역 발전을 위한 지역교육공동체 구축 전략. 교육정책 포럼 자료집.
- 한국도시연구소 편(2003). 도시공동체론. 서울: 한울아카데미.
- 한상환·장후석·고승연(2014). OECD 비교를 통해 본 한국 사회자본의 현황 및 시사점. 현대경제연구원. 경제주평 제14-21호.
- 허승대(2013). 학교 혁신에서 교육운동의 길을 찾다: 혁신교육의 산파 스쿨디자인21. 교육비평 32호.
- 허주·정미경·권순형·이승호·민윤경·정규열·양병찬·김성천·박성일(2020). 혁신교육 중·장기 발전 방안 연구. 한국교육개발원.
- 홍순명(1998). 더불어 사는 평민을 기르는 풀무학교 이야기. 서울: 내일을 여는 책.
- 홍은광(2013). 파울로 프레이리, 한국 교육을 만나다: 파울로 프레이리 교육 사상과 한국 민중교육운동. 서울: 학이시습.
- 홍지오·김용련(2018). 마을교육공동체 구축과정에서 나타나는 교육주민자치 실천에 관한 연구: 서종면 교육주민자치 사례를 중심으로. 교육행정학연구 36(5), 139-165.
- 황종건(1961). 교육사회학, 지역사회와 교육. 서울: 재동출판사.
- 황종건(1974). 産業化에 따르는 地域社會의 變化와 敎育에 關한 硏究. 대구: 계명대학교출판부.
- 황종건(1980). 平生敎育과 地域社會學校. 사학 통권13호, 29-34.
- 황종건·오계희(1963). 향토학교의 건설의 제 문제. 중앙교육연구소 조사연구 제19집.

일본어 문헌

- 鈴木敏正(1998). 자기교육의 주체로서–지역생애학습계획론. 東京: 北樹出版.
- 佐藤一子(2003). 생애학습이 만드는 공공공간, 東京: 柏書房.
- 姉崎洋一·鈴木敏正(공편)(2002). 공민관 실천과 '지역을 만드는 배움'. 東京: 北樹出版.
- 日本社會教育學會(編). 자치체개혁과 사회교육가버넌스. 東京: 東洋館出版社.

▪ 李正連(2012). 한국에 있어서 풀뿌리의 지역공동체운동과 소샬캐피톨 —청주·청원지역의 사례를 중심으로—. 松田武雄 編. 사회교육·생애학습의 재편과 소샬캐피톨. 岡山: 大學教育出版.
▪ 小林文人·猪山勝利(공편)(1996). 사회교육의 전개와 지역창조 - 규슈에서의 제언. 東京: 東洋館出版社.
▪ 白戸洋(편)(2010). 공민관에서 지역이 다시 살아나다. 長野: 松本大學出版會.
▪ 文部科学省·学校支援地域活性化推進委員会(2008). 모두가 지원하는 학교 다함께 키우는 어린이~'학교지원 지역본부 사업'을 시작할 때~, 1-7.
▪ 文部科学省(2023). 令和5年度커뮤니티스쿨 및 지역학교협동활동실시 현황 조사(개요), 1-6.
▪ 武田信子(2023). '사회적 부모'를 키우는 사회교육. 月刊社會教育. 2023년 6월호, 13-18.

영어 문헌 및 그 외 자료

▪ Allen, G., Bastiani, J., Martine, I. & Richards, K.(1987). Community education: an agenda for educational reform. Milton Keynes: Open Univ. Press.
▪ Bauman, Z.(2013). 홍지수(역). 방황하는 개인들의 사회. 서울: 봄아필.
▪ Beck, U.(1992). 홍성태(역)(1999). 위험사회-새로운 근대성을 향하여. 서울: 새물결.
▪ Botkin, J. W. 외(1979). 김도수· 김득영· 류순열· 양병찬 공역(1997). 한계 없는 학습. 서울: 양서원.
▪ Brehm, J., & Rahn, W.(1997). Individual-Level Evidence for the Causes and Consepuences of Social Capital. American Journal of Political Science, 41.
▪ Brookfield, S. D.(2004). The power of critical theory. San Francisco, CA: Jossy-Bass.
▪ Burt, R. S.(1992). Structural Holes: The Social Structure of Competition, Cambridge. MA: Harvard University Press.

- Cho, S.(2019). Lifelong learning through cultural learning, citizenship learning, and community engagement in grassroots communities in South Korea. New Directions For Adult and Continuing Education, 162, Summer. pp. 61-72.
- Davis, B., & Sumara, D., & Luce-Kapler, R.(2017). 마음과 학습 -교육학의 복잡계 접근-(한숭희·양은아 역). 서울: 교육과학사.
- Department for Education and Skills(2005). Extended schools: Access to opportunities and services for all. A prospectus. London: Department for Education and Skills.
- Dewey, J.(1902). The school as social centre. The Elementary School Teacher, 3(2), pp. 73-86.
- Epstein, J. L.(2002). School, family, and community partnerships: Caring for the children we share. In J. L. Epstein, M. G. Sanders, B. S. Simon, K. C.Salinas, N. R. Jansorn, & F. L. V. Voorhis (Eds.). School, family, and community partnerships: Your handbook for action (pp. 7-29) Thousand Oaks, CA: Corwin Press.
- Epstein, L(2011). School, Family and Community Partnerships: Preparing Educators and Improving Schools(2nd. ed.). NY: Taylor & Francis.
- Foley, G.(1990). Learing in Social Action: A Contribution to Understanding Informal Education. London: Zed Books.
- Freire, P.(1972). 성찬성(역)(1979). 페다고지. 서울: 한국천주교평신도사도직협의회.
- Granovetter, M.(1973). The Strength of Weak Ties. American Journal of Sociology, 78, 1360.
- Granovetter, M.(1974). Getting A Job. Cambridge Harvard University Press.
- Hall, B. L.(1978). Report on participatory research project. Toronto, Canada: ICAE
- Hamilton, E(1992). Adult Education for Community Development. NY: Greenwood Press.

- Hargreaves, A. and Shirley, D.(2015). 이찬승, 김은영(역). 학교교육 제4의 길 1. 서울: 교육을 바꾸는 사람들.
- Hugo, J.(2002). Learning Community History. New Directions for Adult and Continuing Education, No. 95, pp. 5-25.
- Lin, N. (2001). Social Capital: A Theory of Social Structure and Action. Cambridge: Cambridge University Press.
- Longworth, N. & Keath Davies(1996). Lifelong learning. London: Kogan Page.
- Lovett, T.(1970). An experiment in adult education in the E.P.A : Occasional Papers 8. Liverpool : Liverpool Educational Priority Area Project.
- Lovett, T., Clarke, C. and Kilmurray, A.(1983). Adult Education and Community Action : Adult Education and Popular Social Movements. London : Routledge.
- Male, T., & Palaiologou, I. (2017). Working with the community, parents and students. T. Greany & P. Earley(Eds.). School leadership and education system reform (pp. 148-157). Bloomsbury Publishing.
- OECD(2013). Better Life Index Country Report. https://www.oecd.org/newsroom/ BLI2013-Country-Notes.pdf에 2018년 8월 7일 접속.
- OECD(2017). Better Life Index. http://www.oecdbetterlifeindex.org/countries/korea/에 2018년 8월 7일 접속.

- OECD(2017). Better Life Index. http://www.oecdbetterlifeindex.org/countries/korea/에 2018년 8월 7일 접속.

- OECD(2017). How's Life? 2017: Measuring Well-being, OECD publishing, Paris, https://doi.org/10.1787/how_life-2017-en에 2018년 8월 7일 접속.

- OECD(2017). How's Life? 2017: Measuring Well-being, OECD publishing, Paris, https://doi.org/10.1787/how_life-2017-en에 2018년 8월 7일 접속.

- OECD(2017). Suicide Rate. https://data.oec.org/healthstat/

suicie-rates.htm에 2018년 8월 7일 접속.

- OECD(2018), Poverty Gap. https://data.oecd.org/inequality/poverty-gap.htm#indicator-chart에 2018년 8월 11일 접속.
- Olsen, E. G.(1958). 이은우 역(1973). 學校와 地域社會. 서울: 大韓教育聯合會.
- Putnam, R.(1993). The Prosperous Community: Social Capital and Public Life. The American Prospect 13(spring), 35-42.
- Putnum, R.(2000). Bowling Alone. 정승현(역)(2009). 나홀로 볼링 : 사회적 커뮤니티의 붕괴와 소생. 서울: 페이퍼로드.
- Putnum, R.(2016). 정태식(역). 우리 아이들—빈부격차는 어떻게 미래 세대를 파괴하는가. 서울: 페이퍼로드.
- Rappaport, J.(1987). Terms of empowerment/exemplars of prevention: toward a theory for community psychology. American Journal of Community Psychology, 15, 1-25.
- Sanders, M. G.(2009). Community involvement in school improvement: The little extra that makes a big difference. J. L. Epstein et al.(eds.). School, family, and community partnerships: Your handbook for action. Thousands Oaks: Corwin Press.
- UNESCO(2013). Community learning centres: Asia-Pacific Regional Conference Report 2013. Bangkok. UNESCO Asia and Pacific Regional Office for Education in Asia and the Pacific. Paris: UNESCO.
- Yarnit, M.(2000). Towns, Cities and Regions in the Learning Age: A Survey of Learning Communities. London: LGA Publications for the DfEE, NCA.
- Zimmerman, M.(2000) Empowerment theory: psychological, organizational and community levels of analysis. In J. Rappaport & E. Seidman(Eds.). Handbook of community psychology (pp. 43-63). New York: Springer.

삶의 행복을 꿈꾸는 교육은 어디에서 오는가?

● 교육혁명을 앞당기는 배움책 이야기 혁신교육의 철학과 잉걸진 미래를 만나다!

한국교육연구네트워크 총서

01 핀란드 교육혁명	한국교육연구네트워크 엮음 ǀ 320쪽 ǀ 값 18,000원
02 일제고사를 넘어서	한국교육연구네트워크 엮음 ǀ 284쪽 ǀ 값 13,000원
03 새로운 사회를 여는 교육혁명	한국교육연구네트워크 엮음 ǀ 380쪽 ǀ 값 17,000원
04 교장제도 혁명	한국교육연구네트워크 엮음 ǀ 268쪽 ǀ 값 14,000원
05 새로운 사회를 여는 교육자치 혁명	한국교육연구네트워크 엮음 ǀ 312쪽 ǀ 값 15,000원
06 혁신학교에 대한 교육학적 성찰	한국교육연구네트워크 엮음 ǀ 308쪽 ǀ 값 15,000원
07 진보주의 교육의 세계적 동향	한국교육연구네트워크 엮음 ǀ 324쪽 ǀ 값 17,000원
08 더 나은 세상을 위한 학교혁명	한국교육연구네트워크 엮음 ǀ 404쪽 ǀ 값 21,000원
09 비판적 실천을 위한 교육학	이윤미 외 지음 ǀ 448쪽 ǀ 값 23,000원
10 마을교육공동체운동: 세계적 동향과 전망	심성보 외 지음 ǀ 376쪽 ǀ 값 18,000원
11 학교 민주시민교육의 세계적 동향과 과제	심성보 외 지음 ǀ 308쪽 ǀ 값 16,000원
12 학교를 민주주의의 정원으로 가꿀 수 있을까?	성열관 외 지음 ǀ 272쪽 ǀ 값 16,000원
13 교육사상가의 삶과 사상-서양 편 1	심성보 외 지음 ǀ 420쪽 ǀ 값 23,000원
14 교육사상가의 삶과 사상-서양 편 2	김누리 외 지음 ǀ 432쪽 ǀ 값 25,000원
15 사교육 해방 국민투표	이형빈·송경원 지음 ǀ 260쪽 ǀ 값 17,000원

한국교육연구네트워크 번역 총서

01 프레이리와 교육	존 엘리아스 지음 ǀ 한국교육연구네트워크 옮김 ǀ 276쪽 ǀ 값 14,000원
02 교육은 사회를 바꿀 수 있을까?	마이클 애플 지음 ǀ 강희룡·김선우·박원순·이형빈 옮김 ǀ 356쪽 ǀ 값 16,000원
03 비판적 페다고지는 세상을 변화시킬 수 있는가?	Seewha Cho 지음 ǀ 심성보·조시화 옮김 ǀ 280쪽 ǀ 값 14,000원
04 마이클 애플의 민주학교	마이클 애플·제임스 빈 엮음 ǀ 강희룡 옮김 ǀ 276쪽 ǀ 값 14,000원
05 21세기 교육과 민주주의	넬 나딩스 지음 ǀ 심성보 옮김 ǀ 392쪽 ǀ 값 18,000원
06 세계교육개혁 민영화 우선인가 공적 투자 강화인가?	린다 달링-해먼드 외 지음 ǀ 심성보 외 옮김 ǀ 408쪽 ǀ 값 21,000원
07 콩도르세, 공교육에 관한 다섯 논문	니콜라 드 콩도르세 지음 ǀ 이주환 옮김 ǀ 300쪽 ǀ 값 16,000원
08 학교를 변론하다	얀 마스켈라인·마틴 시몬스 지음 ǀ 윤선인 옮김 ǀ 252쪽 ǀ 값 15,000원
09 존 듀이와 교육	짐 개리슨 외 지음 ǀ 심성보 외 옮김 ǀ 376쪽 ǀ 값 19,000원
10 진보주의 교육운동사	윌리엄 헤이스 지음 ǀ 심성보 외 옮김 ǀ 324쪽 ǀ 값 18,000원
11 사랑의 교육학	안토니아 다더 지음 ǀ 심성보 외 옮김 ǀ 412쪽 ǀ 값 22,000원
12 다시 읽는 민주주의와 교육	존 듀이 지음 ǀ 심성보 옮김 ǀ 620 쪽 ǀ 값 32,000원

미래 100년을 향한 새로운 교육

혁신교육을 실천하는 교사들의 **필독서**

● 비고츠키 선집 시리즈 발달과 협력의 교육학 어떻게 읽을 것인가?

01 생각과 말	L.S. 비고츠키 지음 | 배희철·김용호·D. 켈로그 옮김 | 690쪽 | 값 33,000원
02 도구와 기호	비고츠키·루리야 지음 | 비고츠키 연구회 옮김 | 336쪽 | 값 16,000원
03 어린이 자기행동숙달의 역사와 발달 Ⅰ	L.S. 비고츠키 지음 | 비고츠키 연구회 옮김 | 564쪽 | 값 28,000원
04 어린이 자기행동숙달의 역사와 발달 Ⅱ	L.S. 비고츠키 지음 | 비고츠키 연구회 옮김 | 552쪽 | 값 28,000원
05 어린이의 상상과 창조	L.S. 비고츠키 지음 | 비고츠키 연구회 옮김 | 280쪽 | 값 15,000원
06 성장과 분화	L.S. 비고츠키 지음 | 비고츠키 연구회 옮김 | 308쪽 | 값 15,000원
07 연령과 위기	L.S. 비고츠키 지음 | 비고츠키 연구회 옮김 | 336쪽 | 값 17,000원
08 의식과 숙달	L.S 비고츠키 | 비고츠키 연구회 옮김 | 348쪽 | 값 17,000원
09 분열과 사랑	L.S. 비고츠키 지음 | 비고츠키 연구회 옮김 | 260쪽 | 값 16,000원
10 성애와 갈등	L.S. 비고츠키 지음 | 비고츠키 연구회 옮김 | 268쪽 | 값 17,000원
11 흥미와 개념	L.S. 비고츠키 지음 | 비고츠키 연구회 옮김 | 408쪽 | 값 21,000원
12 인격과 세계관	L.S. 비고츠키 지음 | 비고츠키 연구회 옮김 | 372쪽 | 값 22,000원
13 정서 학설 Ⅰ	L.S. 비고츠키 지음 | 비고츠키 연구회 옮김 | 584쪽 | 값 35,000원
14 정서 학설 Ⅱ	L.S. 비고츠키 지음 | 비고츠키 연구회 옮김 | 480쪽 | 값 35,000원
15 심리학 위기의 역사적 의미	L.S. 비고츠키 지음 | 비고츠키 연구회 옮김 | 560쪽 | 값 38,000원
비고츠키와 인지 발달의 비밀	A.R. 루리야 지음 | 배희철 옮김 | 280쪽 | 값 15,000원
비고츠키의 발달교육이란 무엇인가?	비고츠키교육학실천연구모임 지음 | 412쪽 | 값 21,000원
비고츠키 철학으로 본 핀란드 교육과정	배희철 지음 | 456쪽 | 값 23,000원
비고츠키와 마르크스	앤디 블런던 외 지음 | 이성우 옮김 | 388쪽 | 값 19,000원
수업과 수업 사이	비고츠키 연구회 지음 | 196쪽 | 값 12,000원
관계의 교육학, 비고츠키	진보교육연구소 비고츠키교육학실천연구모임 지음 | 300쪽 | 값 15,000원
교사와 부모를 위한 발달교육이란 무엇인가?	현광일 지음 | 380쪽 | 값 18,000원
비고츠키 생각과 말 쉽게 읽기	진보교육연구소 비고츠키교육학실천연구모임 지음 | 316쪽 | 값 15,000원
교사와 부모를 위한 비고츠키 교육학	카르포프 지음 | 실천교사번역팀 옮김 | 308쪽 | 값 15,000원
레프 비고츠키	르네 반 데 비어 지음 | 배희철 옮김 | 296쪽 | 값 21,000원

혁신학교	성열관·이순철 지음 ǀ 224쪽 ǀ 값 12,000원
행복한 혁신학교 만들기	초등교육과정연구모임 지음 ǀ 264쪽 ǀ 값 13,000원
서울형 혁신학교 이야기	이부영 지음 ǀ 320쪽 ǀ 값 15,000원
혁신교육, 철학을 만나다	브렌트 데이비스·데니스 수마라 지음 ǀ 현인철·서용선 옮김 ǀ 304쪽 ǀ 값 15,000원
대한민국 교사, 어떻게 가르칠 것인가?	윤성관 지음 ǀ 320쪽 ǀ 값 15,000원
아이들을 어떻게 가르칠 것인가	사토 마나부 지음 ǀ 박찬영 옮김 ǀ 232쪽 ǀ 값 13,000원
모두를 위한 국제이해교육	한국국제이해교육학회 지음 ǀ 364쪽 ǀ 값 16,000원
경쟁을 넘어 발달 교육으로	현광일 지음 ǀ 288쪽 ǀ 값 14,000원
혁신교육 존 듀이에게 묻다	서용선 지음 ǀ 292쪽 ǀ 값 16,000원
다시 읽는 조선 교육사	이만규 지음 ǀ 750쪽 ǀ 값 37,000원
교실 속으로 간 이해중심 교육과정	온정덕 외 지음 ǀ 224쪽 ǀ 값 13,000원
대한민국 교육혁명	교육혁명공동행동 연구위원회 지음 ǀ 224쪽 ǀ 값 12,000원
포스트 코로나 시대의 교육	성열관 외 지음 ǀ 224쪽 ǀ 값 15,000원
내일 수업 어떻게 하지?	아이함께 지음 ǀ 300쪽 ǀ 값 15,000원
핀란드 교육의 기적	한넬레 니에미 외 엮음 ǀ 장수명 외 옮김 ǀ 456쪽 ǀ 값 23,000원
한국 교육의 현실과 전망	심성보 지음 ǀ 724쪽 ǀ 값 35,000원
독일의 학교교육	정기섭 지음 ǀ 536쪽 ǀ 값 29,000원
교실 속으로 간 이해중심 통합교육과정	온정덕 외 지음 ǀ 224쪽 ǀ 값 15,000원
초등 백워드 교육과정 설계와 실천 이야기	김병일 외 지음 ǀ 352쪽 ǀ 값 19,000원
학습격차 해소를 위한 새로운 도전 보편적 학습설계 수업	조윤정 외 지음 ǀ 240쪽 ǀ 값 15,000원

● 경쟁과 차별을 넘어 평등과 협력으로 미래를 열어가는 교육 대전환! 혁신교육 현장 필독서

학교의 미래, 전문적 학습공동체로 열다	새로운학교네트워크·오윤주 외 지음 ǀ 276쪽 ǀ 값 16,000원
마을교육공동체 생태적 의미와 실천	김용련 지음 ǀ 256쪽 ǀ 값 15,000원
학교폭력, 멈춰!	문재현 외 지음 ǀ 348쪽 ǀ 값 15,000원
학교를 살리는 회복적 생활교육	김민자·이순영·정선영 지음 ǀ 256쪽 ǀ 값 15,000원
삶의 시간을 잇는 문화예술교육	고영직 지음 ǀ 292쪽 ǀ 값 16,000원
미래교육을 디자인하는 학교교육과정	박승열 외 지음 ǀ 348쪽 ǀ 값 18,000원
코로나 시대, 마을교육공동체운동과 생태적 교육학	심성보 지음 ǀ 280쪽 ǀ 값 17,000원

혐오, 교실에 들어오다	이혜정 외 지음 | 232쪽 | 값 15,000원
수업, 슬로리딩과 함께	박경숙 외 지음 | 268쪽 | 값 15,000원
물질과의 새로운 만남	베로니카 파치니-케처바우 외 지음 | 이연선 외 옮김 | 240쪽 | 값 15,000원
그림책으로 만나는 인권교육	강진미 외 지음 | 272쪽 | 값 18,000원
수업 고수들 수업·교육과정·평가를 말하다	박현숙 외 지음 | 368쪽 | 값 17,000원
아이들의 배움은 어떻게 깊어지는가	이시이 쥰지 지음 | 방지현·이창희 옮김 | 200쪽 값 11,000원
미래, 공생교육	김환희 지음 | 244쪽 | 값 15,000원
들뢰즈와 가타리를 통해 유아교육 읽기	리세롯 마리엣 올슨 지음 | 이연선 외 옮김 | 328쪽 | 값 17,000원
혁신고등학교, 무엇이 다른가?	김현자 외 지음 | 344쪽 | 값 18,000원
시민이 만드는 교육 대전환	심성보·김태정 지음 | 248쪽 | 값 15,000원
평화교육 과거, 현재 그리고 미래를 그리다	모니샤 바자즈 외 지음 | 권순정 외 옮김 | 268쪽 | 값 18,000원
마을교육공동체란 무엇인가?	서용선 외 지음 | 360쪽 | 값 17,000원
강화도의 기억을 걷다	최보길 지음 | 276쪽 | 값 14,000원
체육 교사, 수업을 말하다	전용진 지음 | 304쪽 | 값 15,000원
평화의 교육과정 섬김의 리더십	이준원·이형빈 지음 | 292쪽 | 값 16,000원
마을로 걸어간 교사들, 마을교육과정을 그리다	백윤애 외 지음 | 336쪽 | 값 16,000원
혁신교육지구와 마을교육공동체는 어떻게 만들어지는가?	김태정 지음 | 376쪽 | 값 18,000원
서울대 10개 만들기	김종영 지음 | 348쪽 | 값 18,000원
선생님, 통일이 뭐예요?	정경호 지음 | 252쪽 | 값 13,000원
함께 배움 학생 주도 배움 중심 수업 이렇게 한다	니시카와 준 지음 | 백경석 옮김 | 280쪽 | 값 15,000원
다정한 교실에서 20,000시간	강정희 지음 | 296쪽 | 값 16,000원
즐거운 세계사 수업	김은석 지음 | 328쪽 | 값 13,000원
학교를 개선하는 교장 지속가능한 학교 혁신을 위한 실천 전략	마이클 풀란 지음 | 서동연·정효준 옮김 | 216쪽 | 값 13,000원
선생님, 민주시민교육이 뭐예요?	염경미 지음 | 244쪽 | 값 15,000원
교육혁신의 시대 배움의 공간을 상상하다	함영기 외 지음 | 264쪽 | 값 17,000원
도덕 수업, 책으로 묻고 윤리로 답하다	울산도덕교사모임 지음 | 320쪽 | 값 15,000원
교육과 민주주의	필라르 오카디즈 외 지음 | 유성상 옮김 | 420쪽 | 값 25,000원
교육회복과 적극적 시민교육	강순원 지음 | 228쪽 | 값 15,000원
비판적 미디어 리터러시 가이드	더글러스 켈너·제프 셰어 지음 | 여은호·원숙경 옮김 | 252쪽 | 값 18,000원
지속가능한 마을, 교육, 공동체를 위하여	강영택 지음 | 328쪽 | 값 18,000원

대전환 시대 변혁의 교육학	진보교육연구소 교육과정연구모임 지음 ǀ 400쪽 ǀ 값 23,000원
교육의 미래와 학교혁신	마크 터커 지음 ǀ 전국교원양성대학교 총장협의회 옮김 ǀ 336쪽 ǀ 값 18,000원
남도 임진의병의 기억을 걷다	김남철 지음 ǀ 288쪽 ǀ 값 18,000원
프레이리에게 변혁의 길을 묻다	심성보 지음 ǀ 672쪽 ǀ 값 33,000원
다시, 혁신학교!	성기신 외 지음 ǀ 300쪽 ǀ 값 18,000원
백워드로 설계하고 피드백으로 완성하는 성장중심평가	이형빈·김성수 지음 ǀ 356쪽 ǀ 값 19,000원
우리 교육, 거장에게 묻다	표혜빈 외 지음 ǀ 272쪽 ǀ 값 17,000원
교사에게 강요된 침묵	설진성 지음 ǀ 296쪽 ǀ 값 18,000원
왜 체 게바라인가	송필경 지음 ǀ 320쪽 ǀ 값 19,000원
풀무의 삶과 배움	김현자 지음 ǀ 352쪽 ǀ 값 20,000원
비고츠키 아동학과 글쓰기 교육	한희정 지음 ǀ 300쪽 ǀ 값 18,000원
교사에게 강요된 침묵	설진성 지음 ǀ 296쪽 ǀ 값 18,000원
마을, 그 깊은 이야기 샘	문재현 외 지음 ǀ 404쪽 ǀ 값 23,000원
비난받는 교사	다이애나 폴레비치 지음 ǀ 유성상 외 옮김 ǀ 404쪽 ǀ 값 23,000원
한국교육운동의 역사와 전망	하성환 지음 ǀ 308쪽 ǀ 값 18,000원
철학이 있는 교실살이	이성우 지음 ǀ 272쪽 ǀ 값 17,000원
왜 지속가능한 디지털 공동체인가	현광일 지음 ǀ 280쪽 ǀ 값 17,000원
선생님, 우리 영화로 세계시민 만나요!	변지윤 외 지음 ǀ 328쪽 ǀ 값 19,000원
아이를 함께 키울 온 마을은 어떻게 만들어야 할까?	차상진 지음 ǀ 288쪽 ǀ 값 17,000원
선생님, 제주 4·3이 뭐예요?	한강범 지음 ǀ 308쪽 ǀ 값 18,000원
마을배움길 학교 이야기	김명신, 김미자, 서영자, 윤재화, 이명순 지음 ǀ 300쪽 ǀ 값 18,000원
다시, 남도의 기억을 걷다	노성태 지음 ǀ 332쪽 ǀ 값 19,000원
세계의 혁신 대학을 찾아서	안문석 지음 ǀ 284쪽 ǀ 값 17,000원
소박한 자율의 사상가, 이반 일리치	박홍규 지음 ǀ 328쪽 ǀ 값 19,000원
선생님, 평가 어떻게 하세요?	성열관 외 지음 ǀ 220쪽 ǀ 값 15,000원
남도 한말의병의 기억을 걷다	김남철 지음 ǀ 316쪽 ǀ 값 19,000원
생태전환교육, 학교에서 어떻게 할까?	심지영 지음 ǀ 236쪽 ǀ 값 15,000원
어떻게 어린이를 사랑해야 하는가	야누쉬 코르착 지음 ǀ 송순재, 안미현 옮김 ǀ 396쪽 ǀ 값 23,000원
북유럽의 교사와 교직	예스터 에크하트 라르센 외 엮음 ǀ 유성상·김민조 옮김 ǀ 412쪽 ǀ 값 24,000원
산마을 너머 지금 뭐해?	최보길 외 지음 ǀ 260쪽 ǀ 값 17,000원
전문적 학습네트워크	크리스 브라운·신디 푸트먼 엮음 ǀ 성기선·문은경 옮김 ǀ 424쪽 ǀ 값 24,000원

교육사상가의 삶과 사상 2	김누리 외 지음 | 유성상 엮음 | 432쪽 | 값 25,000원
선생님이 왜 노조 해요?	윤미숙 외 지음 | 교사노동조합연맹 기획 | 328쪽 | 값 18,000원
교실을 광장으로 만들기	윤철기 외 지음 | 212쪽 | 값 17,000원
초등 개념기반 탐구학습 설계와 실천 이야기	김병일 지음 | 380쪽 | 값 27,000원
다시 읽는 민주주의와 교육	존 듀이 지음 | 심성보 옮김 | 620쪽 | 값 32,000원
자율성과 전문성을 지닌 교사되기	린다 달링 해몬드, 디온 번즈 지음 | 전국교원양성대학교총장협의회 옮김 | 412쪽 | 값 25,000원
선생님, 완벽하지 않아도 괜찮아요	유승재 지음 | 264쪽 | 값 17,000원
지속가능한 리더십	앤디 하그리브스, 딘 핑크 지음 | 정바울, 양성관, 이경호, 김재희 옮김 | 352쪽 | 값 21,000원
남도 명량의 기억을 걷다	이돈삼 지음 | 280쪽 | 값 17,000원
교사가 아프다	송원재 지음 | 300쪽 | 값 18,000원
존 듀이의 생명과 경험의 문화적 전환	현광일 지음 | 272쪽 | 값 17,000원
왜 읽고 쓰고 걸어야 하는가?	김태정 지음 | 300쪽 | 값 18,000원
미래 교직 디자인	캐럴 G. 베이즐 외 지음 | 정바울 외 옮김 | 192쪽 | 값 17,000원
타일러 교육과정과 수업 설계의 기본 원리	랄프 타일러 지음 | 이형빈 옮김 | 176쪽 | 값 15,000원
시로 읽는 교육의 풍경	강영택 지음 | 212쪽 | 값 17,000원
부산 교육의 미래 2026	이상철 외 지음 | 384쪽 | 값 22,000원
11권의 그림책으로 만나는 평화통일 수업	경기평화교육센터·곽인숙 외 지음 | 304쪽 | 값 19,000원
명랑 10대 명랑 챌린지	강정희 지음 | 320쪽 | 값 18,000원
교장이 바뀌면 학교가 바뀐다	홍제남 지음 | 260쪽 | 값 16,000원
교육정치학의 이론과 실천	김용일 지음 | 308쪽 | 값 18,000원
교사, 깊이 있는 학습을 말하다	황철형 외 5인 지음 | 210쪽 | 값 15,000원
더 나은 사고를 위한 교육	앤 마가렛 샤프· 로렌스 스플리터 지음 | 김혜숙·박상욱 옮김 | 432쪽 | 값 25,000원
세계의 대안교육	넬 나딩스· 헬렌 리즈 지음 | 심성보 외 11인 옮김 | 652쪽 | 값 38,000원
더 좋은 교육과정 더 나은 수업	이형빈 지음 | 290쪽 | 값 18,000원
한나 아렌트와 교육	모르데하이 고든 지음 | 조나영 옮김 | 376쪽 | 값 23,000원
공동체의 힘, 작은학교 만들기	미셸 앤더슨 외 지음 | 권순형 외 옮김 | 262쪽 | 값 18,000원
어떻게 어린이를 사랑해야 하는가-개정판	야누시 코르착 지음 | 송순재, 안미현 옮김 | 396쪽 | 값 23,000원
토대역량과 사회정의	알렌산더 M 지음 | 유성상, 이인영 옮김 | 324쪽 | 값 22,000원
나는 어떤 특수 교사인가-개정판	김동인 지음 | 268쪽 | 값 17,000원
북한교육과 평화통일교육	이병호 지음 | 336쪽 | 값 22,000원
능력주의 시대, 교육과 공정을 사유하다	한국교육사상학회 지음 | 280쪽 | 값 19,000원

교사와 학부모, 어디로 가는가? 한만중, 김용, 양희준, 장귀덕 지음 | 252쪽 | 값 17,000원

프레네, 일하는 인간의 본성과 교육 셀레스탱 프레네 지음 | 송순재 엮음 | 김병호, 김세희, 정훈, 황성원 옮김 | 564쪽 | 값 33,000원